D1722664

> setting milestones

Christian Sterrer, Gernot Winkler

> setting milestones

Projektmanagement
Methoden – Prozesse – Hilfsmittel

GOLDEGG
VERLAG

setting milestones

Der Verlag und seine Autoren sind für Reaktionen, Hinweise oder Meinungen dankbar.
Bitte wenden Sie sich diesbezüglich an verlag@goldegg-verlag.at.

ISBN: 978-3-901880-92-6

© 2009 pmcc consulting GmbH
Telefon: +43 (662) 24 33 07, E-Mail: office-salzburg@pmcc-consulting.com

Verlag:
Goldegg Verlag Wien, Telefon: +43 (0)1 5054376-0, E-Mail: office@goldegg-verlag.at, Internet: www.goldegg-verlag.at

Layout:
BUERO R Design- & Werbeagentur GmbH, Internet: www.bueror.com

Inhaltsverzeichnis

Inhaltsverzeichnis

Inhaltsverzeichnis

Inhaltsverzeichnis

1. KAPITEL

EINLEITUNG

1. Einleitung

Vor dem inhaltlichen Einstieg einige Informationen zur Ausgangssituation und zur Handhabung des Buchs ...

1.1 Ausgangssituation

Projekte sind „in". Projektmanagement hat sich längst als Teil eines generellen Managementverständnisses etabliert, professionelle Projektmanager werden mittlerweile als eigenes Berufsbild wahrgenommen und aktiv nachgefragt. Grund dafür ist die steigende Anzahl der Projekte, die sich durch ein zunehmend dynamisches Umfeld in Unternehmen, durch kürzere Lebenszyklen von Produkten, immer individuellere Kundenlösungen sowie ganz allgemein durch die Erhöhung der Komplexität von Aufgaben erklärt.

Die Rolle und damit verbunden die Aufgaben und Kompetenzen eines Projektmanagers erfordern Kenntnisse und Erfahrungen, die sich primär als Fachkompetenz, Sozialkompetenz und Projektmanagement-Kompetenz beschreiben lassen. Dieses Buch fokussiert klar auf die Projektmanagement-Kompetenzen eines Projektleiters und die dafür notwendigen Kenntnisse der Projektmanagement-Methoden, -Prozesse und -Hilfsmittel.

Das vorliegende Buch „setting milestones" ist nicht als umfassende Literatur zur Theorie zu verstehen, sondern vielmehr als praxisorientierter Leitfaden und Nachschlagewerk zum Management von Projekten und Programmen konzipiert. Ein Feedback in Richtung pragmatisch, einfach, praxisnahe oder anwenderfreundlich wäre für uns ein Kompliment!

setting milestones

1.2 Handhabung des Buchs

„setting milestones" ist als operatives Nachschlagewerk für das Management von Kleinprojekten, Projekten und Programmen konzipiert. Die Darstellung erprobter Methoden mit Abbildungen und Beispielen sowie konkrete Prozessbeschreibungen zu den Projektmanagement-Prozessen Beauftragung, Start, Controlling, Koordination, Marketing, Krisen und Abschluss, ergänzt mit Hilfsmitteln und Checklisten, ermöglichen eine sofortige Anwendbarkeit im eigenen Projekt. Ob als punktuelle Informationsquelle oder zur umfassenden Vertiefung: Dieses Buch vermittelt Handlungsempfehlungen, Beispiele sowie Tipps und Tricks zum Projektmanagement.

Das Buch ist als Ratgeber und Leitfaden zu verstehen. Prozess- und praxisorientiert aufgebaut, wendet es sich primär an Projektleiter, Projektteammitglieder sowie an all jene Personen, die an Projekten arbeiten.

„setting milestones" - Struktur:

> Grundsätzlich führt Sie das vorliegende Buch durch die relevanten Projektmanagement-Prozesse des Einzelprojektmanagements (EPM): von der (Projekt-)Beauftragung, dem Projektstart (PM-Planungsprozess), dem Projektcontrolling, der Projektkoordination, dem Projektmarketing, dem außerplanmäßigen Projektkrisenprozess bis zum Projektabschluss. In diesen PM-Prozessen werden Sie Schritt für Schritt durch die Abläufe eines Projekts geführt. Die Beschreibung soll Ihnen als Anleitung für Ihr nächstes Projekt dienen.

> Im Kapitel „Projektmanagement-Methoden" werden alle wesentlichen PM-Methoden beschrieben: Zielsetzung der Methode, Beschreibung der Methode, Methode im Projektcontrolling sowie eine Zusammenfassung der wesentlichen Schritte zur Erstellung der PM-Methode.

> Das Kapitel „Vertiefende Methoden im Projektcontrolling" skizziert moderne Methoden des Projektcontrollings sowie deren Einsatz in spezifischen Projektarten.

> Das Kapitel „Projekthandbuch (PHB)" dokumentiert diese Methoden anhand eines Beispielprojekts und erklärt die Anwendung in vertiefenden Interpretationen.

> Ergänzt wird das Buch um die Kapitel „Management von Kleinprojekten" und „Management von Programmen". In diesen beiden Kapiteln werden sowohl der PM-Methodeneinsatz als auch die PM-Prozesse in reduzierter Form für Kleinprojekte und in erweiterter Form für Programme beschrieben.

Viele nützliche Hilfsmittel wie Einladungen, PM-Prozessbeschreibungen, Checklisten, Projekthand-buch-Vorlagen etc. können Sie auf unserer Website downloaden. Die downloadbaren Dokumente sind mit dem Downloadsymbol gekennzeichnet. Genauere Informationen dazu finden Sie im Anhang.

Die Autoren sind bemüht um die sprachliche Gleichbehandlung von Personenbezeichnungen. Wird in einigen Teilen dennoch nur die männliche Form verwendet, so dient dies einer besseren Verständ-lichkeit des Textes und soll keinesfalls Frauen gegenüber Männern diskriminieren, sondern für beide Geschlechter ex aequo gelten.

Falls Sie an einer Zertifizierung im Projektmanagement interessiert sind, wird Ihnen das vorliegende Buch ganz sicher eine wesentliche Hilfestellung sein, da fast alle Kapitel des Buchs zertifizierungs-relevant (abhängig von dem angestrebten Zertifizierungslevel) sind.

Wie auch immer Sie dieses Buch verwenden möchten, ob als Guideline für Ihr Projekt, als punktuelles Nachschlagewerk oder zur intensiven Vorbereitung für Ihr Projekt, wir hoffen, mit den nachfolgenden Methoden- und Prozessbeschreibungen einen Beitrag dazu leisten zu können, und dass Sie mit Ihrem Projekt Meilensteine setzen werden.

2. KAPITEL

PROJEKT, PROJEKTMANAGEMENT

2. Projekt, Projektmanagement

2.1 Definition von temporären Aufgaben

Projekte sind temporäre Aufgaben mit besonderen Merkmalen (z. B.: riskant, einmalig, sozial und technisch komplex, dynamisch, …). Sie unterscheiden sich entsprechend der jeweils höheren Komplexität von Linientätigkeiten, die in den definierten Organisationsstrukturen abgewickelt werden. Konsequenz dieser Betrachtung ist es, Projekte von Nicht-Projekten zu unterscheiden (Stichwort Projektwürdigkeit) und über spezifische Methoden im Projektmanagement nachzudenken.

In diesem Buch erfolgt die Differenzierung von temporären Aufgaben in:

> Linientätigkeit
> Kleinprojekte
> Projekte
> Programme

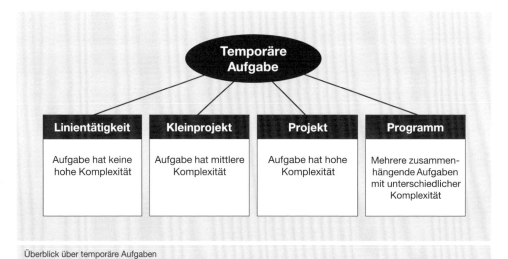

Überblick über temporäre Aufgaben

Linientätigkeiten erfordern keine temporäre Projektorganisation, sondern werden in der bestehenden (Linien-)Organisation durchgeführt. Inhaltlich werden Linientätigkeiten in Prozessen beschrieben, die den involvierten Mitarbeitern Handlungsorientierung geben.

Bei Kleinprojekten handelt es sich meist um Aufgabenstellungen, die nicht in Standardprozessen definiert sind, die aber sowohl vom Umfang als auch von der Komplexität eher „überschaubar" sind. Für Kleinprojekte wird ein kleines Projektteam definiert und es werden nur ausgewählte PM-Methoden angewandt. Das Management von Kleinprojekten wird im Kapitel 14 ergänzend beschrieben.

Bei Projekten handelt es sich um komplexe Aufgabenstellungen, die ein großes (größeres) Projektteam erfordern und ein umfassendes Projektmanagement notwendig machen.

Ist eine Aufgabenstellung so umfangreich, dass sie nicht in einem einzigen Projekt abgewickelt werden kann, sondern mehrere Projekte und Kleinprojekte notwendig sind, bezeichnet man das Vorhaben als Programm. Das Programmmanagement wird im Kapitel 15 ergänzend beschrieben.

Diese Definitionen sind für ein allgemeines Verständnis hilfreich, im operativen Projektalltag in Unternehmen aber zu wenig konkret. Aus diesem Grund werden in vielen Unternehmen Kriterien und Ausprägungen für die Differenzierung dieser temporären Aufgaben eingesetzt.

Kriterien	Kleinprojekt	Projekt
Organisatorische Komplexität (Anzahl Abteilungen)	2-3 Abteilungen	> 3 Abteilungen
Inhaltliche Komplexität	keine Auswirkungen auf org. Strukturen und Prozesse	neue org. Strukturen und/oder Prozesse als Ergebnis des Projekts
Personaleinsatz	80PT - 200PT	> 200PT
Kosten	40.000 - 100.000 EUR	> 100.000 EUR
Dauer	mind. 2 Monate	mind. 6 Monate
Risiko	Aufgabe ohne Wirkung außerhalb des Unternehmens (Kunden, Lieferanten, Presse)	Aufgabe mit Wirkung außerhalb des Unternehmens (Kunden, Lieferanten, Presse)

Beispiel einer Projektwürdigkeitsanalyse; es „müssen" mind. 4 der 6 Kategorien zutreffen, damit es sich um ein Projekt oder Kleinprojekt handelt. Programme werden über die Entscheidung, mehrere Projekte und Kleinprojekte durchzuführen, getroffen und nicht aufgrund der obigen Kriterien.

Diese Form der Projektdefinition wird im Rahmen einer Projektwürdigkeitsanalyse im Projektbeauftragungsprozess verwendet (siehe Kapitel 3.1 „Projektbeauftragungsprozess"). Somit entscheidet nicht jeder Projektleiter bzw. Projektauftraggeber individuell, ob eine Aufgabenstellung projektwürdig ist, sondern die Entscheidung erfolgt anhand von einheitlichen Kriterien.

Eine solche Differenzierung ermöglicht Unterschiede in der Durchführung der temporären Aufgabe hinsichtlich Projekt- bzw. Programmleiterauswahl, Umfang des PM-Methodeneinsatzes bzw. der spezifischen Gestaltung der PM-Prozesse.

2.2 Projektmanagement-Definition

Projektmanagement-Ansatz

Projektmanagement kann, entsprechend einem prozessorientierten Ansatz, als Planung, Controlling, Koordination, Marketing und Abschluss eines Projekts definiert werden. Dies ermöglicht die Beschreibung der Prozesse sowie die Ausarbeitung entsprechender Hilfsmittel.

Betrachtungsobjekte des Projektmanagements sind: Ziele, Leistungen, Termine, Kosten und Ressourcen, Organisation und Kultur sowie der Projektkontext.

Für jedes dieser Betrachtungsobjekte existieren unterschiedliche Projektmanagement-Methoden, das Handwerkszeug eines jeden Projektleiters. Diesbezügliche Methoden werden im Kapitel 5 „Projektmanagement-Methoden" in einer einheitlichen Struktur detailliert beschrieben.

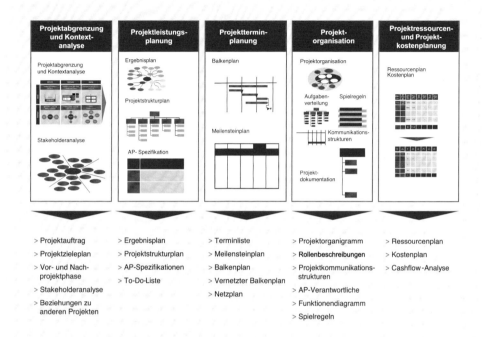

Projektabgrenzung und Kontext- analyse	Projektleistungs- planung	Projekttermin- planung	Projekt- organisation	Projektressourcen- und Projekt- kostenplanung
Projektabgrenzung und Kontextanalyse	Ergebnisplan	Balkenplan	Projektorganisation	Ressourcenplan Kostenplan
Stakeholderanalyse	Projektstrukturplan	Meilensteinplan	Aufgaben- verteilung / Spielregeln	
	AP- Spezifikation		Kommunikations- strukturen	
			Projekt- dokumentation	

> Projektauftrag	> Ergebnisplan	> Terminliste	> Projektorganigramm	> Ressourcenplan
> Projektzieleplan	> Projektstrukturplan	> Meilensteinplan	> **Rollenbeschreibungen**	> Kostenplan
> Vor- und Nach- projektphase	> AP-Spezifikationen	> Balkenplan	> Projektkommunikations- strukturen	> Cashflow-Analyse
> Stakeholderanalyse	> To-Do-Liste	> Vernetzter Balkenplan	> AP-Verantwortliche	
> Beziehungen zu anderen Projekten		> Netzplan	> Funktionendiagramm	
			> Spielregeln	

Eingesetzte PM-Methoden nach Betrachtungsobjekten

Die Entscheidung, ob die anstehende Aufgabe als Kleinprojekt oder als Projekt durchgeführt wird, wirkt sich auf den Umfang des Projektmanagements aus.

Die Entscheidung, welche PM-Methoden eingesetzt werden, kann entweder durch den Projektleiter individuell getroffen oder im Unternehmen durch eine vereinbarte PM-Methodenliste geregelt werden. In einer solchen Methodenliste wird zwischen Muss-Methoden und Kann-Methoden unterschieden (Muss-Methoden müssen eingesetzt werden, während Kann-Methoden optional eingesetzt und vom Projektleiter aufgrund der Gegebenheiten des Projekts entschieden werden).

Eine PM-Methodenliste sichert einen gemeinsamen PM-Standard im Unternehmen und gewährleistet den erforderlichen Managementaufwand entsprechend der Komplexität der Aufgabenstellung.

	Kleinprojekt	Projekt
Projektauftrag	X	X
Projektorganigramm		X
Rollenbeschreibung		
Arbeitspaketverantwortliche	X	X
Projektfunktionendiagramm		
Projektkommunikationsstrukturen		X
Projektspezifische Spielregeln		X
Stakeholderanalyse + Beziehungen zu and. Projekten		X
Ergebnisplan / Objektstrukturplan		
Projektstrukturplan	X	X
Arbeitspaketspezifikation		
Projektmeilensteinplan	X	X
Projektterminliste		
Projektbalkenplan		X
Projektressourcenplan		X
Projektkostenplan		X
Projektfinanzmittelplan		
Projektrisikoanalyse		X
Projekthandbuch	X	X
Projektfortschrittsbericht	X	X
Projektabschlussbericht		X

X Mussanforderung   ▮ Projektplanung   ▮ Projektcontrolling   ▮ Projektabschluss

Beispiel einer PM-Methodenliste

Gibt es im Unternehmen keine Projektwürdigkeitsanalyse und keine definierte PM-Methodenliste, sind diese Entscheidungen vom Projektleiter bzw. in Abstimmung mit dem Projektauftraggeber zu treffen.

2.3 Überblick PM-Prozesse

Zunächst wird ein kurzer Überblick über alle PM-Prozesse in projektorientierten Unternehmen gegeben. Die Prozesse des Einzelprojektmanagements werden in den nachfolgenden Kapiteln näher beschrieben.

Projektmanagement wurde in der Vergangenheit oft dem Einsatz von spezifischen PM-Methoden gleichgesetzt. Zeitgemäßes Projektmanagement regelt über diesen Ansatz hinaus auch die Abläufe im Projektmanagement, die so genannten PM-Prozesse.

Grundsätzlich unterscheidet man in projektorientierten Unternehmen zwischen Einzelprojektmanagement (EPM), Multiprojektmanagement (MPM) und Unternehmensmanagement (UNM).

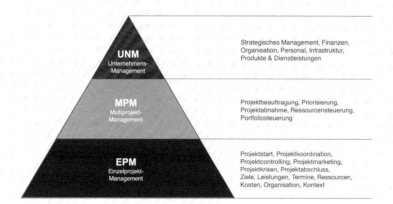

Projektmanagement in projektorientierten Organisationen

Das Einzelprojektmanagement beinhaltet die PM-Prozesse, die zur erfolgreichen Durchführung eines singulären Projekts notwendig sind. Im Detail werden darunter der Projektstart (Projektplanung), das regelmäßige Projektcontrolling wie auch der Projektabschluss verstanden. Darüber hinaus zählen die kontinuierlichen Prozesse Projektkoordination und Projektmarketing zum Einzelprojektmanagement. Einen Sonderfall nimmt der Projektkrisenprozess ein, der nicht geplant wird, jedoch bei Bedarf zu durchlaufen ist.

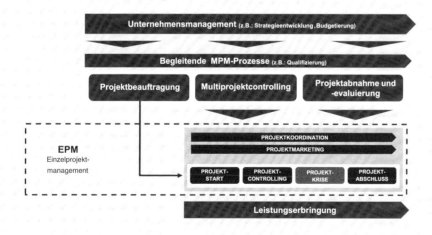

Überblick über die Prozesse im Projektmanagement (Fokus Einzelprojektmanagement)

Unter Leistungserbringung (Auftragsabwicklung, Produktentwicklung etc.) werden alle inhaltlichen Tätigkeiten und Prozesse verstanden. Das Projektmanagement verfolgt das Ziel, diese Tätigkeiten in geplanter und organisierter Form zu managen. Fokus dieses Buchs ist das Projektmanagement und deshalb wird auf die Leistungserbringung nicht weiter eingegangen.

In einigen PM-Ansätzen finden sich weitere PM-Prozesse, wie z. B. Qualitäts- und Änderungsmanagement. Qualität wird in diesem Buch als Teil der Leistungen angesehen, Änderungen werden im Rahmen der Projektkoordination mitberücksichtigt.

Die Multiprojektmanagement-Prozesse beinhalten die übergeordneten PM-Prozesse, die in einem projektorientierten Unternehmen notwendig sind, um alle in einer Organisation laufenden Projekte geplant und koordiniert zu beauftragen (Projektbeauftragung), diese Projekte übergeordnet zu steuern (Multiprojektcontrolling) und schließlich abzunehmen und zu evaluieren (Projektabnahme und -evaluierung).

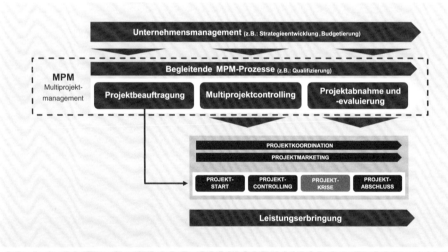

Überblick über die Prozesse im Projektmanagement (Fokus Multiprojektmanagement)

Basis für ein funktionierendes Multiprojektmanagement ist die professionelle Durchführung der Einzelprojektmanagement-Prozesse durch die jeweiligen Projektleiter. Die Qualität und Aktualität der Daten und Informationen im Multiprojektmanagement sind direkt abhängig von dem Input aus dem Einzelprojektmanagement.

Die Unternehmensmanagement-Prozesse wiederum bauen auf den Multiprojektmanagement-Prozessen auf bzw. liefern sie die nötigen Vorgaben zur Steuerung des Projektportfolios (Strategie- und Budgetierungsprozess).

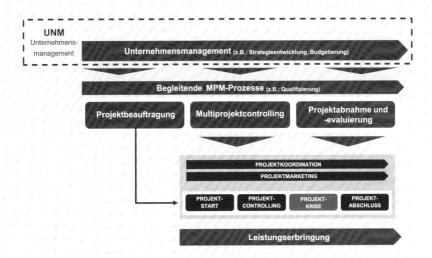

Überblick über die Prozesse im Projektmanagement (Fokus Unternehmensmanagement)

Wie bereits in der Einleitung erwähnt, ist der Fokus dieses Buchs, einem Projektleiter eine Prozessbeschreibung zur erfolgreichen Durchführung eines Projekts zu geben. Daher wird in diesem Buch auf die MPM-Prozesse nicht näher eingegangen.

Die EPM-Prozesse werden nachfolgend detailliert erläutert. Diese Beschreibung soll als Prozessbeschreibung für den Projektleiter dienen, die einzelnen Prozessschritte professionell und möglichst ressourcensparend durchzuführen, ohne wesentliche Punkte zu vergessen.

Beschreibung des Einzelprojektmanagement-Prozesses

Der Projektbeauftragungsprozess stellt die grundsätzliche Entscheidung zur Durchführung des Projekts, die Projektwürdigkeitsanalyse, den klaren Projektauftrag und die Auswahl des Projektauftraggebers sowie des Projektleiters sicher.

Der Projektbeauftragungsprozess ist die Basis für den Projektstartprozess, also die Projektplanung. Der Beauftragungsprozess ist zwar ein Prozess des Multiprojektmanagements und wird nicht den

Prozessen des Einzelprojektmanagements zugerechnet, trotzdem wird der Projektbeauftragungsprozess im Rahmen dieses Buchs als wichtiger Schritt zur Abwicklung eines einzelnen Projekts beschrieben.

Der Projektstartprozess beinhaltet die gesamte Projektmanagement-Planung, startet mit dem Projektauftrag und schließt mit der vollständigen Projektmanagement-Planung in Form einer Projektmanagement-Dokumentation, dem so genannten Projekthandbuch, ab.

Die Einzelprojektmanagement-Prozesse im Überblick

Der Projektcontrollingprozess ist kein kontinuierlicher, sondern ein repetitiver PM-Prozess. Die Häufigkeit (Frequenz) richtet sich nach den Bedürfnissen des Projekts (meist alle vier bis sechs Wochen). Ziel
des Projektcontrollings ist es, die Aktualität der erstellten PM-Planung zu überprüfen und eventuelle
Abweichungen zu identifizieren. Ergebnis des Projektcontrollingprozesses sind geplante steuernde
Maßnahmen (bei Abweichungen), ein aktualisiertes Projekthandbuch und ein Projektfortschrittsbericht.

Die Projektkoordination ist ein im Vergleich zum Projektcontrollingprozess kontinuierlicher Prozess und
umfasst sämtliche Koordinationstätigkeiten des Projektleiters.

Das Projektmarketing ist ebenfalls eine kontinuierliche Aufgabenstellung und sorgt für die interne und
externe Vermarktung des Projekts.

Der Projektkrisenprozess hat eine Sonderstellung, da dieser in „planmäßigen" Projekten nicht vor-
kommt und nur bei sprunghaften Veränderungen im Projektablauf zum Tragen kommt. Der Projektkrisenprozess startet mit der Krisendefinition und endet mit dem Projektkrisenabschluss sowie
der Überleitung in den Projektcontrollingprozess. Der Projektkrisenprozess wird nicht in der übergeordneten PM-Prozesse-Grafik dargestellt und in diesem Buch nur überblicksmäßig beschrieben.

Der Projektabschlussprozess schließt das Projekt inhaltlich und emotional/sozial ab, sichert das organisatorische Lernen und endet mit einer „sauberen" Projektablage, einem Projektabschlussbericht und einer Projektabnahme durch den Projektauftraggeber.

Wesentlich ist auch die Intensität des Projektmanagements in den jeweiligen Prozessen. Wird am Anfang in eine professionelle Planung investiert, ist der PM-Aufwand in den folgenden PM-Prozessen wesentlich geringer.

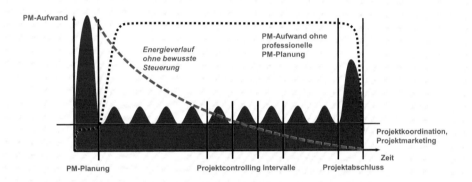

Darstellung der Energie- und Aufwandskurve des Projektmanagements

Als Prozessbeschreibung zur Umsetzung der obigen PM-Energiekurve werden die einzelnen Prozesse im Projektmanagement im Anschluss ausführlich beschrieben und mithilfe von Prozessdarstellungen zusätzlich erklärt.

Der Aufbau der PM-Prozessbeschreibungen richtet sich nach folgender Logik:

> Zunächst erfolgt ein Überblick über den PM-Prozess und dessen Hauptschritte.
> Eine detailliertere Prozessbeschreibung führt den Projektleiter durch alle wesentlichen Schritte des Prozesses. Diese Prozessbeschreibungen fokussieren auf Projekte; Kleinprojekte werden im Kapitel 14 „Management von Kleinprojekten" behandelt, Programme im Kapitel 15 „Management von Programmen".
> Die am Ende des Prozesses vorliegenden Ergebnisse werden nochmals in Form einer Checkliste zusammengefasst, die dem Projektleiter zur Überprüfung dient.
> Tipps und Tricks runden die Beschreibung der PM-Prozesse ab und verstehen sich als Sammlung von Empfehlungen und Stolpersteinen.

3. KAPITEL

PROJEKTBEAUFTRAGUNG

3. Projektbeauftragung

Bevor ein Projekt erfolgreich geplant und im Anschluss durchgeführt werden kann, muss das Projekt zunächst beauftragt werden.

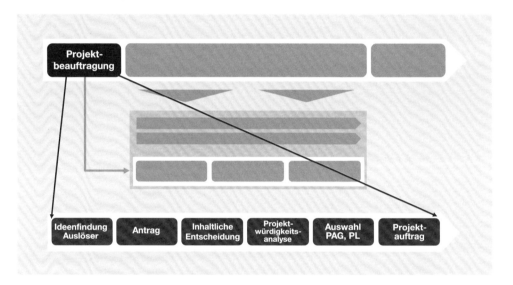

Dieser Beauftragungsprozess enthält folgende wesentliche Prozessschritte:

① Auslöser (Idee, Kundenauftrag, interner Bedarf, Idee für Produktentwicklung etc.)

② Beschreibung des Vorhabens in Form eines Projektantrags

③ Inhaltliche Entscheidung zur Durchführung des Vorhabens (hinsichtlich Konformität mit Strategien, Kosten, Ressourcenverfügbarkeit etc.)

④ Einstufung der Projektwürdigkeit (Differenzierung in Programm, Projekt, Kleinprojekt oder Linienaufgabe)

⑤ Auswahl von Projektauftraggeber und Projektleiter

⑥ Erstellung des Projektauftrags

3.1 Projektbeauftragungsprozess

Schritt 1: Auslöser

Der Projektbeauftragungsprozess wird mit einem Auslöser gestartet. Dieser Auslöser hängt von der Projektart ab.

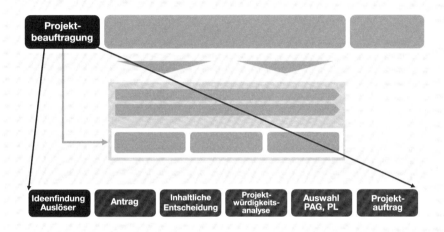

Beispiele für Auslöser können sein:

> Kundenanfrage (Konzeptionsprojekt)

> Kundenauftrag (Realisierungsprojekt)

> Eine Idee des Linienvorgesetzten

  (z. B. internes Projekt, Infrastrukturprojekt, Produktentwicklungsprojekt)

> Bedarf von Vertriebsseite (Produktentwicklung)

> Restrukturierungsentscheidung (Organisationsentwicklungsprojekt) etc.

Schritt 2: Projektantrag

Basierend auf dem Auslöser muss dieser konkretisiert werden, meist in Form eines (Projekt-)Antrags.

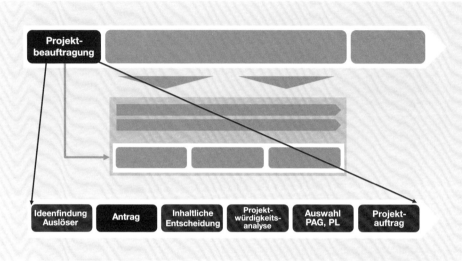

Die Inhalte des (Projekt-)Antrags sind ähnlich jenen des Projektauftrags, werden aber meist um eine Projektbeschreibung ergänzt. Die Formulierungen und Kalkulationen basieren auf ersten Annahmen und werden erst im Projektauftrag detailliert.

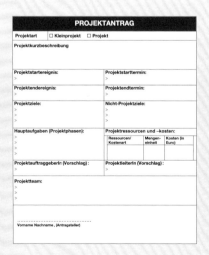

Beispiel eines Projektantrags

Der Projektantrag ist ein wesentlicher erster Schritt zur professionellen Bearbeitung der Idee bzw. des Auslösers. Häufig werden Projektideen (Auslöser) nur mündlich besprochen und beauftragt. Diese Vorgehensweise ohne schriftliche Formulierung des (Projekt-)Antrags führt immer wieder bereits im nächsten Schritt, der Entscheidungsfindung, zu Missverständnissen. Wichtig ist die schriftliche Formulierung nicht aus formalistischen oder bürokratischen Gründen, sondern zur Konkretisierung der (Projekt-)Idee – und damit als Voraussetzung einer professionellen Diskussion und einer inhaltlichen Entscheidung.

Es ist in der Praxis oft nicht einfach, alle Informationen des Projektantrags in dieser frühen Phase zusammenzustellen. Aber es gilt: Je besser der Projektantrag ausgearbeitet ist, desto besser ist auch die Entscheidungsbasis.

Schritt 3: Inhaltliche Entscheidung

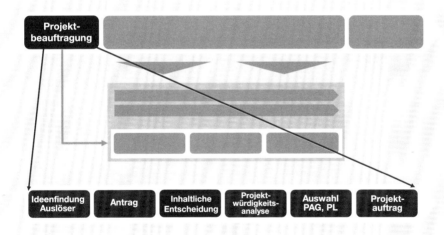

Nach der Erstellung und Einreichung des Projektantrags erfolgt eine inhaltliche Entscheidung (das bedeutet, es wird nicht über die Bearbeitungsform entschieden, sondern ob die anstehende Aufgabenstellung durchgeführt werden soll oder nicht). Diese Entscheidung hängt vom zu erwartenden Nutzen, der Eingliederung des Projekts in die generelle Ausrichtung des Unternehmens bzw. des Bereichs (Strategiekonformität), aber auch von den verfügbaren Ressourcen und Kosten ab (oft wird in diesem Zusammenhang ein Business-Case gerechnet) sowie insbesondere natürlich auch von der inhaltlichen Machbarkeit. Alle diese Kriterien werden bei der Prüfung des Antrags berücksichtigt und es werden eine Kosten-Nutzen-Abschätzung sowie eine Priorisierung durchgeführt. Ein Ergebnis kann sein, dass der Projektantrag zwar strategiekonform ist und, basierend auf einem Business-Case, einen Nutzen für das Unternehmen bringt, allerdings andere Projekte eine höhere Priorität besitzen und der Projektantrag aufgrund beschränkter Ressourcen trotzdem abgelehnt oder verschoben wird.

Diese inhaltliche Entscheidung wird von den entsprechenden (Linien-)Verantwortlichen getroffen. In projektorientierten Organisationen, in denen ein Multiprojektmanagement bereits etabliert ist, wird diese Entscheidung häufig von einem Projektesteuerkreis getroffen. Diese Entscheidung ist die Basis für das weitere Vorgehen im Prozess. Wird hier gegen den Antrag entschieden, wird der Beauftragungsprozess abgebrochen.

Schritt 4: Projektwürdigkeitsanalyse

Ist die inhaltliche Entscheidung positiv ausgefallen und hat man sich für das Vorhaben entschieden, wird im Rahmen einer Projektwürdigkeitsanalyse die Organisationsform zur Umsetzung ausgewählt.

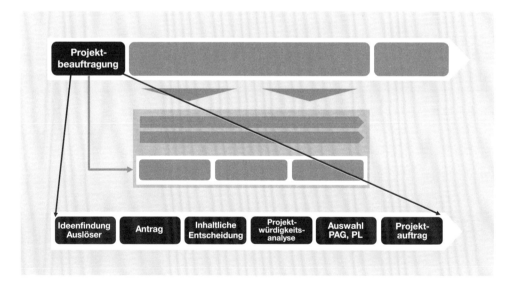

Grundsätzlich stehen folgende Organisationsformen zur Auswahl:

> Durchführung in der Linienstruktur (geringe Komplexität, kann über etablierte
> Standardprozesse des Unternehmens abgearbeitet werden)
> Durchführung als Kleinprojekt (mittlere Komplexität, wird mit reduziertem
> Projektmanagement durchgeführt)
> Durchführung als Projekt (hohe Komplexität, wird mit umfassendem
> Projektmanagement durchgeführt)
> Durchführung als Programm (sehr hohe Komplexität, es sind mehrere Projekte
> und Kleinprojekte zur Abarbeitung der Aufgabenstellung notwendig)

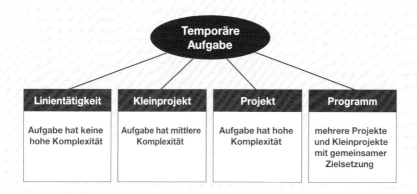

Überblick über temporäre Aufgaben

Die Entscheidung der Organisationsform (Linientätigkeit, Projekt, Kleinprojekt oder Programm) wird in Form der Projektwürdigkeitsanalyse getroffen. Diese wiederum hat Auswirkungen auf den PM-Methodeneinsatz. Details zur Projektwürdigkeitsanalyse und zur PM-Methodenliste finden Sie in den Kapiteln 2.1 „Definition von temporären Aufgaben" und 2.2 „Projektmanagement-Definition".

Schritt 5: Auswahl Projektauftraggeber und Projektleiter

Ist die Entscheidung über die Projektwürdigkeit getroffen, sind in einem nächsten Schritt Projektauftraggeber (PAG) und Projektleiter (PL) auszuwählen.

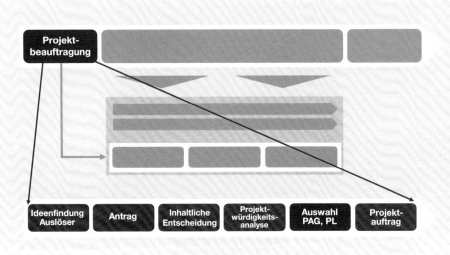

Projekt-beauftragung

| Ideenfindung Auslöser | Antrag | Inhaltliche Entscheidung | Projekt-würdigkeits-analyse | Auswahl PAG, PL | Projekt-auftrag |

Der Projektauftraggeber hat

> die Kompetenz zur Beauftragung eines Projekts,
> die Kompetenz zur Bereitstellung der notwendigen Projektressourcen (vor allem Personal),
> die Kompetenz zur Bereitstellung des nötigen Projektbudgets,
> ausreichend Kapazität (Zeit) zur Führung des Projektleiters (regelmäßige Projektauftraggeber-Sitzungen, Unterstützung des Projektleiters).

Häufig scheitern Projekte an der fehlenden oder falschen Auswahl des Projektauftraggebers:

> Wird kein dezidierter Projektauftraggeber definiert, hat der Projektleiter bei Fragen oder Problemen im Projekt keinen konkreten Ansprechpartner und muss mühsam versuchen, von den involvierten Führungskräften eine Entscheidung zu bekommen.
> Wird ein Projektauftraggeber definiert, der die obigen Kompetenzen nicht vollständig abdeckt, wird sich das Projekt bei Problemen verzögern. Grund ist, dass der Projektauftraggeber die notwendige Unterstützung und die nötigen Entscheidungen nicht selbst treffen kann, sondern nur in Abstimmung mit anderen Führungskräften – und das kostet erfahrungsgemäß Zeit.
> Ist der Projektauftraggeber sehr hochrangig, stellt sich immer die Frage, ob er tatsächlich Zeit für das Projekt hat; Zeit dazu, monatlich den Projektfortschrittsbericht zu lesen, einmal pro Monat mit dem Projektleiter im Rahmen einer Projektauftraggeber-Sitzung den Projektstatus und anstehende Entscheidungen zu besprechen etc. – „Nur ein verfügbarer Auftraggeber ist ein guter Auftraggeber".

> Bei abteilungs- oder bereichsübergreifenden Projekten wird häufig ein Projektsteering-Committee oder ein Projektlenkungsausschuss (PLA) eingerichtet. Dieser PLA setzt sich aus den Abteilungs- oder Bereichsleitern der involvierten Abteilungen und Bereiche zusammen und sichert die Ressourcen- und meist auch die notwendige Budgetbereitstellung.

Zur Auswahl des Projektleiters ist Folgendes zu beachten: Der Projektleiter

> verfügt über das notwendige Projektmanagement-Know-how,
> hat ausreichend Projektpraxiserfahrung zur Leitung des Projekts,
> hat ausreichendes inhaltliches Know-how zur Führung des Projekts,
> hat die notwendige soziale Kompetenz zur Führung des Projektteams,
> verfügt über ausreichende Kapazitäten zur Führung und Koordination des Projekts,
> verfügt über die notwendige Akzeptanz im Projektteam.

Weitere Aufgaben und Kompetenzen zu den Projektrollen finden Sie im Kapitel 6 „Projektorganisation".

Schritt 6: Erstellung Projektauftrag

Sind Projektauftraggeber und Projektleiter definiert, muss als nächster Schritt der Projektauftrag erstellt werden. Der Projektauftrag dient einer einheitlichen Sichtweise auf die wesentlichen „Eckpfeiler" des Projekts (siehe Projektauftrag).

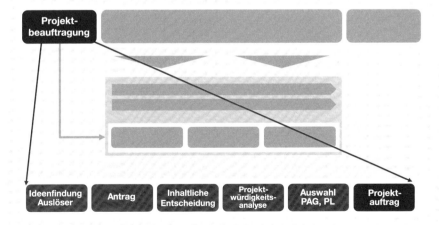

Die Erstellung eines Projektauftrags im Projektbeauftragungsprozess ist ein entscheidender Schritt. Wird dieser Projektauftrag nicht gemeinsam (von Projektauftraggeber und Projektleiter) erstellt, vereinbart und als Zeichen der gemeinsamen Zustimmung unterschrieben, kann nicht gewährleistet werden, dass Projektauftraggeber und Projektleiter eine gemeinsame Sichtweise zu dem Projekt haben. Ein unterschriebener Projektauftrag ist außerdem ein wesentliches Zeichen für das zukünftige Projektteam und Indikator für eine bestehende Projektkultur im Unternehmen.

PROJEKTAUFTRAG	
Projektkurzbeschreibung	
Projektstartereignis: >	**Projektstarttermin:** >
Projektendereignis: >	**Projektendtermin:** >
Projektziele: > > >	**Nicht-Projektziele:** > > >

Projektart   ☐ Kleinprojekt   ☐ Projekt   ☐ Programm

Hauptaufgaben (Projektphasen): > > > >	Projektressourcen und –kosten:		
	Ressourcen/ Kostenart	Mengen- einheit	Kosten (in Euro)
Projektauftraggeberln: >	**Projektleiterln:** >		
Projektteam: > > >			
.... Vorname Nachname, (Projektauftraggeberln)	.... Vorname Nachname, (Projektleiterln)		

Beispiel eines Projektauftrags

Was bei der Erstellung des Projektauftrags zu beachten ist, wird im nachfolgenden Kapitel 3.2 „Projektauftrag" näher beschrieben.

Ergebnisse der Projektbeauftragung

> Die inhaltliche Entscheidung, ob das anstehende Vorhaben durchgeführt werden soll oder nicht, ist getroffen (Entscheidung hinsichtlich Inhalten, strategischer Ausrichtung, verfügbarer Ressourcen und Kosten etc.).

> Auf Basis der Projektwürdigkeitsanalyse wurde über die Bearbeitungsform (Linienaufgabe, Kleinprojekt, Projekt oder Programm) entschieden.

> Projektauftraggeber und Projektleiter sind ausgewählt.
> Der (vorläufige) Projektauftrag ist erstellt, zwischen Projektauftraggeber und Projektleiter abgestimmt (und unterschrieben).
> Ein Erstansatz zur Projektorganisation (Auswahl des Projektteams) liegt vor.
> Die nötigen Projektressourcen und das nötige Projektbudget sind durch den Projektauftraggeber bzw. durch den Projektsteuerungskreis sichergestellt.

Tipps und Tricks in der Projektbeauftragung

> Starten Sie als Projektleiter keine Projekte ohne Projektauftraggeber (oder bei Bedarf ohne Projektlenkungsausschuss)!
> Stellen Sie sicher, dass der Projektauftrag von Projektauftraggeber und Projektleiter gemeinsam erstellt wird!
> Klären Sie ab, ob der Projektauftraggeber oder der Projektlenkungsausschuss die nötigen Projektressourcen und das nötige Projektbudget freigeben kann!
> Klären Sie für sich ab, ob Sie als Projektleiter die nötige Kompetenz und Erfahrung (fachliche, soziale und Management-Kompetenz) für das anstehende Projekt mitbringen! Überlegen Sie gegebenenfalls die Hinzuziehung eines Projektcoaches!
> Klären Sie die Rahmenbedingungen in Ihrem Projekt, die Sie benötigen, damit Sie das Projekt erfolgreich durchführen können!

3.2 Projektauftrag

Der Projektauftrag ist eine schriftliche Vereinbarung des Projektauftraggebers und des Projektleiters über wesentliche „Rahmeninformationen" des Projekts und die Basis für die weitere Detailplanung des Projektmanagements. Die Existenz von Projektaufträgen kann als Indikator für eine bestehende Projektkultur gewertet werden.

Beispiel eines unterschriebenen Projektauftrags

Beschreibung des Projektauftrags

Der Projektauftrag gliedert sich in eine zeitliche, eine sachliche und eine soziale Komponente. Die Inhalte sind ident mit den Inhalten in der Projektabgrenzung (siehe Kapitel 5 „Projektmanagement-Methoden").

Folgende Informationen werden üblicherweise in einem Projektauftrag definiert:

> Projektkurzbeschreibung

> Festlegung Projektstartereignis und Projektstarttermin

> Festlegung Projektendereignis und Projektendtermin
> Definition der Projektziele und Nicht-Projektziele
> Differenzierung nach Kleinprojekt/Projekt/Programm
> Formulierung der Hauptaufgaben (Projektphasen)
> Definition der Projektressourcen und -kosten
> Definition Projektauftraggeber, Projektleiter, Projektteam

Details und Hinweise zu diesen Projektinformationen finden Sie im Kapitel 5.2 „Projektabgrenzung und Projektkontextanalyse".

Der Projektauftrag wird von Projektleiter und Projektauftraggeber unterschrieben. Der Projektleiter übernimmt damit die Verantwortung, die vereinbarten Ziele mit den vereinbarten Leistungen zu den vereinbarten Terminen mit dem festgesetzten Budget zu erreichen. Der Projektauftraggeber sichert dem Projektleiter im Gegenzug die vereinbarten Ressourcen und das vereinbarte Budget zu. Die Unterschrift festigt die gegenseitige Vereinbarung und ist ein Indikator eines professionellen Projektmanagements.

Der Projektauftrag erfolgt im Projektbeauftragungsprozess und wird von Projektauftraggeber und Projektleiter gemeinsam erstellt. Der Projektauftrag ist somit der Auslöser für den Projektstartprozess, wobei es im Zuge der Detailplanung noch zu Anpassungen und Ergänzungen kommen kann. Kann der Projektauftrag im Beauftragungsprozess vollständig erstellt werden, wird dieser schon zu diesem Zeitpunkt von Projektauftraggeber und Projektleiter unterschrieben. Benötigt man jedoch eine detaillierte Projektplanung zur endgültigen Fertigstellung des Projektauftrags, folgen die Unterschriften spätestens am Ende des Startprozesses (vorläufiger vs. endgültiger Projektauftrag).

Der Projektauftrag gilt grundsätzlich für das gesamte Projekt. Sollten sich im Laufe des Projekts Rahmenbedingungen soweit ändern, dass sich wesentliche Abgrenzungen (zeitlicher, sachlicher oder sozialer Art) verändern (z. B. Erhöhung des Projektbudgets, Verschiebung des Projektendtermins, Änderung von Projektzielen), bedingt das die Aktualisierung des Projektauftrags und damit verbunden eine Neuvereinbarung zwischen Projektauftraggeber und Projektleiter (interner Change Request).

Empfehlenswert ist die Gestaltung einer Vorlage für einen unternehmensintern einheitlichen Projektauftrag, wodurch die Erstellung vereinfacht und eine Projektmanagement-Kultur im Unternehmen unterstützt wird.

4. KAPITEL

PROJEKTSTARTPROZESS

4. Projektstartprozess

Im Projektstartprozess erfolgt die Projektplanung. Der Projektstartprozess wird ausgelöst durch den Projektauftrag des Projektauftraggebers an den Projektleiter und ist abgeschlossen, sobald das Projekthandbuch inklusive aller notwendigen Projektpläne erstellt, dokumentiert und vereinbart ist.

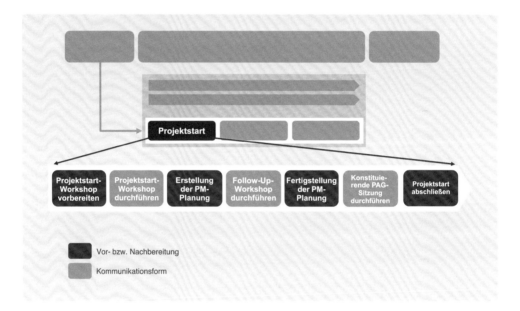

Die Vorgehensweise im Projektstartprozess hängt von der Komplexität des Projekts, der Projektart (Konzeptions- oder Realisierungsprojekt), der Branche und dem Umfeld ab.

Entscheidend bei der Gestaltung des Projektstartprozesses ist es, eine möglichst vollständige und detaillierte Projektplanung zu erstellen, diese gemeinsam mit dem Projektteam zu erarbeiten und zu verabschieden, die relevanten Projektstakeholder miteinzubinden und trotzdem einen effizienten und ressourcensparenden Projektstartprozess zu organisieren.

Prozessbeschreibung

Schritt 1: Projektplanung vorbereiten

Vor der Vorbereitung des Projektstart-Workshops ist der Projektstartprozess durch den Projektleiter zu planen. Die Gestaltung des Projektstartprozesses hängt einerseits von der Komplexität und andererseits von den Rahmenbedingungen des Projekts ab.

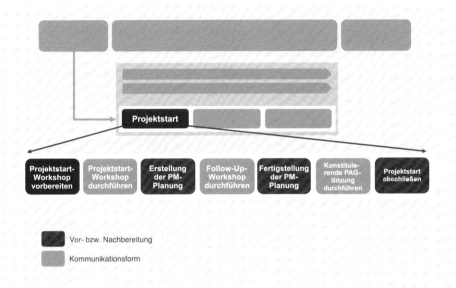

■ Vor- bzw. Nachbereitung

■ Kommunikationsform

Vorgehensweise zur Gestaltung des Projektstartprozesses:

> Analyse der Komplexität des Projekts und des Projektkontexts in Form einer Situationsanalyse

> Auswahl der notwendigen PM-Methoden

> Entwicklung des Projektstartprozesses (Abfolge der notwendigen Prozessschritte)

> Entwicklung (Adaption) der PM-Methodenmatrix zur besseren Orientierung: In welchem Schritt des Startprozesses werden welche PM-Methoden erarbeitet, optimiert oder verabschiedet?

> Entwicklung von Einladungen und Detaildesigns der einzelnen Workshops

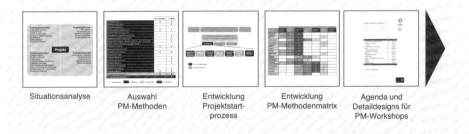

| Situationsanalyse | Auswahl PM-Methoden | Entwicklung Projektstart- prozess | Entwicklung PM-Methodenmatrix | Agenda und Detaildesigns für PM-Workshops |

Vorgehensweise im Projektstartprozess

Im Folgenden wird der Schritt 1 „Projektplanung vorbereiten" noch detaillierter beschrieben.

1. Analyse der Komplexität des Projekts und des Projektkontexts in Form einer Situationsanalyse

Zur besseren Identifikation der Situation zu Beginn des Projekts kann eine Situationsanalyse durchgeführt werden.

Basierend auf der Interpretation der Situationsanalyse wird der Projektstartprozess geplant. Die Situationsanalyse kann entweder schon im Projektbeauftragungs- oder aber spätestens im Projektstartprozess durchgeführt werden. Mithilfe dieser Methode kann einerseits die Komplexität des Projekts besser erfasst und andererseits können die Rahmenbedingungen zur Durchführung des Projekts identifiziert werden.

Zunächst wird eine Analyse des Projekts sowie dessen Rahmenbedingungen nach untenstehenden Kriterien durchgeführt:

Projekteigenschaften
Umfang (Dauer, Aufwand)
Komplexität, Risiko
Internes / externes Projekt
Konzeptions-, Realisierungsprojekt
Vorprojektphase
Handlungsspielraum
Sonstige Besonderheiten

Projektergebnisse
Klare Vorgaben
Rahmenbedingungen
Erforderliche Genauigkeit
Kritische Erfolgsfaktoren
Sonstige Besonderheiten

Projekt

Projektorganisation
Projektteam bekannt
Einheitlicher PM-Ansatz
Projekterfahrung
PM-Methoden bekannt, PM-Know-how
Projektkultur, Erwartungen
Örtliche Verteilung der Teammitglieder
Größe und Struktur der Projektorganisation
Spezifische Rollen (z.B.: Coach, fachliche
Kompetenz und Erfahrung)

Projektstakeholder
Anzahl relevanter Stakeholder
Kritische Stakeholder
Potenzielle Konflikte
Relevante Schnittstellen
Zentrale Informationen

Darstellung einer Situationsanalyse

Anschließend erfolgt eine Gesamteinschätzung und Ableitung von Konsequenzen bezüglich PM-Methodeneinsatz und PM-Startprozess.

Zwei Beispielergebnisse aus einer Situationsanalyse könnten sich folgendermaßen darstellen:

A) Sehr komplexe und umfangreiche Aufgabe, wenig Erfahrung bei den Projektbeteiligten, keine etablierten PM-Richtlinien und PM-Hilfsmittel.

Das würde bedeuten, dass eine komplexe Aufgabe in einem schwierigen Umfeld durchgeführt werden muss, was beispielsweise folgende Konsequenzen haben könnte:

> Durchführung als Projekt
> Umfangreiche Projektmanagement-Methoden notwendig
> Hohe Anforderungen an den Projektleiter
> Umfangreicher und eher längerer Startprozess (Projektplanung)
> Hohe Aufmerksamkeit des Projektauftraggebers notwendig

B) Weniger komplexe Aufgabenstellung, die Projektteammitglieder haben viel Projekterfahrung und man kann von einer einheitlichen PM-Kultur ausgehen.

Das bedeutet ein „überschaubares" Projekt in einem einfachen Umfeld, was beispielsweise folgende Konsequenzen haben könnte:

> Durchführung als Kleinprojekt
> Reduzierter Einsatz der Projektmanagement-Methoden
> Keine besonders hohen Anforderungen an den Projektleiter
> Kurzer Startprozess (Projektplanung)
> Keine besondere Aufmerksamkeit des Projektauftraggebers notwendig

Dazu sind u. a. folgende Überlegungen relevant:

> Kann die wesentliche PM-Planung im Startworkshop erfolgen oder ist zusätzlich noch ein Follow-Up-Workshop zur Fertigstellung der PM-Planung notwendig?
> Gibt es nach Fertigstellung der PM-Planung ein Projektauftraggeber-Meeting zur Vorstellung und Abnahme der Projektplanung?
> Sollte noch vor dem Projektstart-WS ein Führungskräfte-Kick-Off-Meeting zur Vorstellung des Projekts und zur Vereinbarung der nötigen Projektressourcen durchgeführt werden?
> Bei Kundenprojekten: Wie ist der Kunde in den Projektstartprozess einzubinden (z. B. in Form eines Kick-Off-Meetings nach dem Projektstart-Workshop)?

> Je komplexer das Projekt und je schwieriger das Umfeld, desto länger und aufwändiger wird
> der Startprozess und vice versa.

2. Auswahl der notwendigen PM-Methoden

Aufbauend auf der Komplexität des Projekts (Kleinprojekts) werden adäquate PM-Methoden für das
konkrete Projekt ausgewählt. Wie schon im Kapitel 2.2 „Projektmanagement-Definition" beschrieben,
kann die dazu verwendete PM-Methodenliste im Unternehmen entweder für alle Projekte (Kleinprojekte) definiert sein oder der Projektleiter wählt die für sein Projekt relevanten PM-Methoden selbst aus.

	Kleinprojekt	Projekt
Projektauftrag	X	X
Projektorganigramm		X
Rollenbeschreibung		
Arbeitspaketverantwortliche	X	X
Projektfunktionendiagramm		
Projektkommunikationsstrukturen		X
Projektspezifische Spielregeln		X
Stakeholderanalyse + Beziehungen zu and. Projekten		X
Ergebnisplan / Objektstrukturplan		
Projektstrukturplan	X	X
Arbeitspaketspezifikation		
Projektmeilensteinplan	X	X
Projektterminliste		
Projektbalkenplan		X
Projektressourcenplan		X
Projektkostenplan		X
Projektfinanzmittelplan		
Projektrisikoanalyse		X
Projekthandbuch	X	X
Projektfortschrittsbericht	X	X
Projektabschlussbericht		X

X   Mussanforderung   ▮ Projektplanung   ▮ Projektcontrolling   ▮ Projektabschluss

Beispiel einer PM-Methodenliste

Dabei sind folgende Überlegungen relevant:

> Auswahl nur jener PM-Methoden, die zum Management des vorliegenden Projekts notwendig sind (oft ist weniger mehr)!

> Je komplexer das Projekt, umso mehr PM-Methoden sind notwendig, um die Komplexität zu strukturieren und zu planen bzw. im Weiteren zu controllen.

> Für die Planung, aber insbesondere für das Projektcontrolling, sind adäquate EDV-Werkzeuge und die Disziplin der Beteiligten notwendig.

> Die Auswahl erfolgt durch den Projektleiter in Abstimmung mit dem Projektteam und dem Projektauftraggeber.

> Neben der Auswahl der PM-Methoden ist die Detaillierung der PM-Planung und des Projektcontrollings, primär für die Hard Facts, festzulegen.

Betrachtungs-objekte	PM-Methoden	Detaillierungsgrad		Legende:
		Projektplanung	Projektcontrolling	Projekt-Ebene
Leistungen	- Projektstrukturplan - AP-Spezifikation			
Termine	- Meilensteinplan - Balkenplan			Phasen-Ebene
Ressourcen	- Personaleinsatzplan			
Kosten	- Kostenplan - Finanzmittelplan			Arbeitspaket-Ebene

Beispiel: Detailmethoden in Projektplanung und -controlling

Anhand der Tabelle ist erkennbar, welche Methoden in welcher Detaillierung (basierend auf dem Projektstrukturplan) geplant und controlled werden. Diese Tabelle ist vom Projektleiter unbedingt im Vorfeld zu erstellen und gegebenenfalls mit dem Projektauftraggeber und im weiteren Verlauf mit dem Projektteam abzustimmen. Die obige Tabelle stellt beispielsweise Leistungsplanung und Leistungs-controlling auf Arbeitspaketebene fest, während Projektressourcen und Kosten auf Arbeitspaketebene geplant, aber auf Phasenebene controlled werden.

3. Entwicklung des Projektstartprozesses (Abfolge der notwendigen Prozessschritte)

Das Design des Projektstartprozesses ist von entscheidender Bedeutung für die PM-Planung. Es ist darauf zu achten, einerseits die Erstellung einer gemeinsamen Planung mit einem breiten Commitment aller relevanten Beteiligten zu erlangen, andererseits eine effiziente ressourcensparende PM-Planung zu erstellen. Viele Projektleiter planen zwar einen Startworkshop oder ein Kick-Off-Meeting, vergessen aber, zuvor den Projektstartprozess zu planen.

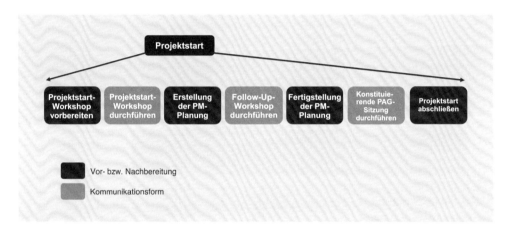

„Das Ende eines Projekts bahnt sich mit seinem Anfang an." Das bedeutet, dass ein professioneller Projektstart(prozess) eine professionelle Projektplanung nach sich zieht, was erfolgskritisch für das gesamte Projekt ist.

4. Entwicklung (Adaption) der PM-Methodenmatrix

Sind die PM-Methoden ausgewählt und der Projektstartprozess definiert, kann eine so genannte PM-Methodenmatrix erstellt werden. Horizontal steht der Projektstartprozess und vertikal die ausgewählten PM-Methoden. In der Matrix werden die notwendigen Bearbeitungsschritte pro PM-Methode und Arbeitsschritt beschrieben. Dadurch wird sichergestellt, dass sich der Projektleiter für den Projektstartprozess genau überlegt, wann welche PM-Methode in welcher Detaillierung bearbeitet wird.

Methodenliste	Vorbereitung Projektstart Workshop	Durchführung Projektstart Workshop	Projektplanung erstellen	Durchführung Follow up-Workshop	Projektplanung abschließen	Durchführung PAG Sitzung	Konstituierende PAG-Sitzung nachbereiten
Abgrenzung- und Kontextanalyse	✎	( )	📄				
Projektauftrag (PA)	✎	( )	📄			✓	
Stakeholderanalyse		✎	📄	( )	✓		
Projektorganisation	✎	( )	📄			✓	
Kommunikations- strukturen	✎	( )	📄			✓	
Spielregeln		✎	📄				
Ergebnisplan (Mind Map)	✎	( )	📄				
Projektstrukturplan (PSP)	✎	( )	📄			✓	
Arbeitspaket- spezifikationen			✎	( )	✓		
Funktionendiagramm/ AP-Verantwortliche		✎	( )	✓			
Terminplanung (MSt. bzw. Balkenplan)	✎	( )	📄	( )	📄	✓	
Ressourcenplanung			✎	( )	📄	✓	
Kostenplanung			✎	( )	📄	✓	
Risikoanalyse			✎	( )	📄	✓	
Projektdokumentation			✎	( )		✓	

Beispiel einer PM-Methodenmatrix

Es hat sich in der Praxis bewährt, bei der Erstellung der PM-Methoden zwischen unterschiedlichen Bearbeitungsschritten zu unterscheiden:

> Erstansatz
> Dokumentation
> Optimierung
> Freigabe

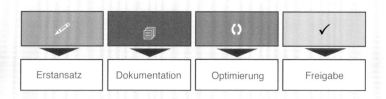

| Erstansatz | Dokumentation | Optimierung | Freigabe |

Legende der in der PM-Methodenmatrix verwendeten Symbole

5. Festlegung einer Agenda und Entwicklung von Detaildesigns der einzelnen Workshops

Nach der Erstellung der PM-Methodenmatrix ist die Auswahl der zu bearbeitenden PM-Methoden für die geplanten PM-Workshops weitgehend festgelegt.

Darauf aufbauend kann dann eine Agenda für die jeweiligen Workshops und eine Einladung an die Teilnehmer der Workshops erstellt und verschickt werden.

Zur besseren Moderation der Workshops empfiehlt es sich, ein Design für den jeweiligen Workshop zu erstellen. Unter Design versteht man eine detaillierte Zeitplanung aller Agendapunkte des Workshops. Ein solches Design hilft dem Moderator des Workshops (und das ist in vielen Fällen der Projektleiter selbst), alle Agendapunkte bis zum geplanten Ende durchzubringen. Der Moderator kann während der Moderation die geplanten Zeitansätze immer wieder mit der aktuellen Situation vergleichen und entsprechend anpassen.

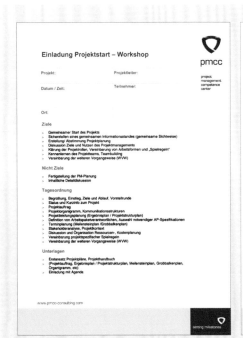 

Beispiel einer Einladung und eines Designs zum Projektstart-Workshop

Die Vorbereitung der Projektplanung erfolgt verantwortlich durch den Projektleiter. Neben der Auswahl der Teilnehmer für den Projektstart-Workshop (WS) muss der WS organisiert werden.

Folgende Punkte sind in der Vorbereitung zu beachten:

> Auswahl der Teilnehmer für den Projektstart-WS

> Festlegung von Termin, Ort, Dauer

> Erstellung der Einladung/Agenda und Versand an die Teilnehmer

> Auswahl des Moderators

> Auswahl und Vorbereitung der Räumlichkeiten

> Auswahl und Vorbereitung der notwendigen Medien (Beamer, Flipchart, Overhead, Pinwände etc.)

> Auswahl und Erstellung der vorzubereitenden PM-Pläne

> Ev. Durchführung von Vorgesprächen (mit relevanten Entscheidern, kritischen Projektteammitgliedern etc.)

> Erstellung des Designs für den Projektstart-Workshop

Schritt 2: Durchführung des Projektstart-Workshops

Die Durchführung des Projektstart-Workshops erfolgt im Projektteam, ev. ist auch der Projektauftraggeber mit dabei. Weitere Teilnehmer können Experten, Projektleiter, die bereits bei ähnlichen Projekten Erfahrung gesammelt haben und bei der Projektplanung helfen können, sowie wichtige Lieferanten, Kooperationspartner oder auch der Kunde selbst sein.

Die Auswahl der Teilnehmer ist projektspezifisch zu entscheiden. Grundsätzlich sollten alle relevanten Personen eingeladen werden, andererseits sollte man die Anzahl von zehn bis zwölf Teilnehmern nicht überschreiten, da sonst die Moderation schwierig und die Erstellung bzw. Überarbeitung der Projektmanagement-Pläne langwierig wird.

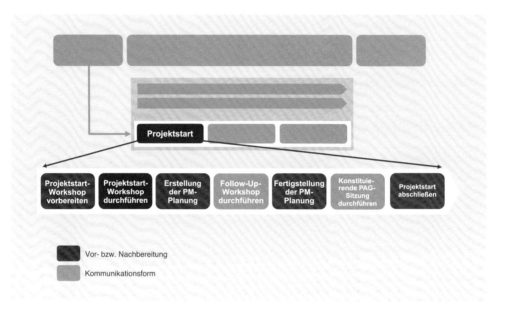

■ Vor- bzw. Nachbereitung

■ Kommunikationsform

Ziele eines Projektstart-Workshops sind:

> Das Kennenlernen des Projektteams

> Die Generierung eines gemeinsamen Informationsstands und
  einer gemeinsamen Sichtweise im Projekt

> Die Erstellung von Erstansätzen der PM-Planung

> Die Klärung offener Fragen

> Die Planung der weiteren Vorgehensweise

Der Projektstart-Workshop kann unterschiedlich lange dauern, abhängig vom Grad der Vorbereitung, vom PM-Know-how der Teilnehmer, der Komplexität des Projekts etc. In der Regel dauern Projekt-start-Workshops zwischen einem halben Tag und zwei Tagen.

Die nachfolgende beispielhafte Einladung für einen Startworkshop zeigt einen typischen Ablauf des Projektstart-Workshops, allerdings sind auch andere Vorgehensweisen möglich. Nachfolgend werden die gelisteten Agendapunkte detaillierter beschrieben:

Einladung Projektstart – Workshop

pmcc

project
management
competence
center

Projekt: Projektleiter:

Datum / Zeit: Teilnehmer:

Ort:

Ziele

> Gemeinsamer Start des Projekts
> Sicherstellen eines gemeinsamen Informationsstandes (gemeinsame Sichtweise)
> Erstellung/ Abstimmung Projektplanung
> Diskussion Ziele und Nutzen des Projektmanagements
> Klärung der Projektrollen, Vereinbarung von Arbeitsformen und „Spielregeln"
> Kennenlernen des Projektteams, Teambuilding
> Vereinbarung der weiteren Vorgangsweise (WVW)

Nicht Ziele

> Fertigstellung der PM-Planung
> Inhaltliche Detaildiskussion

Tagesordnung

> Begrüßung, Einstieg, Ziele und Ablauf, Vorstellrunde
> Status und Kurzinfo zum Projekt
> Projektauftrag
> Projektorganigramm, Kommunikationsstrukturen
> Projektleistungsplanung (Ergebnisplan / Projektstrukturplan)
> Definition von Arbeitspaketverantwortlichen, Auswahl notwendiger AP-Spezifikationen
> Terminplanung (Meilensteinplan /Grobbalkenplan)
> Stakeholderanalyse, Projektkontext
> Diskussion und Organisation Ressourcen-, Kostenplanung
> Vereinbarung projektspezifischer Spielregeln
> Vereinbarung der weiteren Vorgangsweise (WVW)

Unterlagen

> Erstansatz Projektpläne, Projekthandbuch
> (Projektauftrag, Ergebnisplan / Projektstrukturplan, Meilensteinplan, Grobbalkenplan,
> Organigramm, etc)
> Einladung mit Agenda

www.pmcc-consulting.com

setting milestones

 DOWNLOAD   **Nutzen Sie die Downloadfunktion auf unserer Website.**
Nähere Informationen dazu im Kapitel 16 „Anhang"

Begrüßung, Einstieg, Ziele und Ablauf, Vorstellungsrunde

> Zu Beginn des Workshops erfolgt zunächst eine Vorstellung und Abstimmung der Ziele und
> des Ablaufs sowie eine Vereinbarung von Spielregeln für den Projektstart-Workshop.

> Der Ablauf wird meist auf ein Flipchart geschrieben und für alle Teilnehmer sichtbar an die Wand
> gehängt. Damit ermöglicht man allen Teilnehmern, den Ablauf des Workshops immer vor Augen
> zu haben. Der Moderator kann Punkt für Punkt der Agenda abarbeiten und auf dem Flipchart
> abhaken.

> Die Spielregeln des Projektstart-Workshops sind nicht mit den Projektspielregeln zu verwechseln, denn diese werden erst zu einem späteren Zeitpunkt diskutiert. Workshop-Spielregeln könnten beispielsweise sein:
>   > Wir arbeiten ohne Handys.
>   > Wir starten nach den Pausen pünktlich.
>   > Die Teilnehmer des Workshops sind durchgehend anwesend.
>   > Das Protokoll wird online durch den Projektleiter erstellt.

Kennen sich die Teilnehmer des Workshops noch nicht, muss zunächst eine Vorstellungsrunde durchgeführt werden. Dabei können folgende Punkte relevant sein:

> Name, Abteilung?
> Rolle im Projekt?
> Erwartungen an den Projektstart-Workshop?

Kennen sich die Teilnehmer, kann eine Einstiegsrunde mit folgenden Fragen durchgeführt werden:

> Info über das Projekt?
> Rolle im Projekt?
> Erwartungen an den Projektstart-Workshop?

Information und Status des Projekts durch den Projektleiter

> Hier beschreibt der Projektleiter (oder allenfalls der Projektauftraggeber, falls anwesend) nochmals kurz das Projekt und den derzeitigen Status.
> Dieser Punkt dient als Einstieg in das Projekt und bringt die Teilnehmer auf einen gleichen Wissensstand.

Projektauftrag (zeitliche und sachliche Projektabgrenzung)

> Liegt bereits ein Projektauftrag in schriftlicher Form vor, werden die zeitliche und sachliche Abgrenzung anhand des Projektauftrags besprochen und abgestimmt.
> Liegt noch kein Projektauftrag vor, werden diese Punkte am Flipchart gemeinsam erarbeitet.

Projektorganigramm, Kommunikationsstrukturen

> Das Projektorganigramm wird vom Projektleiter meist schon im Vorfeld als Erstansatz erstellt und dann im Projektstart-WS diskutiert und verabschiedet.

> Ergänzt wird das Projektorganigramm um die Kommunikationsstrukturen. So erhalten die Projektteammitglieder bereits einen Überblick über die Organisation des Projekts.

Projektleistungsplanung (Ergebnisplan/Betrachtungsobjekte, Projektstrukturplan)

> Bereits vor dem Projektstart-WS ist zu klären, ob ein Ergebnisplan sinnvoll und zu erstellen ist oder nicht. In technischen Projekten wird meist ein Objektstrukturplan erstellt, in vielen anderen Projekten hat sich die Erstellung einer Mind Map als funktional erwiesen.

> Fixpunkt im Projektstart-Workshop ist der Projektstrukturplan (PSP). Dieser kann entweder vorbereitet mitgebracht oder direkt im Projektstart-WS erstellt werden.

Definition von Arbeitspaket-Verantwortlichen, Definition notwendiger AP-Spezifikationen

> Basierend auf dem Projektstrukturplan können im nächsten Schritt die zu spezifizierenden Arbeitspakete ausgewählt werden. Die AP werden meist direkt am PSP markiert und es wird vereinbart, bis wann die zukünftigen AP-Verantwortlichen diese zu erstellen haben.

> Als Nächstes werden die AP-Verantwortlichen definiert. Dabei geht der Projektleiter alle AP des PSP durch und schreibt die Namen (Initialen) der Projektteammitglieder direkt in die AP.

> Können AP aufgrund fehlender Kompetenz im Projektteam nicht verteilt werden, ist das Projektorganigramm nochmals zu prüfen und gegebenenfalls ein zusätzliches Projektteammitglied zu nominieren.

Terminplanung (Meilensteinplan, Grobbalkenplan)

> Nach der Leistungsplanung ist ein grober Terminplan zu erstellen oder ein schon vorbereiteter zu diskutieren.

> Da die Erstellung eines detaillierten Balkenplans auf Arbeitspaketebene im Projektstart-WS kaum möglich ist, wird üblicherweise entweder ein Meilensteinplan oder ein Grobterminplan (Phasen und Meilensteine) erstellt.

Stakeholderanalyse, Projektkontext

> Die Stakeholderanalyse kann entweder ganz zu Beginn, im Anschluss an den Projektauftrag oder zu diesem Zeitpunkt erstellt werden.

> Es hat sich gezeigt, dass kritische Teilnehmer eines Projektstart-WS meist an Hard Facts orientiert sind. Daher ist es oft sinnvoller, möglichst bald die Leistungs-(PSP) und Terminplanung sowie die Definition der Zuständigkeiten und nicht allzu viele Soft Facts (Spielregeln, Stakeholder etc.) zu Beginn zu besprechen.

> Die Stakeholderanalyse sollte im Projektstart-WS erstellt werden. Hier können sich die Projektteammitglieder einbringen und bekommen das Gefühl, dass Projektpläne gemeinsam erstellt werden (Projektleiter müssen sehr darauf achten, dass vorbereitete Projektpläne vom Projektteam akzeptiert und nicht als PM-Planung des Projektleiters „abgestempelt" werden).

> Ergänzend zur Stakeholderanalyse kann noch der restliche Projektkontext geplant und analysiert werden: zeitlicher Kontext, also die Vor- und Nachprojektphase und sachlicher Kontext, die Beziehung zu anderen parallel laufenden Projekten sowie zu Unternehmensstrategien.

Diskussion und Organisation der Ressourcen- und Kostenplanung

> Die Ressourcen- und Kostenplanung wird nicht im Startworkshop, sondern anschließend durch die AP-Verantwortlichen erstellt (siehe Kapitel 5 „Projektmanagement-Methoden").

> Es muss aber im Projektstart-WS geklärt werden, wie und in welcher Detaillierung Ressourcen und Kosten geplant und die nächsten Schritte dazu definiert werden.

> Dazu vereinbart der Projektleiter üblicherweise, bis wann die AP-Verantwortlichen die Ressourcen und Kosten für ihre Arbeitspakete planen.

Vereinbarung projektspezifischer Spielregeln

> Zum Schluss des Projektstart-WS werden die projektspezifischen Spielregeln definiert.

> Dabei kann sich der Projektleiter zwar für sich (im Rahmen der Vorbereitung) wichtige Spielregeln überlegt haben, die Vereinbarung und Dokumentation sollte aber unbedingt im Projektstart-WS gemeinsam erfolgen (Akzeptanz!).

Vereinbarung der weiteren Vorgehensweise (WVW)

> Als letzter Programmpunkt werden noch offene Punkte geklärt und die weitere Vorgehensweise inklusive einer detaillierten To-Do-Liste vereinbart.

> Je nach Unternehmens- und Projektkultur kann im Anschluss noch eine Feedbackrunde stattfinden oder mit dem Dank des Projektleiters und der Verabschiedung abgeschlossen werden.

Die Vorbereitung des Projektstart-WS erfolgt durch den Projektleiter. Eventuell bekommt er zusätzliche Unterstützung durch ein Projektbüro (projektbezogene Projektassistenz), einen Sekretär oder aus dem Projektteam.

Die Moderation des Projektstart-WS wird entweder durch einen Moderator oder den Projektleiter durchgeführt. Falls ein Moderator zur Verfügung steht, muss die Vorbereitung des Projektstart-WS unbedingt gemeinsam (PL und Moderator) erfolgen. Für die Nominierung eines Moderators entscheidet man sich erfahrungsgemäß häufig bei besonders großen und komplexen Projekten. Der Vorteil liegt darin, dass der Projektleiter sich im Projektstart-WS ganz auf die Erstellung bzw. Optimierung der Projektmanagement-Pläne konzentrieren kann und der Moderator die Leitung des Workshops übernimmt.

Steht kein Moderator zur Verfügung, wird der Projektleiter die Moderation selbst übernehmen. Das bedeutet für den Projektleiter eine Dreifachbelastung: Neben den Inhalten muss sich der Projektleiter um das Projektmanagement und zusätzlich noch um die Moderation des Workshops kümmern. Zur Vereinfachung dieser Mehrfachaufgaben sollte sich der Projektleiter gut vorbereiten und alle möglichen Moderationshilfen in Anspruch nehmen. Dazu dient insbesondere das bereits zuvor vorgestellte „Design" für den Projektstart-Workshop.

Design Projektstart - Workshop

pmcc

project
management
competence
center

Projekt:

Projektleiter:

Datum / Zeit:

Teilnehmer:

Ort:

Agenda	Verantw.	Dauer
1. Begrüßung, Einstieg, Ziele und Ablauf, Vorstellrunde	PL, PAG	08:00-08:25
2. Status und Kurzinfo zum Projekt	PL	08:25-08:45
3. Projektauftrag	PL	08:45-09:30
4. Projektorganigramm, Kommunikationsstrukturen	PL	09:30-10:00
5. Pause		10:00-10:20
6. Überarbeitung Projektstrukturplan (PSP)	PL	10:20-11:30
7. AP-Verantwortliche, AP-Spezifikationen	PL	11:30-12:00
8. Mittag		12:00-13:00
9. Überarbeitung Grobterminplanung	PL	13:00-13:40
10. Stakeholderanalyse	PL	13:40-14:10
11. Diskussion und Organisation Ressourcen-, Kostenplanung	PL	14:10-14:30
12. Pause		14:30-14:50
13. Spielregeln	PL	14:50-15:10
14. Planung WWW, Abschluss	PL	15:10-15:30
Weitere Informationen		
>		
>		
>		

PL...Projektleiter, PAG...Projektauftraggeber

www.pmcc-consulting.com

setting milestones

Beispiel eines Designs für einen Projektstart-Workshop

⬇ **DOWNLOAD**　**Nutzen Sie die Downloadfunktion auf unserer Website.**

Das beispielhaft angeführte Design hilft dem Moderator (Projektleiter) bei der Moderation des Workshops. Es bildet die jeweilige Dauer einzelner Agendapunkte ab und zeigt dem Moderator zu jeder Zeit des Workshops, ob er im Plan ist oder nicht. Somit kann er die Diskussionsprozesse steuern, ohne den Endtermin des Projektstart-WS zu gefährden.

Es sollte immer genügend Zeit für die Erarbeitung bzw. Optimierung der PM-Pläne eingeplant und der Gesamtzeitrahmen eines Projektstart-Workshops deshalb nicht zu eng bemessen werden.

Schritt 3: Erstellung des Erstansatzes der Projektplanung

Nach der Durchführung des Projektstart-Workshops sind die bereits vorhandenen Projektpläne zu aktualisieren, neu erarbeitete Projektpläne zu dokumentieren und schließlich alle Projektpläne in das Projekthandbuch zu integrieren. Die Dokumentation der Projektpläne durch den Projektleiter als Ergebnis des Projektstart-WS sollte möglichst rasch erfolgen, da diese Projektpläne die Basis für weitere Planungsarbeiten (Arbeitspaket-Spezifikationen, Ressourcen- und Kostenplanung etc.) bilden.

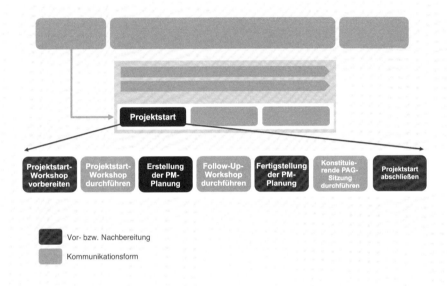

Zusätzlich ist ein WS-Protokoll zu erstellen, das die wesentlichen Diskussions- und Entscheidungspunkte sowie die weitere Vorgehensweise (To-Do-Liste) festhält.

Es ist darauf zu achten, dass alle To-Dos im Projektstart-WS vereinbart, mit Zuständigkeiten versehen und terminisiert werden. Die Durchführung des Follow-Up-WS macht erst nach Erledigung der To-Dos Sinn. Üblicherweise werden für die Abarbeitung der To-Dos zwei Wochen veranschlagt.

Neben der Erstellung der Detailplanung hat der Projektleiter die Einladung, die Agenda sowie ein Design für den Follow-Up-Workshop zu erstellen und die Einladung mit Agenda an die Teilnehmer zu verschicken.

Nachfolgend ist der Prozess der Erstellung eines Erstansatzes der Projektplanung nochmals grafisch dargestellt:

Vorgehensweise zwischen Projektstart- und Follow-Up-Workshop

Erklärungen zum Prozess:

> Die Projektteammitglieder können ihre Detailpläne erst erstellen, wenn der Projektleiter das Protokoll und die erstellten PM-Pläne in Form eines Erstansatzes des Projekthandbuchs ausgeschickt hat. Daher wäre es wichtig, dass der Projektleiter sich gleich am nächsten Tag des Projektstart-WS auf diese beiden Punkte konzentriert.

> Danach können die AP-Verantwortlichen sowie der Projektleiter selbst die notwendigen Detailpläne erstellen (Arbeitspaket-Spezifikationen, Ressourcen- und Kostenplanung pro AP, Detailbalkenplan etc.).

> Ist die Detailplanung erfolgt, wird sie an den Projektleiter geschickt und dieser erstellt daraus die nächste Version des Projekthandbuchs (PHB).

> Die Version 2 des PHB wird an das Projektteam verteilt und jeder kann sich, noch vor dem Follow-Up-WS, die aktuellen Projektpläne durchlesen und notwendige Korrekturen vorbereiten.

Schritt 4: Durchführung des Projekt-Follow-Up-Workshops

Die Durchführung des Projekt-Follow-Up-Workshops erfolgt wiederum im Projektteam.

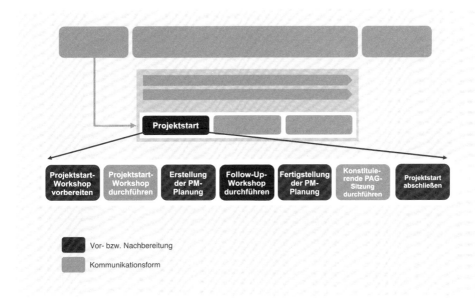

Ziele des Projekt-Follow-Up-Workshops sind einerseits die Verabschiedung oder gegebenenfalls die nochmalige Optimierung der bereits im Projektstart-WS erstellten PM-Pläne. Andererseits dient dieser Workshop zur Diskussion und Fertigstellung der nach dem Projektstart-WS erstellten PM-Pläne sowie der Erstellung zusätzlich notwendiger PM-Pläne.

Der Projekt-Follow-Up-Workshop wird meist in Form eines halb- bis ganztägigen WS durchgeführt.

Falls seit dem Projektstart-WS schon mit der Abarbeitung der ersten Arbeitspakete begonnen wurde, kann neben der Fertigstellung der PM-Pläne auch schon ein erstes Controlling durchgeführt werden.

Die nachfolgende beispielhafte Einladung für einen Follow-Up-Workshop zeigt einen typischen Ablauf, es sind allerdings auch andere Vorgehensweisen möglich.

Beispiel einer Einladung eines Projekt-Follow-Up-Workshops

⬇ **DOWNLOAD**   Nutzen Sie die Downloadfunktion auf unserer Website.

Im Anschluss sollen diese einzelnen Agendapunkte detaillierter beschrieben werden:

Begrüßung, Einstieg, Ziele und Ablauf

> Zu Beginn des Follow-Up-Workshops erfolgt zunächst eine Vorstellung und Abstimmung der Ziele und des Ablaufs sowie eine Vereinbarung von Spielregeln für den Projekt-Follow-Up-Workshop.

Blitzlicht

> Noch vor dem inhaltlichen Einstieg in die Diskussion und Optimierung der Projektpläne sollte ein kurzes Blitzlicht durchgeführt werden (siehe Beschreibung im Kapitel 6.6 „Spielregeln im Projekt").

> Ziel des Blitzlichts ist es, einen Status über den Stand der PM-Planung und über die Stimmung der Projektteammitglieder zu bekommen, damit der Projektleiter gegebenenfalls auf „Unstimmigkeiten" bzw. Probleme der Projektteammitglieder rechtzeitig reagieren kann.

Verabschiedung von Projektauftrag, Organigramm, Kommunikationsstrukturen und Spielregeln

> Abschließende Klärung von Unklarheiten oder Optimierung obiger PM-Pläne.

Präsentation und Verabschiedung des PSP und der Zuständigkeiten, Diskussion und Verabschiedung der AP-Spezifikationen

> Abschließende Klärung von Unklarheiten oder Optimierung bezüglich obiger PM-Pläne.

> Sehr oft ergibt sich aus den AP-Spezifikationen nochmals ein Optimierungsbedarf für den Projektstrukturplan (PSP), da im Projektstart-WS häufig AP vergessen, Schnittstellen zwischen AP ungenau beleuchtet wurden etc. So kann es zur Ergänzung von AP oder Zusammenlegung von AP kommen, ev. sogar zur Umstrukturierung einer Projektphase, wenn sich herausstellt, dass die gewählte Vorgehensweise im PSP nicht zielführend ist.

> Falls es sinnvoll erscheint und an Arbeitspaketen gearbeitet wird, kann bereits ein erstes Leistungscontrolling erfolgen.

Präsentation und Optimierung des Detailterminplans

> Der im Projektstart-WS erstellte Grobterminplan wurde in der Zwischenzeit vom Projektleiter, teilweise in Abstimmung mit den AP-Verantwortlichen, in einen Detailbalkenplan auf Arbeitspaketebene überführt.

> Dieser Detailbalkenplan ist nochmals zu diskutieren und im Anschluss zu verabschieden.

Präsentation und Abstimmung der Ressourcen- und Kostenplanung

> Die Ressourcen- und Kostenplanung wurde pro Arbeitspaket von den AP-Verantwortlichen kalkuliert und vom Projektleiter konsolidiert.

> Die kalkulierten Ressourcen werden hinsichtlich Verfügbarkeit evaluiert. Bei Ressourcenengpässen sind notwendige steuernde Maßnahmen einzuleiten.

> Die kalkulierten Gesamtkosten (aus der Kostenplanung) werden mit dem Projektauftrag verglichen. Bei Abweichungen sind gegebenenfalls Anpassungen und Maßnahmen zu definieren.

Erstellung/Diskussion der Risikoanalyse

> Die Risikoanalyse baut auf allen anderen PM-Methoden auf und wird deshalb als letzte PM-Planungsmethode erstellt.

> Die Risikoanalyse kann entweder im Follow-Up-WS gemeinsam erstellt werden oder der Projektleiter bereitet einen Erstansatz vor, präsentiert diesen und stellt die Risikoanalyse dann gemeinsam mit dem Projektteam fertig.

Diskussion Fertigstellung der PM-Planung

> Nach Durchsprache der Einzelprojektpläne werden die noch notwendigen Maßnahmen zur Fertigstellung der PM-Planung besprochen und vereinbart.

Planung des Projektcontrollings

> Neben der Erstellung der Projektplanung sind weitere Ziele des Projektstartprozesses die Definition und Planung des Projektcontrollings. Dabei sind folgende Punkte zu definieren:
>   > Häufigkeit des Projektcontrollings (Controllingzyklus)
>   > Betrachtungsobjekte des Projektcontrollings (Ziele, Leistungen, Termine, Ressourcen, Kosten, Organisation und Kontext)
>   > Detaillierung des Projektcontrollings
>   > Vorbereitung Projektcontrolling (was ist für den Projektcontrolling-WS von wem vorzubereiten, z. B. Ressourcen- und Kosten-Ist-Erfassung, siehe Kapitel 8 „Projektcontrollingprozess")
> Diese Punkte sind vom Projektleiter vorzubereiten und im Follow-Up-WS zu diskutieren und zu vereinbaren.

Vorbereitung der Projektauftraggeber-Sitzung

> Findet eine konstituierende Projektauftraggeber-Sitzung statt, sollte der Projektleiter die Agendapunkte und notwendige Diskussions- und Entscheidungspunkte gemeinsam mit dem Projektteam abstimmen.

Vereinbarung der weiteren Vorgehensweise (WVW)

> Als letzter Programmpunkt werden wieder offene Punkte geklärt und die weitere Vorgehensweise
> inkl. einer detaillierten To-Do-Liste vereinbart.

> Je nach Unternehmens- und Projektkultur kann im Anschluss noch eine Feedbackrunde
> stattfinden oder mit dem Dank des Projektleiters und der Verabschiedung abgeschlossen werden.

Auch für den Projekt-Follow-Up-Workshop sollte, so wie für den Projektstart-Workshop, ein Design
erstellt werden.

Schritt 5: Fertigstellung der Projektplanung

Nach der Durchführung des Projekt-Follow-Up-Workshops ist die Projektplanung endgültig fertigzu-
stellen, in das Projekthandbuch zu integrieren und nochmals an das Projektteam auszusenden.

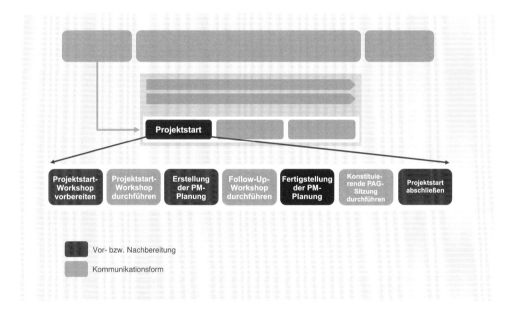

Weiters ist, wie nach dem Projektstart-WS, ein Protokoll zu erstellen. Ist die PM-Planung abgeschlossen, sollte eine konstituierende Projektauftraggeber-Sitzung (oder falls es im Projekt einen Projektlenkungsausschuss gibt eine Projektlenkungsausschuss-Sitzung) organisiert werden. Dies umfasst
die Abstimmung eines Termins mit dem Projektauftraggeber, die Erstellung und Versendung einer
Einladung sowie die Vorbereitung der notwendigen PM-Pläne. Es hat sich bewährt, dem Projektauftraggeber schon im Vorfeld das fertige Projekthandbuch für seine Vorbereitung zuzusenden, damit

sich der Projektauftraggeber auf die Sitzung vorbereiten kann und er die PM-Pläne im Meeting nicht das erste Mal zu Gesicht bekommt.

Schritt 6: Durchführung der Projektauftraggeber-Sitzung

Die Durchführung der konstituierenden Projektauftraggeber-Sitzung erfolgt meist nur zwischen dem Projektauftraggeber und dem Projektleiter. Eine Alternative wäre, die Auftraggeber-Sitzung gleich im Anschluss an den Follow-Up-WS durchzuführen und das Projektteam (ganz oder teilweise) mit einzubinden.

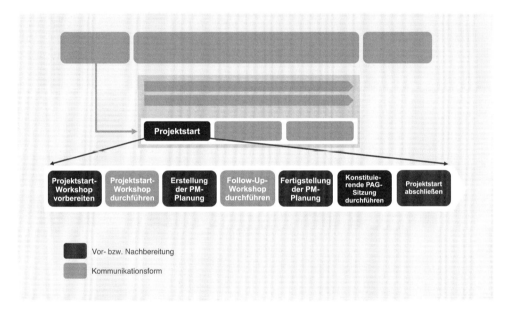

Ziele der konstituierenden Projektauftraggeber-Sitzung sind die Präsentation und Diskussion der im Projektteam erstellten Projektplanung. Falls der Projektauftrag bis dahin noch nicht unterschrieben wurde, sollte dieser spätestens zu diesem Zeitpunkt von Projektauftraggeber und Projektleiter unterschrieben werden. Weiters sollten anstehende Fragen oder Entscheidungen sowie das Projektcontrolling und die weiteren Projektauftraggeber-Sitzungen besprochen werden.

Falls Projektleiter und Projektauftraggeber zum ersten Mal zusammenarbeiten, sollte eine Rollenklärung (also eine Darstellung der gegenseitigen Erwartungshaltungen) erfolgen.

Die nachfolgende beispielhafte Einladung für eine Projektauftraggeber-Sitzung zeigt einen typischen Ablauf, es sind allerdings auch andere Vorgehensweisen möglich:

Beispiel einer Einladung zur Projektauftraggeber-Sitzung

 Nutzen Sie die Downloadfunktion auf unserer Website.

Im Anschluss sollen diese einzelnen Agendapunkte detaillierter beschrieben werden:

Einstieg, Ziele und Ablauf

> Zu Beginn der Projektauftraggeber-Sitzung erfolgt zunächst eine Vorstellung und Abstimmung der Ziele und des Ablaufs.

Vorstellung ausgewählter Projektmanagement-Pläne und des Projekthandbuchs

> Es wird sicher nicht zielführend sein, alle Detailpläne mit dem Projektauftraggeber durchzubesprechen. Ziel ist es aber, basierend auf dem gemeinsam vereinbarten Projektauftrag, die wesentlichen im Projektteam erstellten PM-Pläne durchzugehen:
> > Projektorganigramm und Kommunikation zur Abstimmung der Projektorganisation.
> > Projektstrukturplan zur Abstimmung der Phasen und Arbeitspakete (aufbauend auf den gemeinsam vereinbarten Projektzielen) und damit der Vorgehensweise im Projekt.
> > Terminplan zur Abstimmung des zeitlichen Ablaufs, insbesonders der Meilensteine im Projekt.
> > Ressourcen- und Kostenplanung: Stimmt die Detailplanung mit den Vorgaben im Projektauftrag überein, können wirklich die notwendigen Ressourcen zur geplanten Zeit verfügbar gemacht werden etc.
> > Risikoanalyse: Abstimmung der wesentlichen Risiken im Projekt und Abstimmung über die geplanten Präventivmaßnahmen zur Risikovermeidung bzw. -reduktion.

Klärung offener Fragen und Entscheidungen

> Haben sich im Laufe der Projektmanagement-Planung Fragen oder anstehende Entscheidungen ergeben, die nicht im Projektteam geklärt bzw. entschieden werden konnten, werden diese hier mit dem Projektauftraggeber besprochen und geklärt.

Ausblick, Vereinbarung der weiteren Vorgehensweise

> Abstimmung der nächsten Schritte im Projekt und Vereinbarung des nächsten Meetings.

Schritt 7: Projektstartprozess abschließen

Falls sich im Zuge der Projektauftraggeber-Sitzung nochmals Änderungen in der PM-Planung ergeben haben, müssen die PM-Pläne korrigiert und das aktualisierte Projekthandbuch an das Projektteam und den Projektauftraggeber verteilt werden.

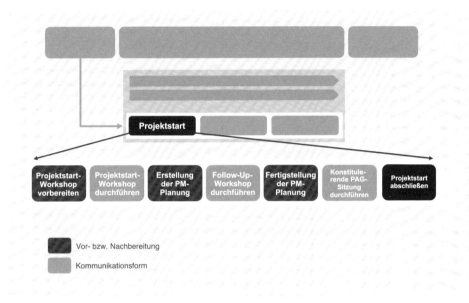

Außerdem ist ein Protokoll der Projektauftraggeber-Sitzung zu erstellen. Mit der erfolgreichen Durchführung der Projektauftraggeber-Sitzung und der endgültigen Fertigstellung der PM-Planung und damit des Projekthandbuchs ist der Projektstartprozess abgeschlossen.

Ergebnisse des Projektstartprozesses

> Ein unterschriebener (endgültiger) Projektauftrag (falls dieser nicht bereits in der Projektbeauftragung unterschrieben wurde) liegt vor.
> Alle nötigen Projektmanagement-Pläne sind im Projektteam erstellt, mit dem Projektauftraggeber abgestimmt und in Form eines Projekthandbuchs „sauber" dokumentiert.
> Es gibt einen gemeinsamen Informationsstand im Projektteam und eine gemeinsame Sichtweise über die Durchführung des Projekts.
> Die Teambildung hat stattgefunden bzw. wurde gestartet, das heißt, die Projektteammitglieder haben sich kennen gelernt und es wurden Spielregeln zur Zusammenarbeit festgelegt.
> Die ersten Projektmarketingaktivitäten sind erfolgt und das Projekt ist den relevanten Projekt-Stakeholdern bekannt (siehe Kapitel 11 „Projektmarketingprozess").
> Das Projektcontrolling ist definiert.

Tipps und Tricks im Projektstart

> Falls vorhanden, verwenden Sie Standard-Hilfsmittel, wie Einladungen, Protokolle, Designs etc.!

> So wie der erste Workshop läuft, läuft auch das weitere Projekt; also bereiten Sie Ihren Startworkshop gut vor!

> Vergewissern Sie sich, dass alle Teilnehmer der Workshops auch wirklich anwesend sind. Sie können keine gute und vollständige PM-Planung mit dem halben Projektteam erstellen!

> Versuchen Sie, insbesondere den Projektstart-Workshop unternehmensextern durchzuführen. So stellen Sie sicher, dass Sie in Ruhe an der Projektplanung arbeiten können und nicht durch Kollegen, Assistenten oder Vorgesetzte gestört werden. Die Investition lohnt sich!

> Machen Sie regelmäßig Pausen. Insbesondere für Mitarbeiter mit wenig Projektmanagement-Know-how ist ein Startworkshop keine leichte Übung!

> Stellen Sie sicher, dass Sie zum Ende des Startprozesses eine schlüssige und abgestimmte PM-Planung erstellt haben!

> Alles, was Sie im Projektstart vergessen, müssen Sie im Projektverlauf wesentlich aufwändiger nachholen!

> Nutzen Sie bei komplexen Projekten die professionelle Unterstützung eines Moderators!

5. KAPITEL

PROJEKTMANAGEMENT-METHODEN

5. Projektmanagement-Methoden

Projektmanagement-Methoden bilden die Basis jeder Projektplanung. In diesem Kapitel werden alle gängigen Methoden vorgestellt sowie deren Handhabung in der Projektplanung und im Projektcontrolling näher beschrieben.

5.1 Vorgangsweise in der Projektplanung

Generell empfiehlt es sich, in der Projektplanung vom „Groben ins Detail" vorzugehen. Außerdem sollte die Planung in mehreren Planungsschleifen durchgeführt werden. Entsprechend der zyklischen Vorgehensweise werden in der Projektplanung zuerst die Projektabgrenzung und Projektkontextanalyse durchgeführt. Darauf aufbauend können in weiterer Folge der Projektauftrag und die Elemente der Projektorganisation (Rollen, Organigramm, Spielregeln und Kommunikationsstrukturen) definiert werden.

Die weitere Detailplanung des Projekts wird mithilfe des Projektmanagement-Dreiecks durchgeführt. Dieses Projektmanagement-Dreieck stellt sowohl für die Planung als auch für das Controlling den Zusammenhang zwischen Leistungen, Terminen, Ressourcen und Kosten dar.

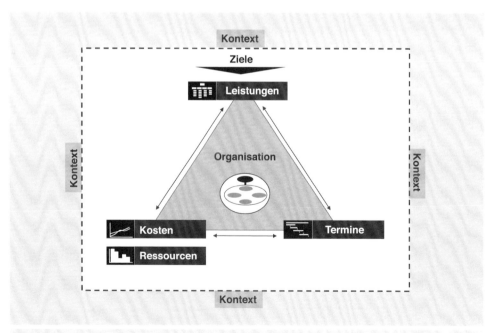

Gegenseitige Abhängigkeiten im Projektmanagement-Dreieck

Bei der Leistungsplanung werden die Gesamtaufgaben (Leistungen) des Projekts in Teilleistungen strukturiert. Es wird eine vollständige Darstellung des Projekts in Form eines Projektstrukturplans erarbeitet. Durch die reduzierte Komplexität stellt der Strukturplan eine adäquate Basis für weitere Planungsschritte dar.

Auf diese Leistungsplanung folgt die Terminplanung. Je nach Komplexität des Projekts ist zu entscheiden, ob eine Meilensteinliste (für Kleinprojekte) oder auch Detailbalkenpläne auf Arbeitspaket-ebene (vernetzt oder nicht vernetzt) erstellt werden.

Basierend auf die Leistungs- und Terminplanung erfolgt in einem dritten Schritt die Ressourcenplanung. Durch monetäre Bewertung des Ressourceneinsatzes (= Personalkosten) sowie die Abschätzung der übrigen Kostenarten (z. B. Material- und Fremdleistungskosten) wird die Summe der Projektplan-kosten (Budget) errechnet.

Sind alle vier Pläne erstellt, sollte in einer Kontrollschleife sichergestellt werden, dass Leistungs-, Termin-, Ressourcen- und Kostenplanung aufeinander abgestimmt sind. Das bedeutet beispielsweise, dass die notwendigen Ressourcen (Personal) auch zu den geplanten Terminen verfügbar sind oder dass die geplanten Leistungen und die daraus resultierenden Kosten dem geplanten Budget entsprechen. Gibt es hier Abweichungen, müssen die jeweiligen Pläne nachjustiert werden.

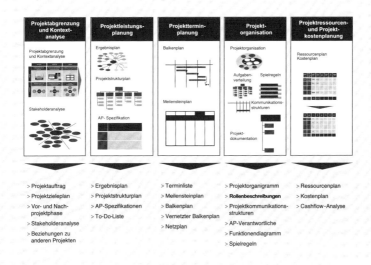

Verlauf der Planungsschritte in der Projektplanung

5.2 Projektabgrenzung und Projektkontextanalyse

Beim Start eines Projekts sind Projektleiter, Projektteam und Projektauftraggeber in den Projektma-nagement-Planungsprozess eingebunden. Zu Beginn dieses Prozesses verfügen die Beteiligten jedoch über einen unterschiedlichen Informationsstand.

Ziel der Projektabgrenzung und Projektkontextanalyse ist es, die unterschiedlichen Sichtweisen im Projektteam abzustimmen und alle Beteiligten auf denselben Informationsstand zu bringen. Projektab-grenzung und Projektkontextanalyse dienen auch dazu, eine Übersicht über das Projekt (Grobplanung) zu generieren, und bilden eine Basis für die weiteren Planungsschritte.

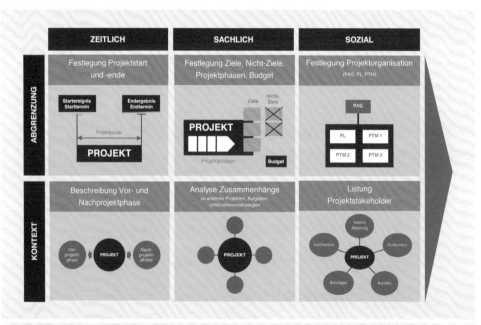

Die „Sechs Schritte" der Abgrenzungs- und Kontextanalyse

Beschreibung der Methode

Die Projektabgrenzung und Projektkontextanalyse ist in sechs Schritte gegliedert und lässt sich in eine zeitliche, sachliche und soziale Dimension unterteilen. Die drei Schritte der Abgrenzung definieren die (System-)Grenzen des Projekts („Nur was abgrenzbar ist, ist auch planbar!"), die drei Schritte der Kon-textanalyse den zeitlichen, sachlichen und sozialen Zusammenhang des Projekts.

5.2.1 Abgrenzungsanalyse

Projektabgrenzung

Aufgabe der zeitlichen Abgrenzung ist die Definition von realistischen Start- und Endereignissen des Projekts und der damit verbundenen Start- und Endtermine. In dieser Definition ist es zweckmäßig, inhaltliche Ereignisse (z. B. Vertragsunterzeichnung als Startereignis) und nicht Management-Ereignisse (z. B. Abschlussworkshop) zu diskutieren, da dadurch die Abgrenzung des Projekts geschärft und die gemeinsame Sichtweise gestärkt wird. Typische Startereignisse wie beispielsweise Beauftragung durch Projektauftraggeber, Startworkshop oder „Letter of Intent", Abschlussereignisse wie Kundenabnahmen, Präsentationen oder „Go-live"-Entscheidungen grenzen das Projekt hinsichtlich Vor- und Nachprojektphase ab und fördern ein einheitliches Projektverständnis.

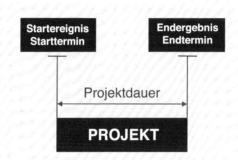

Die zeitliche Abgrenzung definiert Projektstart und -ende (jeweils Ereignis und Termin)

Bei der sachlichen Abgrenzung werden Ziele und Nicht-Ziele, die Hauptaufgaben (Projektphasen) und das Budget definiert.

Die Ziele bilden die Basis der gesamten weiteren Leistungsplanung und sollten daher sehr sorgfältig und präzise definiert werden. Die Projektziele sollten realistisch, bis zum Projektendereignis erreichbar, klar und verständlich sowie evaluierbar (zur Messbarkeit des Projekterfolgs am Projektende) formuliert sein. Dazu ist es nicht unbedingt notwendig, alle Projektziele zu quantifizieren, auch eine Überprüfung, ob ein Ziel erfüllt ist oder nicht (Ja-Nein-Evaluierung), ist sinnvoll.

Als hilfreich erwies sich der Ansatz, Ziele aus der Perspektive eines zukünftigen Nutzens zu definieren; Formulierungen wie „der Kunde ist in der Lage …", „wir verfügen …", „es ist gewährleistet …" unterstützen diesen Ansatz.

Die Definition von Projekt-Nicht-Zielen ist ein Instrument der negativen Abgrenzung von Inhalten. Damit besteht die Möglichkeit, etwaige mögliche Themen bewusst aus dem Projekt auszugrenzen – und zu kommunizieren, dass diese Nicht-Ziele im Projekt explizit nicht verfolgt werden.

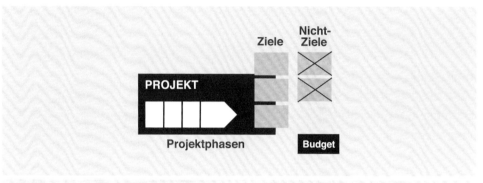

Die sachliche Abgrenzung inkludiert die Hauptaufgaben (Phasen), Ziele, Nicht-Ziele sowie das Budget

Die Projektphasen (Hauptaufgaben) dienen der Erreichung der Projektziele und stellen den groben Fahrplan des Projekts dar. Die Projektphasen sind demnach klar von den Projektzielen zu unterscheiden: Die Ziele beschreiben einen zukünftigen Zustand und die Projektphasen zeigen den Weg dorthin auf. Diese zu definierenden Projektphasen sind die Basis für die weitere Leistungsplanung und werden im Projektstrukturplan in Form von Arbeitspaketen weiter detailliert.

Ergänzt werden die Projektphasen und Ziele um das Projektbudget. Dabei sind sowohl das monetäre Budget (also die Projektkosten) als auch das Ressourcenbudget (Umfang des Ressourcenbedarfs in Stunden oder Personentagen pro Organisationseinheit) zu berücksichtigen.

In der sozialen Abgrenzung wird in einem Erstansatz die Projektorganisation geplant. Dabei werden der Projektauftraggeber, der Projektleiter und das Projektteam (Projektteammitglieder) definiert. Die soziale Abgrenzung bildet die Basis für die Detailplanung der Projektorganisation (Organigramm, Rollendefinitionen und Kommunikationsstrukturen).

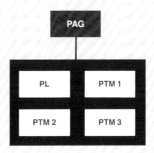

In der sozialen Abgrenzung werden Projektauftraggeber, Projektleiter und Projektteam festgelegt

5.2.2 Projektkontextanalyse

Die zeitliche Kontextanalyse betrachtet die Vor- und Nachprojektphase. In der Beschreibung der Vorprojektphase werden alle relevanten Informationen aus der Vorgeschichte des Projekts festgehalten („Jedes Projekt hat seine Geschichte!"). Entscheidungen und Ereignisse aus dieser Phase können den Handlungsspielraum für das Projekt bereits einschränken oder zumindest vorbestimmen.

Insbesondere folgende Fragen sollten geklärt werden:

> Was ist vor dem Projektstart passiert (Aktivitäten, Recherchen, …)?
> Welche Entscheidungen wurden bereits getroffen (durch wen, warum, …)?
> Wie ist es zu dem Projekt gekommen (Ausgangssituation, Leidensdruck, Anlass, …)?
> Welche Dokumente wurden bereits erstellt (Auftrag, Untersuchungen, Business-Case, …)?
> Wer hat die Durchführung des Projekts unterstützt, wer gehemmt?

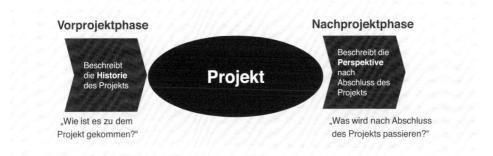

Darstellung der Vor- bzw. Nachprojektphase im zeitlichen Projektkontext

Die Betrachtung der Nachprojektphase fokussiert die geplanten Entwicklungen nach Projektende. Diese können bereits entsprechende Leistungen innerhalb des Projekts erfordern und sollten entsprechend rechtzeitig erkannt und organisiert werden.

Folgende Fragen ergeben sich in diesem Zusammenhang:

> Welche Handlungen und Entscheidungen sind nach Projektende zu setzen (Übergaben, Wissenssicherung, Dokumentationen, …)?

> Welche Folgeprojekte bzw. Aktivitäten sind zu berücksichtigen (Auftragsabwicklungsprojekt nach einem Akquisitionsprojekt, …)?

> Welchen Folgenutzen des Projekts gibt es (optimierte Prozesse, neue Produkte, …)?

> Welche Aktivitäten zur Organisation der Nachprojektphase sind bereits im Projekt notwendig?

Bei der sachlichen Kontextanalyse werden die Beziehungen zu anderen Projekten und zu Unternehmensstrategien identifiziert. Ein Projekt hängt häufig mit anderen in Durchführung befindlichen oder geplanten Projekten zusammen. Diese Zusammenhänge sind aus der Sicht des Projekts zu analysieren und in Form von Maßnahmen zu gestalten. Solche Beziehungen können synergetischer (z. B. die Verfolgung gemeinsamer Ziele) oder konfliktärer Art (z. B. der gemeinsame Zugriff auf Engpassressourcen oder technische Abhängigkeiten) sein. In jedem Fall sollte jedes Projekt eines projektorientierten Unternehmens in Zusammenhang mit der Unternehmensstrategie durchgeführt werden!

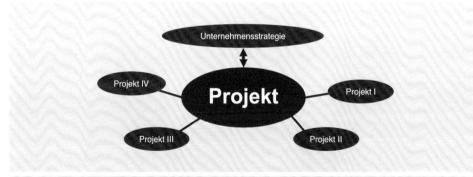

Im sachlichen Projektkontext werden die Beziehungen zu anderen beeinflussenden Projekten aufgezeigt

Bei der sozialen Kontextanalyse werden zunächst die Stakeholder identifiziert. Das bedeutet, es werden alle Personen und Institutionen gelistet, die eine Beziehung (gleichgültig ob positiv, neutral oder negativ) zu dem zu planenden Projekt haben. All diese Projektstakeholder können das Projekt beeinflussen und sollten grafisch dargestellt werden. Die Listung der Projektstakeholder ist die Basis für eine vertiefende Betrachtung in der Stakeholderanalyse. Unterschiedliche Sichtweisen und Interessen, die zum Projektstart nicht abgestimmt werden, führen im späteren Projektverlauf unausweichlich zu Konflikten und Problemen.

Neben der inhaltlichen Qualität der Projektergebnisse steht vor allem die Sicherung der Akzeptanz dieser Lösungen im Vordergrund. Die adäquate Einbindung aller relevanten Beteiligten in den Projektstartprozess ist maßgeblich für den Erfolg der Projektarbeit und daher auch Betrachtungsobjekt des Projektmanagements (Erfolg = Qualität x Akzeptanz, siehe Kapitel 11 „Projektmarketingprozess").

Methode im Projektcontrolling

Projektabgrenzung und Projektkontextanalyse dienen der weiterführenden Detailplanung als Basis. Ergeben sich in den periodischen Projektcontrollingzyklen Abweichungen, sind diese in den jeweiligen Detailplänen zu adaptieren. Werden dabei Abgrenzungen im Projekt verändert, so ergeben sich Auswirkungen und Änderungen im Projektauftrag, die entsprechend zwischen Projektleiter und Projektauftraggeber abzustimmen und zu dokumentieren sind (siehe Projektauftrag).

5.2.3 Stakeholderanalyse

Die Stakeholderanalyse basiert auf der sozialen Projektkontextanalyse und ist ein Instrument zum Management der sozialen Beziehungen eines Projekts.

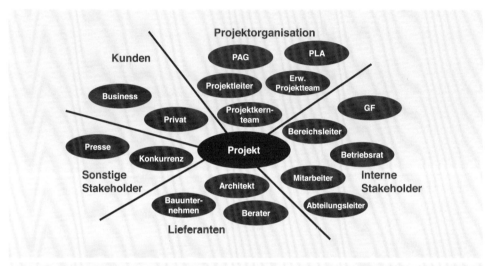

Beispiel einer Stakeholderanalyse gegliedert nach Clustern

Beschreibung der Methode

In der Stakeholderanalyse werden die Beziehungen des Projekts zu relevanten Stakeholdern betrachtet. Unter relevanten Stakeholdern sind all jene Personen oder Institutionen zu verstehen, die einen (positiven und/oder negativen) Einfluss auf das Projekt nehmen können.

Grundidee der Stakeholderanalyse ist, dass Beziehungen gestaltbar sind und Beziehungsmanagement einen wesentlichen Teil des Projektmanagements darstellt.

Die relevanten Projektstakeholder können zunächst in eine Grobgruppierung (Clusterung) eingeteilt werden. Dabei wird im ersten Schritt meist zwischen projektinternen Stakeholdern (Projektteam, Projektleiter, Projektauftraggeber) und projektexternen Stakeholdern unterschieden. Projektexterne Stakeholder können in einem weiteren Schritt detailliert werden, beispielsweise in Kunden, Lieferanten, Behörden, Konkurrenten, aber auch interne Stakeholder können in Bereiche und Abteilungen des Unternehmens aufgespalten werden. Existieren innerhalb einer Gruppierung, wie beispielsweise bei den Lieferanten, unterschiedliche Erwartungen bzw. Interessen an dem Projekt, ist eine weitere Detaillierung in einzelne Stakeholder zu empfehlen.

Sind alle relevanten Stakeholder in einer strukturierten Darstellung erfasst, können sie hinsichtlich ihrer Beziehungen zum Projekt analysiert und Handlungsbedarfe identifiziert werden. Dabei werden mögliche Konflikte und Potenziale näher analysiert und daraus konkrete Strategien und Maßnahmen zur erfolgreichen Gestaltung der Beziehungen abgeleitet. Ergebnis dieser Methodik ist eine To-Do-Liste, die Potenziale/Konflikte, Maßnahmen, Verantwortlichkeiten und terminliche Vereinbarungen enthält.

Stake-holder	Beziehung	Maßnahmen	Zuständigkeit	Termin
Sponsoren	Zurverfügungstellung namhafter Geldbeträge Naturalsponsoring in einem ausgewogenen Verhältnis	> Nutzenkatalog erstellen > Breite Präsentationsfläche anbieten > Seriosität hervorstreichen > Zusammenstellung beachten > Business-Case erstellen	PTM2	24.06.2010
Projektteam	Zurverfügungstellung der Arbeitsleistung Einzelkontakte gezielt nutzen Begeisterung / Motivation, bei der Entstehung eines stark hinterfragten Projekts dabei zu sein professionelle PM-Planung – Umgang mit knappen Ressourcen	> Auf persönliche Kontakte der Einzelnen achten > Transparenz in der Projektabwicklung beachten > Professionelle Strukturierung und gemeinsame Planung > Commitment herstellen	PL, PAG	12.05.2010

Beispiel: Von der Stakeholderanalyse abgeleitete Maßnahmen, Zuständigkeiten, Termine

Methode im Projektcontrolling

Viele Probleme in Projekten ergeben sich durch Interventionen relevanter Projektstakeholder. Es ist daher ein Erfolgsfaktor in Projekten, Projektstakeholder professionell zu managen. Entsprechend dem Vorgehensmodell werden zunächst die Maßnahmen, die in der Planung für die jeweiligen Stakeholder entsprechend den identifizierten Problemen definiert wurden, hinsichtlich der gewünschten Ergebnisse geprüft. Waren die Maßnahmen erfolgreich und sind die Probleme gelöst, können die kritischen Projektstakeholder wieder auf „neutral" gesetzt werden. Waren diese nicht erfolgreich, sind neue Maßnahmen abzuleiten. Im zweiten Schritt werden etwaige neue relevante Stakeholder ergänzt, es wird der Handlungsbedarf aufgrund des aktuellen Wissensstands für alle Stakeholder neu definiert und daraus werden erneut Maßnahmen zur Gestaltung der Beziehungen abgeleitet.

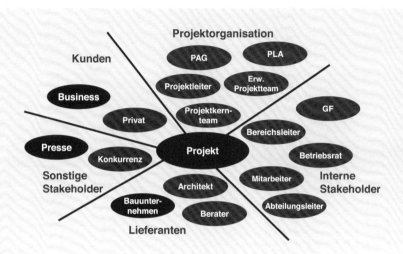

Beispiel einer Stakeholderanalyse im Projektcontrolling

Zusammenfassung Projektabgrenzung und Projektkontextanalyse mit pm steps

① Festlegung Projektstart und -ende

② Formulierung Ziele, Nicht-Ziele, Projektphase, Budget

③ Definition Projektorganisation

④ Beschreibung Vor- und Nachprojektphase

⑤ Analyse Zusammenhänge (zu anderen Projekten, Aufgaben, Unternehmensstrategien)

⑥ Listung Projektstakeholder

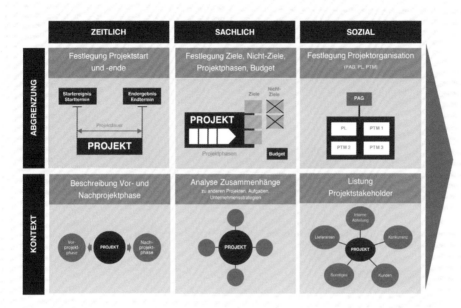

5.3 Leistungsplanung

5.3.1 Projektergebnisplan

Die Projektergebnisplanung ist eine optionale Methode mit dem Ziel, einen Überblick über die (physischen) Ergebnisse des Projekts zu generieren. Sie ist in erster Linie ein Hilfsmittel zur Erstellung eines Projektstrukturplans.

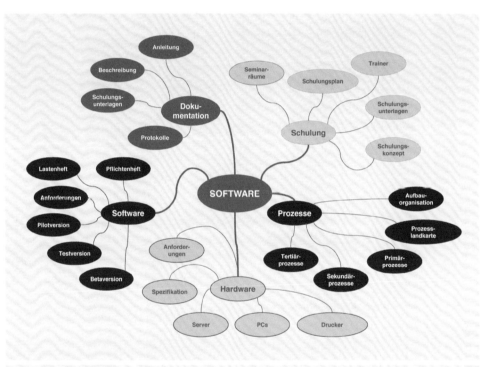

Beispiel eines Projektergebnisplans unter Verwendung der Mind-Map-Technik

Beschreibung der Methode

Bei der Ergebnisplanung werden (Teil-)Ergebnisse oder (Teil-)Objekte eines Projekts identifiziert, die während der Projektdurchführung berücksichtigt werden oder im Zuge der Projektdurchführung entstehen sollen. Ziel ist die Sicherstellung der gemeinsamen Sichtweise bezüglich der zu betrachtenden Ergebnisse sowohl im Projektteam als auch bei Vertretern von relevanten Stakeholdern.

Ergebnisse in Projekten sind materieller bzw. immaterieller Art, wie beispielsweise Gewerke bei Bauprojekten, Hardware- und Softwaremodule bei IT-Projekten, Managementdokumente wie Organigramme, Leitbild oder Prozessbeschreibungen bei Organisationsentwicklungsprojekten.

In der Projektplanung können die Ergebnisse hierarchisch in Teilergebnisse weiterzerlegt werden. Die Darstellungsform kann dabei, je nach Aufgabenstellung und persönlicher Neigung, unterschiedlich erfolgen.

Üblich sind grafische Aufbereitungen

> in Form eines Inhaltsverzeichnisses,
> in Form eines Strukturplans (so genannter Objektstrukturplan, häufig verwendet in Bau- und Anlagenbauprojekten, …),
> oder in Form von Mind-Maps, in denen die jeweiligen Ergebnisse oder Objekte gemäß der Verästelung eines Baums weiter aufgegliedert werden.

Oftmals werden Teilergebnisse (beispielsweise Gewerke) auch als Basis für Leistungsverzeichnisse gegenüber Lieferanten verwendet und erleichtern somit Fremdvergaben im Projekt.

Nach der detaillierten Erstellung der Projektergebnisse kann darüber nachgedacht werden, wann und wie diese in Form von Aktivitäten geplant, dokumentiert oder überarbeitet werden können und welche Ergebnisse Verwendung finden. Der primäre Vorteil des Ergebnisplans besteht demnach in der Planungsgrundlage für die Erstellung eines ablauforientierten Projektstrukturplans.

Methode im Projektcontrolling

Im Projektcontrolling hat diese PM-Methode eher untergeordnete Bedeutung, da sie primär zur Unterstützung bei der Erstellung eines Projektstrukturplans dient. Dieser ist die Grundlage eines periodischen Controllings der Leistungen im Projekt.

Wohl aber können sich im Laufe des Projekts die Betrachtungsobjekte verändern, was jedenfalls bedeutet, den Projektergebnisplan in der Projektcontrolling-Sitzung mit dem Projektteam zu überarbeiten und nachfolgend die Auswirkungen auf die im Projektstrukturplan dokumentierten Leistungen zu hinterfragen.

5.3.2 Projektstrukturplan

Der Projektstrukturplan ist eine der wichtigsten Planungs- und Controllingmethoden und das zentrale Kommunikationsinstrument im Projekt. Er bildet die Basis für sämtliche weitere Projektmanagement-Pläne sowie für die Definition der Verantwortlichkeiten im Projekt.

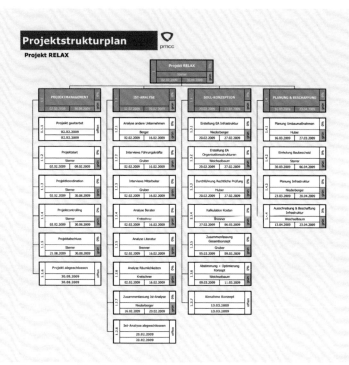

Beispiel eines phasenorientierten Projektstrukturplans inkl. Meilensteine

Beschreibung der Methode

Der Projektstrukturplan (PSP) gliedert das Projekt in Phasen, die in einzelne plan- und kontrollierbare Teilaufgaben, so genannte Arbeitspakete, unterteilt sind. Im PSP werden alle erforderlichen Leistungen zur Erreichung der Projektziele grafisch dargestellt.

Durch die Übersicht über alle zu leistenden Aufgaben schafft der Projektstrukturplan ein gemeinsames Verständnis des Projekts. Der PSP trägt wesentlich zur Vereinheitlichung des Projektverständnisses im Projektteam bei.

Der Projektstrukturplan gliedert das Projekt in der 2. Ebene in so genannte Projektphasen. Ein Erstansatz dieser Phasen wird, wie beschrieben, bereits im Zuge der Abgrenzung und Kontextanalyse erarbeitet. Nachfolgend wird jede Projektphase in der 3. Ebene wiederum in plan- und kontrollierbare Arbeitspakete untergliedert (überschaubar und klar zuordenbar). Somit entsteht eine vollständige Darstellung aller Leistungen im Projekt.

Da es bei der Definition der Arbeitspakete auf eine ablauforientierte Vorgehensweise ankommt, sollten diese auch ablauforientiert strukturiert werden. Das kann dadurch erreicht werden, dass der Projektleiter mit dem Projektteam jeden wesentlichen Schritt des Projekts gemeinsam diskutiert und diesen als Arbeitspaket definiert (übliche Frage in der Moderation: „Wenn das erledigt ist, was ist dann der nächste Schritt?").

Der Projektstrukturplan wird grundsätzlich im Projektteam erstellt. Ein Erstansatz durch den Projektleiter kann hilfreich sein, sofern dieser im Projektteam diskutiert und optimiert werden kann (Erfolgsfaktor gemeinsame Sichtweise!).

Der Projektstrukturplan ist kein Termin-, Personaleinsatz- oder Kostenplan. Er ist auch kein Organigramm, bildet aber die Basis für die weiteren Schritte der Detailplanung (Terminplanung, Verteilung von Verantwortlichkeiten, Ressourcenplanung, Kostenplanung, Projektdokumentation). Für eine professionelle Projektplanung ist die Beibehaltung der Struktur des Projektstrukturplans die Basis für alle weiterführenden Methoden.

Der Projektstrukturplan ist das zentrale Kommunikationsinstrument bei Planung und Controlling des Projekts. Das Projekt soll daher in eine übersichtliche Anzahl von klar abgegrenzten Arbeitspaketen zerlegt werden. Das Arbeitspaket selbst soll, wie bereits kurz erwähnt, überschaubar und kontrollierbar bleiben (Dauer von vier bis acht Wochen als Faustregel). Ein Mitglied aus dem Projektteam (AP-Verantwortlicher) sollte die inhaltliche und organisatorische Verantwortung für das Arbeitspaket übernehmen können. Der Detaillierungsgrad der Planung bestimmt den Detaillierungsgrad im Controlling.

Die Bezeichnung des Arbeitspakets soll Auskunft über die Inhalte geben. Deshalb sollten Arbeitspakete als Tätigkeiten formuliert sowie bekannte, eingeführte Begriffe und Abkürzungen sorgsam verwendet werden (z. B. Software implementieren, Erstansatz erstellen, Baustelle einrichten, Prozesse definieren). Falls erforderlich, kann eine detaillierte Beschreibung der Aufgaben innerhalb des

Arbeitspakets in Form einer Arbeitspaketspezifikation erfolgen (siehe nachfolgendes Kapitel 5.3.3 „Arbeitspaketspezifikation").

Generell empfiehlt es sich, sowohl die Projektphasen als auch die Arbeitspakete ablauforientiert zu strukturieren. Diese Vorgehensweise unterstützt die Überschaubarkeit des Projektstrukturplans als Planungs- und Controllinginstrument.

Aus Gründen der Übersichtlichkeit und Handhabung sollte die Anzahl der Projektphasen fünf bis zehn nicht überschreiten. Die Phase Projektmanagement mit den Arbeitspaketen Projektstart, Projektkoordination, Projektcontrolling, Projektmarketing und Projektabschluss ist elementarer Bestandteil jedes Strukturplans.

Im Sinne eines vollständigen Projektstrukturplans sollte die Berücksichtigung aller Projektergebnisse aus dem Projektergebnisplan geprüft werden.

Im Sprachgebrauch wird der Projektstrukturplan meist nur kurz PSP genannt, im Englischen ist dieser Plan als „Work Breakdown Structure", kurz „WBS", bekannt.

Methode im Projektcontrolling

Der PSP als Methodik der Leistungsplanung ist stets Betrachtungsgegenstand eines periodischen Projektcontrollings.

Dieses erfolgt zumeist in drei Schritten:

> Zunächst wird der Leistungsfortschritt der Arbeitspakete analysiert (entweder: nicht begonnen, in Arbeit, abgeschlossen oder: 0 – 25 – 50 – 75 – 100%). Selbstverständlich geht diese Betrachtung mit der Frage der Qualität der Leistungserbringung einher.

> Nachfolgend werden die Probleme in den Arbeitspaketen identifiziert, Lösungsmöglichkeiten im Projektteam diskutiert sowie der notwendige Entscheidungsbedarf für den Projektauftraggeber bzw. Projektlenkungsausschuss aufbereitet (einige PM-Softwarelösungen bieten eine AP-Ampel an, mit der der AP-Status in den Ampelfarben dargestellt werden kann).

> Abschließender Schritt ist die Zukunftsbetrachtung im Projekt – also die Aktualisierung der Restleistungen; dies bedeutet gegebenenfalls, aufgrund des neuen Wissensstands Arbeitspakete zu ergänzen, Arbeitspakete zu streichen oder bestehende Arbeitspakete an Mehr- oder Minderleistungen anzupassen.

Insbesondere bei kleineren Projekten wird das Leistungs- und Termincontrolling kombiniert. Das bedeutet, es wird beim Durchgehen der AP der Leistungsfortschritt abgefragt, etwaige Probleme diskutiert und im Anschluss gleich geklärt, ob der geplante Endtermin gehalten werden kann.

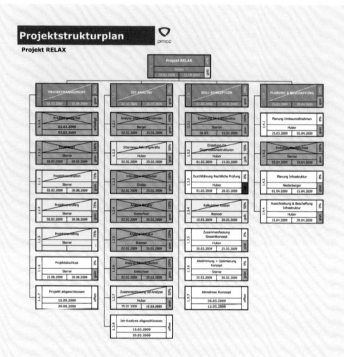

Beispiel für die Verwendung eines Projektstrukturplans im Projektcontrolling

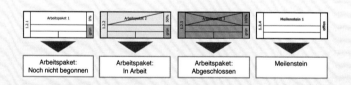

Legende mit Erklärung der jeweiligen Arbeitspakete bzw. Meilensteine im Projektstrukturplan

5.3.3 Arbeitspaketspezifikation

Die Arbeitspaketspezifikation basiert auf dem Projektstrukturplan und dient der genaueren Beschreibung von Arbeitspaketen.

1.2.2	Interviews Führungskräfte durchführen

Inhalte
(Was soll getan werden?)
- Interviewkonzept erstellen
- Führungskreis definieren
- Fragen festlegen
- Interviews durchführen
- Interviews zusammenfassen und auswerten

Ergebnisse
(Was liegt nach Beendigung des AP vor?)

- Interviewleitfaden
- Führungskreis festgelegt
- Interviews durchgeführt
- Zusammenfassung, Auswertung Interviews

Beispiel für eine Arbeitspaketspezifikation

Beschreibung der Methode

Die Arbeitspaketspezifikation ist die detaillierte Beschreibung eines Arbeitspakets (AP) hinsichtlich Inhalt und Ergebnis. Ziel ist es sicherzustellen, dass alle Beteiligten im Projekt (vor allem Projektleiter und Arbeitspaket-Verantwortliche) dasselbe unter dem Arbeitspaket verstehen, um Missverständnisse zu vermeiden.

Arbeitspaketspezifikationen sind eine Weiterführung der im Projektstrukturplan geplanten Leistungen und konkretisieren jeweils die definierten Arbeitspakete. In den Inhalten werden die notwendigen Tätigkeiten im Arbeitspaket und in den Ergebnissen die Resultate der Arbeitspakete näher beschrieben. Arbeitspaketspezifikationen können optional auch weitere Informationen beinhalten, wie Ressourcenaufwand, Dauer oder Kriterien der Leistungsfortschrittsmessung. Häufig werden auch die Inhalte in Form einer To-Do-Liste organisiert.

Eine Spezifizierung ist nicht für alle Arbeitspakete erforderlich, sondern nur für jene, deren Art und Umfang unklar ist (unterschiedliches Verständnis). Arbeitspaketspezifikationen werden vorwiegend durch den AP-Verantwortlichen erstellt und im Projektteam abgestimmt.

Neben der erhöhten Planungsgenauigkeit sind Arbeitspaketspezifikationen ein wertvolles, ergänzendes Instrument des Leistungscontrollings. Ein höherer Detaillierungsgrad eines Arbeitspakets ermöglicht auch eine fundiertere Basis für die Ressourcen- und Kostenplanung pro Arbeitspaket.

Methode im Projektcontrolling

Arbeitspaketspezifikationen ermöglichen „mehr Tiefgang" im Leistungscontrolling von Projekten. So können nicht nur Aussagen über den Status eines Arbeitspakets getroffen („begonnen" oder „abgeschlossen"), sondern auch Inhalte und Ergebnisse im Detail evaluiert werden. Außerdem kann bei Unklarheit über notwendige Aufgaben im Projekt Klarheit über die zuständigen Arbeitspakete geschaffen werden.

Zusammenfassung Leistungsplanung mit pm steps

① Optional: Ergebnisplan

② Definition Projektphasen

③ Definition Arbeitspakete innerhalb der Projektphasen

④ Auswahl der zu spezifizierenden Arbeitspakete

⑤ Erstellung Arbeitspaketspezifikation

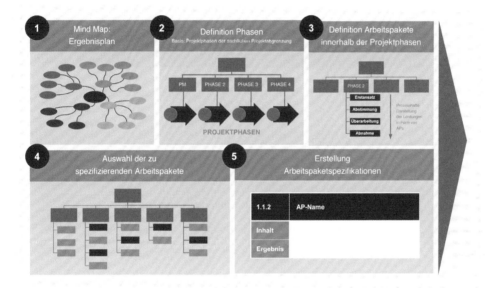

5.4 Terminplanung

5.4.1 Projektmeilensteinplan

Der Projektmeilensteinplan ist eine Methode der Grobterminplanung. Er dient dazu, die Energie des Projektteams auf wichtige, terminkritische Ereignisse zu fokussieren, auf so genannte Meilensteine. Basis der Meilensteinplanung wie auch der Detailterminpläne ist der Projektstrukturplan.

PROJEKTMEILENSTEINPLAN				
PSP-Code	Meilenstein	Basis-termin	Aktuelle Termine	Ist-Termine
1.1.1	Projekt gestartet	20.12.2008		
1.1.6	Projekt abgeschlossen	15.05.2009		
1.3.2	Beteiligungsstruktur erstellt u. abgeklärt	07.02.2009		
1.3.4	Business-Plan erstellt	03.03.2009		
1.5.3	Interne Abstimmung durchgeführt	11.03.2009		
1.5.5	Vorstandspräsentation durchgeführt	15.03.2009		
1.5.7	Vorstandsentscheidung getroffen	05.04.2009		
1.6.6	Verträge unterzeichnet	30.04.2009		

Beispiel eines Meilensteinplans

Beschreibung der Methode

Unter Meilensteinen werden wesentliche, terminkritische Ereignisse (Dauer = 0) im Projektverlauf verstanden. Geht es bei der Bezeichnung der Arbeitspakete um Tätigkeiten, ist bei den Meilensteinen das Ereignis für den Betrachter relevant und klar zu formulieren (z. B. Genehmigung liegt vor, Entscheidung getroffen, Probebetrieb gestartet, Abnahmeprotokoll unterzeichnet). Dementsprechend ist, im Unterschied zu Arbeitspaketen (Tätigkeiten), auf eine zeitpunktbezogene Formulierung zu achten (nicht: „Pflichtenheft erstellen", sondern: „Pflichtenheft abgenommen" oder „Pflichtenheft fertiggestellt").

Je nach Komplexität des Projekts sollten zwischen fünf und zehn Meilensteine definiert werden. „Projekt gestartet" und „Projekt abgeschlossen" bilden dabei den ersten und letzten Meilenstein. Im Sinne der Feinterminplanung kann der Meilensteinplan durch einen detaillierten Balkenplan auf Arbeitspaketebene ergänzt werden.

setting milestones

Die Projektmeilensteine werden zunächst im Projektstrukturplan identifiziert (Beginn oder Ende von Arbeitspaketen oder Phasen), danach in eine Meilensteintabelle eingetragen und mit Terminen versehen. Diese Termine ergeben sich dabei aus einer Abschätzung des Zeitaufwands zur Erreichung der Meilensteine (und damit verbunden aus einer Abschätzung der dazu notwendigen Arbeitspakete).

Der Meilensteinplan gibt somit einen guten Überblick über die Termine im Projektverlauf. Aus dem Plan ist ersichtlich, zu welchem Zeitpunkt eine Anzahl von definierten Arbeitspaketen abgeschlossen sein muss. Der Meilensteinplan eignet sich demnach auch als Kommunikationsinstrument gegenüber Projektauftraggebern und Vertretern relevanter Projektstakeholder.

Methode im Projektcontrolling

Der Meilensteinplan ist nicht nur ein Instrument der Grobterminplanung, sondern auch des Termincontrollings. Demzufolge ist nicht nur die Darstellung der Plantermine, sondern auch der aktuellen Termine und der Ist-Termine in einer Übersicht sinnvoll.

Im Zuge der Planung des Projekts werden zuerst im Projektteam die aktuellen Termine erarbeitet. Entsprechen diese Termine den Vorgaben des Auftraggebers bzw. bei externen Projekten auch denen des Kunden, werden diese als Basistermine abgespeichert und eingefroren. Ist-Termine sind demgegenüber jene Termine, an denen die Meilensteine tatsächlich erreicht wurden.

Im Zuge des Projektcontrollings werden nun die Ist-Termine im Meilensteinplan eingetragen. Ergeben sich Terminverschiebungen, sind die aktuellen Meilensteintermine entsprechend der neuen Einschätzung zu aktualisieren, wobei dies stets bis zum letzten Meilenstein „Projekt abgeschlossen" erfolgen sollte. Die terminliche Abweichung bezüglich der Erstplanung ist also immer aufgrund des Vergleichs der aktuellen Termine mit den Basisterminen möglich.

PROJEKTMEILENSTEINPLAN

PSP-Code	Meilenstein	Basis-termin	Aktuelle Termine	Ist-Termine
1.1.1	Projekt gestartet	20.12.2008	20.12.2008	20.12.2008
1.1.6	Projekt abgeschlossen	15.05.2009	15.08.2009	
1.3.2	Beteiligungsstruktur erstellt u. abgeklärt	07.02.2009	07.02.2009	31.01.2009
1.3.3	Vorvertrag verlängert	MSt. eingefügt	15.03.2009	
1.3.4	Business-Plan erstellt	03.03.2009	15.03.2009	
1.5.3	Interne Abstimmung durchgeführt	11.03.2009	11.04.2009	
1.5.5	Vorstandspräsentation durchgeführt	15.03.2009	15.04.2009	
1.5.7	Vorstandsentscheidung getroffen	05.04.2009	30.05.2009	
1.6.6	Verträge unterzeichnet	30.04.2009	29.07.2009	

Beispiel für einen Meilensteinplan im Projektcontrolling

setting milestones

5.4.2 Projektbalkenplan

Der Projektbalkenplan kann als detaillierte Ergänzung eines Meilensteinplans verstanden werden, zeigt er doch zusätzlich die Dauer und zeitliche Lage der Arbeitspakete und der zugehörigen Projektphasen.

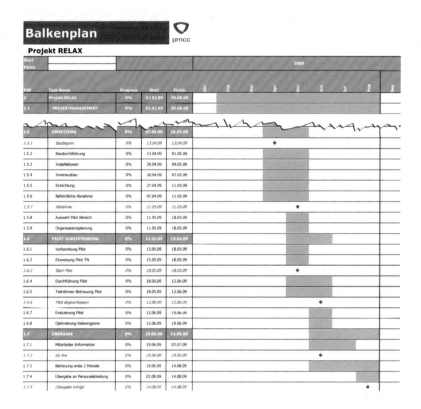

Auszug eines Projektbalkenplans (Phasen und Meilensteine)

Beschreibung der Methode

Der Projektbalkenplan ist eine grafische Darstellung der Phasen- und Arbeitspaket-Termine in Form von Zeitbalken. Der Balkenplan unterscheidet sich in seinem Informationsgehalt (Start- und End- termin, Dauer der Phasen und Arbeitspakete) nicht von der Terminliste. Durch die Art der grafischen Darstellung in Form von zeitproportionalen Balken werden Durchlaufzeiten und Parallelitäten jedoch wesentlich besser sichtbar gemacht.

Je nach Komplexität des Projekts kann ein Balkenplan auf Phasenebene oder auf Arbeitspaket-Ebene erstellt werden. Als Basis für den Balkenplan wird immer der Projektstrukturplan herangezogen. Üblicherweise werden neben den Phasen und Arbeitspaketen auch die Meilensteine im Balkenplan visualisiert. Ist aufgrund der Projektkomplexität und der klaren Abhängigkeiten eine weitere Detail-lierung sinnvoll, kann dies in Form von vernetzten Balkenplänen erfolgen.

In vernetzten Balkenplänen werden nicht nur die Dauer eines Projekts und die zeitliche Lage der Phasen bzw. Arbeitspakete in zeitproportionalen Balken dargestellt, sondern auch die Abhängigkeiten der Arbeitspakete gemäß der Ablauflogik des Projekts. Diese Netzplantechnik kann entweder für einzelne Phasen (beispielsweise nur für Montage) oder für das gesamte Projekt eingesetzt werden. Dadurch werden Zusatzinformationen generiert, wie der „kritische Weg" (= jene Abfolge von Arbeitspaketen, deren Verzögerung direkten Einfluss auf das Projektende hat) oder Pufferzeiten. Dieser Zusatznutzen sollte jedoch immer in Relation zum erhöhten Wartungsaufwand dieser Pläne gesetzt und projektspe-zifisch entschieden werden.

Der Projektbalkenplan wird häufig nach seinem Erfinder als Gantt-Chart bezeichnet.

Methode im Projektcontrolling

Ähnlich dem Controlling des Meilensteinplans wird auch im Controlling des Balkenplans zwischen Stichtag, Basisplan und aktuellem Plan unterschieden. Auch hier ist die Philo-sophie, den Basisplan nach Absprache mit dem Auftraggeber einzufrieren, um sämtliche projektbedingte Terminanpassungen und Auswirkungen jederzeit im direkten Vergleich zur ursprünglichen Planung betrachten zu können. Werden im Zuge eines Projektcontrollings Termine oder sogar der Projekt-Endtermin verschoben, sind diese Änderungen im Projekt-fortschrittsbericht zu dokumentieren und mit dem Projektauftraggeber abzustimmen.
Die Darstellung des Balkenplans bzw. der Ansicht zwischen aktuellem Plan und Basisplan wird durch gängige Projektmanagement-Softwarelösungen unterstützt und visualisiert.

Beispiel eines Balkenplans im Projektcontrolling inkl. Basisplan und aktuellem Plan

Zusammenfassung Terminplan mit pm steps

① Identifikation Meilensteine auf Basis des Projektstrukturplans

② a) Erstellung Meilensteinplan oder

② b) Erstellung Grobterminplanung

④ Erstellung Detailterminplanung

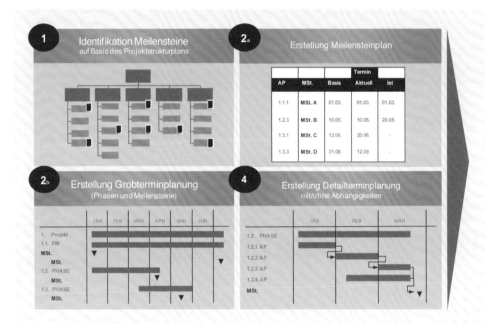

setting milestones

5.5 Ressourcen- und Kostenplanung

5.5.1 Projektressourcenplan

Die Projektressourcenplanung basiert auf der Leistungsplanung. Sie quantifiziert für das Gesamtprojekt den Ressourcenbedarf (Personalbedarf) pro Arbeitspaket bzw. pro Phase. Diese Methode schafft somit eine Basis für die Klärung der Verfügbarkeit von Ressourcen im Projekt.

Phasen		Arbeitsaufwand in PT				
Organisationseinheiten		Basis	Ist	Rest	Aktuell	Abweichung
1.1 PROJEKTMANAGEMENT		**34,0**		**34,0**	**34,0**	
	Marketing	12,5		12,5	12,5	
	Entwicklung	4,0		4,0	4,0	
	Personal und Recht	4,0		4,0	4,0	
	Produktion	3,5		3,5	3,5	
	Technik	6,0		6,0	6,0	
	Support	4,0		4,0	4,0	
1.2 IST-ANALYSE		**27,5**		**27,5**	**27,5**	
	Marketing	10,5		10,5	10,5	
	Entwicklung	3,0		3,0	3,0	
	Personal und Recht	7,0		7,0	7,0	
	Produktion	2,0		2,0	2,0	
	Technik	2,0		2,0	2,0	
	Support	3,0		3,0	3,0	
1.3 SOLL-KONZEPT		**23,0**		**23,0**	**23,0**	
	Marketing	9,0		9,0	9,0	
	Entwicklung	1,0		1,0	1,0	
	Personal und Recht	6,0		6,0	6,0	
	Produktion	3,0		3,0	3,0	
	Technik	2,0		2,0	2,0	
	Support	2,0		2,0	2,0	

Beispiel eines Ressourcenplans auf Phasenebene, differenziert nach Abteilungen

Beschreibung der Methode

In der Projektressourcenplanung werden alle Ressourcen des Projekts geplant, insbesondere die Personalressourcen (Personaleinsatzplan). Weitere Ressourcenarten könnten beispielsweise Maschinen, Produktionsflächen etc. sein.

Im Projektressourcenplan wird in tabellarischer Form der Personalbedarf in Arbeitstagen oder Arbeitsstunden für das Projekt dargestellt. Je nach Projektart und -größe kann der Personalaufwand nach Personalkategorien (z. B. Fachpersonal, Programmierer, Techniker), nach funktionalen Organisationseinheiten (wie z. B. Marketing, IT, Controlling sowie Externe) oder auf Personenebene (Hr. Maier, Fr. Huber) geplant werden.

Die Planung des Personaleinsatzes erfolgt, vergleichbar der Terminplanung, auf Erfahrungswerten und auf Basis des Projektstrukturplans. Durch den ablauforientierten Projektstrukturplan können personelle Engpässe entsprechend dargestellt und erkannt werden. Die Detaillierung der Personaleinsatzplanung kann sowohl auf Arbeitspaket- als auch auf Phasenebene erfolgen.

Besonderes Augenmerk gilt der Planung der Engpassressourcen (Personalkategorien, Organisations-einheiten, spezifische Schlüsselpersonen), die eine geringe Verfügbarkeit und/oder hohe Kosten aufweisen, da diese eine rechtzeitige Abstimmung mit den Linienvorgesetzten (Abteilungs- oder Be-reichsleitern) erfordern.

Ohne Hinterlegung der Leistungsplanung mit den nötigen Ressourcen und der Klärung der Verfüg-barkeiten kann ein Projektterminplan nur als Erstansatz verstanden werden. Da gerade die Perso-naleinsatzplanung in vielen Projekten nicht oder nur unzureichend erfolgt, sind auch die Terminpläne häufig viel zu optimistisch und können nicht gehalten werden.

In der Erstellung von Ressourcenplänen hat es sich bewährt, die Abschätzung der Ressourcen zunächst durch die Arbeitspaket-Verantwortlichen durchzuführen und dies erst im zweiten Schritt im Team zu konsolidieren. Dadurch steigt nicht nur die Planungsgenauigkeit, sondern auch die Motivation der Teammitglieder.

Prinzipiell unterstützen gängige Projektmanagement-Softwarelösungen die Methodik der Personalein-satzplanung. In der Praxis sind die Softwareprodukte in der Bedienung jedoch oft so komplex, dass die Fokussierung auf die Verfügbarkeit von Engpassressourcen in vielen Fällen sinnvoll erscheint.

Methode im Projektcontrolling

Häufig werden in den Projekten den Plan-Ressourcen nur die bisher angefallenen Ressourcen – die so genannten Ist-Ressourcen – gegenübergestellt. Durch diesen Vergleich ist ein prognostizierter Gesamtressourcenaufwand des Projekts aber nicht möglich.

Daher sollten die AP-Verantwortlichen neben den Ist-Ressourcen auch die noch notwendigen Restressourcen zur Fertigstellung der Arbeitspakete an den Projektleiter melden. Dieser kann dann durch die Summierung der Ist- und Rest-Ressourcen eine Hochrechnung – Aktuell (Prognose bis Projektabschluss) und damit einen Vergleich mit den ursprünglich geplanten Ressourcen durchführen.

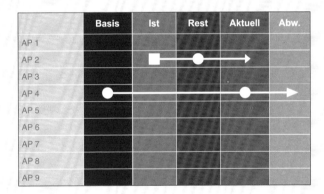

Ressourcenplan im Projektcontrolling

Zusammenfassung Projektressourcenplanung mit pm steps

① Definition Detaillierung der Ressourcenplanung

② Planung Personalressourcen pro Arbeitspaket

③ Zusammenführung in Gesamtressourcentabelle

④ Erstellung Balkenplan (sofern nicht bereits in der Terminplanung erstellt)

⑤ Abklärung Verfügbarkeit (sind Ressourcen zu den geplanten Terminen verfügbar?)

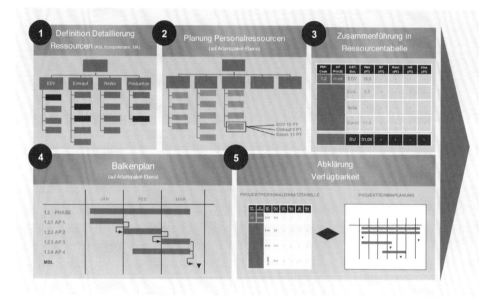

5.5.2 Projektkostenplan

Die Projektkostenplanung wird auf Basis der Leistungsplanung und der anfallenden Kostenarten im Projekt erstellt und gibt Aufschluss über die geplanten Projektkosten (Projektbudget).

Phasen		Kosten in €				
	Kostenarten	Basis	Ist	Rest	Aktuell	Abweichung
1.1 PROJEKTMANAGEMENT		€ 14.050,00				
	Personalkosten	€ 14.050,00				
	Materialkosten					
	Fremdleistungskosten					
	Sonstige Kosten					
1.2 KONZEPTION		€ 12.355,00				
	Personalkosten	€ 9.775,00				
	Materialkosten	€ 2.580,00				
	Fremdleistungskosten					
	Sonstige Kosten					
1.3 UMSETZUNG		€ 51.400,00				
	Personalkosten	€ 9.900,00				
	Materialkosten	€ 24.500,00				
	Fremdleistungskosten	€ 17.000,00				
	Sonstige Kosten					

Beispiel eines Projektkostenplans auf Phasenebene, differenziert nach Kostenarten

Beschreibung der Methode

Im Projektkostenplan werden die projektbezogenen Kosten geplant. Je nach Projektart und Kostenstruktur im Unternehmen bewährt sich eine Differenzierung der Projektkosten nach Kostenarten. Bei den meisten Projekten bilden die Personalkosten, die Materialkosten sowie die Fremdleistungskosten die wesentlichen Kostenarten.

In der Projektkostenplanung werden entsprechend der Projektabgrenzung und Projektkontextanalyse nur die dem Projekt eindeutig zuordenbaren Kosten zwischen Projektstart und Projektende geplant. Der Projektkostenplan ist somit nicht gleichbedeutend mit einem Business-Case, da in diesem die Kosten und Erträge nicht nur über die Projektdauer, sondern über den Produktlebenszyklus kalkuliert werden.

Obwohl (interne) Personalkosten nicht ausgabewirksam sind, sollten sie aus Gründen der Kostentransparenz in der Projektkostenplanung berücksichtigt werden.

Es empfiehlt sich aus Gründen der Nachvollziehbarkeit, nicht nur Gesamtkosten, sondern auch die zugrunde liegenden Größen (Mengengerüste, Verrechnungssätze) zu dokumentieren.

Selbst wenn Projekte unverzichtbar sind oder bereits ein Pauschalangebot für einen Kunden verein-bart wurde (bei Auftragsabwicklung in Projektform), sollten die Kosten entsprechend den definierten Arbeitspaketen geplant werden. Letztendlich ist das Projektteam für die Einhaltung der vereinbarten Projektkosten verantwortlich.

Da in den meisten Projekten die Personalkosten einen erheblichen Teil der Kosten ausmachen, ist der Ressourcenplan eine wichtige Basis für die Ermittlung der Projektkosten (Multiplikation der geplanten Stunden mit dem Stundensatz).

Bei kapitalintensiven Projekten kann optional ein Finanzmittelplan (oder eine Cashflowplanung) erstellt werden (siehe Kapitel 9.5 „Projektcashflow-Analyse").

Methode im Projektcontrolling

Sind die Plan-Kosten (das Projektbudget) erstellt, werden die Ist-Kosten und die Rest-Kosten („cost to complete") erfasst. Diese Kostenerfassung im Rahmen des Projektcon-trollings (gleich wie im Ressourcencontrolling) geschieht entweder auf Arbeitspaket- oder auf Phasenebene. Die Rest-Kosten beziehen sich auf die noch anfallenden Kosten bis zur Fertigstellung der Arbeitspakete.

Die Ist- und Rest-Kosten werden vom Arbeitspaket-Verantwortlichen sinnvollerweise vor einer Controlling-Sitzung an den Projektleiter gemeldet. Dieser erstellt eine Gesamtkosten-tabelle, die aus der Summe der Ist- und Rest-Kosten (auch als Hochrechnung bezeichnet) die Abweichung zur ursprünglichen Planung aufzeigt. Abweichungen sollten einer Ab-weichungsanalyse unterzogen werden, um gemeinsam mit dem Projektauftraggeber darauf aufbauend steuernde Maßnahmen abzuleiten.

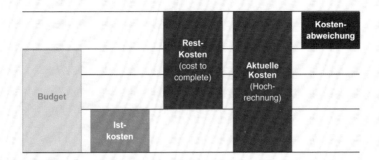

Darstellung des Projektbudgets im Vergleich zu den Projektcontrollingdaten

Zusammenfassung Projektkostenplan mit pm steps

① Auswahl Kostenarten

② Planung Projektkosten pro Arbeitspaket/Phase

③ Zusammenführung in Gesamtkostenplan

④ Optional: Erstellung Finanzmittelplan

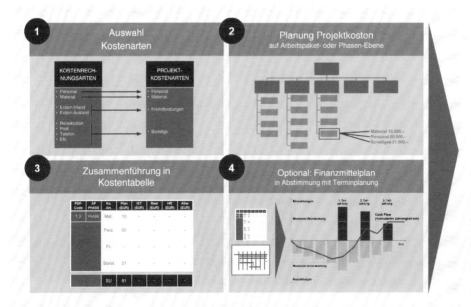

5.6 Projektrisikoanalyse

Die Projektrisikoanalyse gibt Aufschluss über die möglichen Risiken im Projekt und stellt Möglichkeiten zur Risikovermeidung und Risikovorsorge dar.

Nr.	Titel	Risikokosten (€)	Verzögerung	Eintrittswahr-scheinlichkeit in %	Risikobudget(€)	Präventive Maßnahmen
1	Akzeptanzrisiko	---	---	25%	---	Kommunikation Nutzen Einbindung der Führungskräfte und MA der Abteilungen
2	Terminliche Verzögerung	---	6 Wochen	25%	---	Monatliches Termincontrolling
3	Technische Komplikationen	20.000.-	4 Wochen	10%	2.000.-	Detaillierte Konzeption und Planung Detaillierte Analyse der vorgesehenen Räumlichkeiten
4	Lieferantenausfall	10.000.-	8 Wochen	25%	2.500.-	Monetäre Prüfung der Lieferanten
SUMME		**30.000.-**			**4.500.-**	

Beispiel einer Projektrisikoanalyse sowie präventiver Maßnahmen

Beschreibung der Methode

In der Projektrisikoanalyse sollen die Projektrisiken erfasst werden. Generell werden Risiken als potenzielle (positive oder negative) Abweichungen bezüglich Qualität, Leistungen, Terminen, Ressourcen oder Kosten interpretiert. Zur Identifikation der Projektrisiken dienen grundsätzlich alle Projektpläne, insbesondere der Projektstrukturplan (technisch-inhaltliche Risiken), die Stakeholderanalyse (soziale Risiken) sowie der Termin-, Ressourcen- und Kostenplan (terminliche und monetäre Risiken).

Zunächst werden anhand der bereits erstellten Projektpläne Projektrisiken identifiziert. Danach werden die Risiken beschrieben und die daraus resultierenden Risikokosten abgeleitet. In einem weiteren Schritt werden die Eintrittswahrscheinlichkeiten definiert, wodurch sich schließlich das Risikobudget ableiten lässt. Dieses Risikobudget ist stets auch Bestandteil des Projektbudgets.

Neben den monetären Auswirkungen werden in der Regel auch mögliche zeitliche oder qualitative Auswirkungen identifiziert. In jedem Fall werden, aufbauend auf diesen Informationen, präventive (vorbeugende) Maßnahmen abgeleitet, wobei die Kosten dieser Maßnahmen stets niedriger als die Risikokosten sein sollten. Zusätzlich zu den präventiven Maßnahmen ist auch die Definition korrektiver Maßnahmen, also der Maßnahmen bei Risikoeintritt („Notfallplan"), sinnvoll.

Die Identifizierung von Projektrisiken ermöglicht Maßnahmen sowohl zur Risikovermeidung als auch zur Risikovorsorge.

Methode im Projektcontrolling

Im Zuge der Projektabwicklung werden nicht nur Leistungen, Termine, Ressourcen, Kosten, Organisation und Kontext controlled, sondern auch die definierten Projektrisiken.

So können beispielsweise Risiken eintreten bzw. wegfallen, neue Risiken hinzukommen oder sich Eintrittswahrscheinlichkeiten sowie Prioritäten verändern.

Die Aktualisierung der Risikotabelle führt zu einer aktuellen Einschätzung der Risiken im Projekt zum jeweiligen Zeitpunkt und ist die Basis für weiterführende präventive und korrektive Maßnahmen (vermeiden, vermindern, abwälzen, managen).

Zusammenfassung Projektrisikoanalyse mit pm steps

① Risiken identifizieren

② Risiken bewerten

③ Risikostrategien entwickeln

④ Risikomaßnahmen planen und umsetzen

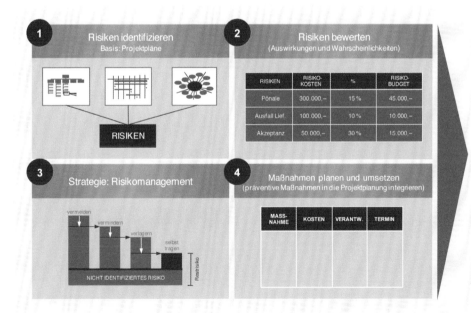

6. KAPITEL

PROJEKTORGANISATION

6. Projektorganisation

6.1 Projektorganigramm

Das Projektorganigramm stellt die Aufbauorganisation des Projekts dar und klärt, wer in welcher Rolle im Projekt mitarbeitet.

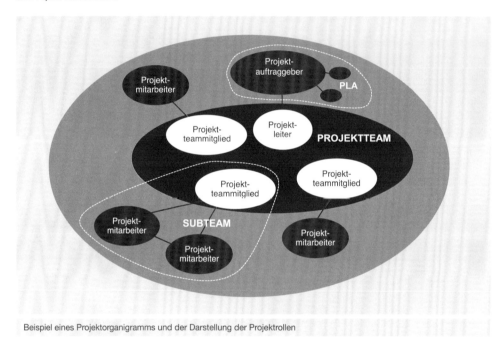

Beispiel eines Projektorganigramms und der Darstellung der Projektrollen

Beschreibung der Methode

Ein Projektorganigramm ist ein Instrument zur grafischen Darstellung der Projektorganisation. Im Projektorganigramm werden die Projektrollen (z. B. Projektleiter) sowie deren Beziehungen zueinander dargestellt. Üblicherweise werden Projektorganigramme durch Tabellen ergänzt, die neben der Projektrolle auch den Namen des Rolleninhabers beinhalten und dessen Rolle in der Linienorganisation beschreiben. Dadurch sind nicht nur Rolle und Person, sondern auch die fachliche Zusammensetzung des Projektteams ersichtlich.

Je nach Komplexität des Projekts werden in einem Organigramm nicht nur Projektauftraggeber, Projektleiter und Teammitglieder, sondern auch Projektlenkungsausschuss, Projektmitarbeiter, Projektcoach und Projektbüro dargestellt.

Statt der traditionellen hierarchischen Darstellung empfiehlt sich für das Projektorganigramm die Darstellung in Netzwerkform (siehe Abbildung). Diese zielt weniger auf Hierarchie ab (Weisungs-befugnisse etc.), sondern vielmehr auf die Zusammenarbeit der Rollenträger und die projektinternen Kommunikationsstrukturen.

Vertiefende Methoden für den Aufbau der Projektorganisation sind, neben dem Projektorganigramm, Rollenbeschreibungen und eine Übersicht über die Kommunikationsstrukturen, die nach Inhalten und Frequenz festgelegt werden.

Projektrollen können im Sinn einer integrierten Projektorganisation auch von abteilungs- bzw. unterneh-mensexternen Personen wahrgenommen werden. Diese Praxis gewinnt immer mehr an Bedeutung, da in Projekten oft unternehmensübergreifende Aufgaben zu lösen sind. Integrierte Projektorganisation bedeutet demnach, dass die Projektorganisation nicht auf die Stammorganisation des Unternehmens begrenzt ist, sondern entsprechend den erforderlichen Kompetenzen für das Projekt auch unterneh-mensübergreifend gebildet wird. Somit werden auch Externe (Kunden, Lieferanten, Kooperationspart-ner) zu Projektteammitgliedern. Inwieweit dies in der Praxis sinnvoll und möglich ist, hängt nicht zuletzt von der Projektkultur des Unternehmens und der beteiligten Firmen ab.

Methode im Projektcontrolling

Im Rahmen des Projektcontrollings ist zu überprüfen, ob es personelle Veränderungen gegeben hat – beispielsweise durch Änderung des Leistungsumfangs oder wegen organisatorischer Probleme in der Projektorganisation. Dies würde zu einer Aktualisierung im Projektorganigramm führen.

6.2 Projektrollen

In Projekten gibt es üblicherweise die folgenden Rollen: Projektauftraggeber, Projektleiter und Projektteammitglieder. Entsprechend der Komplexität des Projekts können weitere Rollen wie ein Lenkungsausschuss (Auftraggebergremium), ein Projektbüro, ein Projektcoach oder Projektmitarbeiter definiert werden. Welche konkreten Aufgaben und Kompetenzen mit diesen Rollen verbunden sind, bleibt jedoch oftmals vage oder ungeklärt, was zu entsprechenden Konflikten in Projekten führt.

Ähnlich wie in der Stamm- oder Linienorganisation, in der Stellenbeschreibungen für die meisten Rollen (z. B. Abteilungsleiter) existieren, sollten auch bei temporären Organisationen Rollen näher beschrieben werden. Generelle Aufgaben einer Rolle werden von Projekt zu Projekt identisch sein, spezifische Aufgaben hängen jedoch von der Komplexität und den Rahmenbedingungen des Projekts sowie von den Projektbeteiligten ab.

Projektrollen werden grundsätzlich über Aufgaben (Verantwortlichkeiten) und Kompetenzen (Befugnisse) beschrieben. Dabei sollten die Aufgabenstellungen und die daraus resultierenden Verantwortungen mit der Übertragung von Kompetenzen einhergehen. Wer für die Einhaltung von Terminen verantwortlich ist, sollte auch bei deren Festlegung mitwirken; und er sollte über entsprechende Handlungskompetenzen verfügen, um steuernde Maßnahmen setzen zu können.

Es hat sich in der Praxis bewährt, Standard-Rollenbeschreibungen als Diskussionsgrundlage für die Rollenklärung in Projekten heranzuziehen (siehe nachfolgende Rollenbeschreibungen). Dadurch fällt es leichter, definierte Aufgaben zu verteilen und erforderliche Kompetenzen sicherzustellen.

Durch eine relationale (wechselseitige) Rollendefinition haben die Projektbeteiligten die Möglichkeit, ihre gegenseitigen Erwartungen abzustimmen. Solche Vereinbarungen ermöglichen eine handlungsorientierte Beziehung zwischen den Rollenträgern und sie leisten damit einen Beitrag zur Vorbeugung von Rollenkonflikten.

Erwartungen, die für alle Projektbeteiligten zutreffen, können auch in den Spielregeln dokumentiert werden. Operative projektspezifische Aufgaben, wie beispielsweise die Erledigung von Arbeitspaketen, werden nicht in den Rollenbeschreibungen dokumentiert, sondern in den jeweiligen Projektmanagement-Methoden festgehalten.

Projektauftraggeber (PAG)

Organisatorische Stellung

> Ist Teil des Projektlenkungsausschusses (falls vorhanden) und somit der Projektorganisation

> Wird vom Projektesteuerkreis (bzw. Management) eingesetzt und ist mit dem Projektleiter für den Projekterfolg mitverantwortlich

> Ist projektbezogen dem Projektleiter gegenüber weisungsbefugt und steuert das Projekt gemeinsam mit diesem auf der strategischen Ebene

> Steht projektbezogen für die Wahrnehmung der Unternehmensinteressen

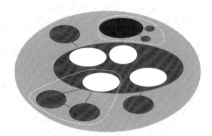

Aufgaben

> Auswahl des Projektleiters und Unterstützung bei der Besetzung des Projektteams

> Formulierung und Unterzeichnung des Projektauftrags (gemeinsam mit dem Projektleiter)

> Führung des Projektleiters

> Teilnahme am Projektstart-Workshop (falls erforderlich und gewünscht)

> Zielvereinbarung mit dem Projektleiter

> Beitrag zur Konstruktion des Projektkontexts

> Bewertung und Bereitstellung der Projektressourcen und des Projektbudgets

> Beitrag zum Projektmarketing

> Beitrag zur Konfliktbewältigung

> Durchführung von Projektauftraggeber-Sitzungen

> Strategisches Projektcontrolling, Förderung der Veränderung im Projekt

> Treffen von anstehenden Projektentscheidungen

> Laufende Informationsweitergabe über den Projektkontext an den Projektleiter

> Unterstützung bei der Eskalation auf Basis zugesagter, jedoch nicht verfügbarer Projektressourcen oder Finanzmittel

> Beitrag zur Gestaltung der Projektmanagement-Teilprozesse Projektstart, Projektcontrolling, Krisenbewältigung und Projektabschluss
> Inhaltliche Beiträge zur Krisenbewältigung
> Wechselseitiges Feedback mit dem Projektleiter
> Teilnahme am Projektabschluss-Workshop
> Beitrag zur Sicherung des Know-how-Transfers in die Linienorganisation
> Formaler Projektabschluss, Projektabnahme

Organisatorische Rechte

> Auswahl des Projektleiters
> Auswahl des Projektteams gemeinsam mit dem Projektleiter
> Projektbezogene Weisungsbefugnis gegenüber dem Projektleiter (der konkrete Handlungsspielraum des Projektleiters ist projektspezifisch zu vereinbaren)
> Veränderung der Projektziele
> Einkaufsentscheidung über € ...
> Definition einer Projektkrise
> Entscheidung Projektabbruch
> Interne Projektabnahme und Entlastung des Projektleiters
> Leserechte über das gesamte spezifische Projekt
> Freigabe von Zieladaptionen
> Freigabe von Termin-, Ressourcen- und Kostenänderungen

Projektleiter (PL)

Organisatorische Stellung

> Ist Teil des Projektteams und somit der Projektorganisation
> Berichtet dem Projektauftraggeber und ist diesem gegenüber projektbezogen weisungsgebunden
> Koordiniert die anderen Projektteammitglieder und -mitarbeiter und ist projektbezogen diesen gegenüber weisungsbefugt
> Vertreter des Projekts gegenüber den projektspezifischen Stakeholdern

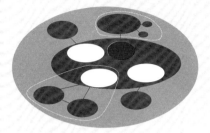

Aufgaben

> Formulierung und Unterzeichnung des Projektauftrags gemeinsam mit dem Projektauftraggeber

> Bildung des Projektteams

> Gestaltung der Projektmanagement-Teilprozesse Projektstart, Projektcontrolling, Projektkrise und Projektabschluss gemeinsam mit dem Projektauftraggeber und dem Projektteam

> Know-how-Transfer aus der Vorprojektphase in das Projekt, gemeinsam mit Projektteammitgliedern

> Validierung von Projektzielen gemeinsam mit Projektteammitgliedern

> Erstellung adäquater Projektpläne gemeinsam mit Projektteammitgliedern

> Design einer adäquaten Projektorganisation und Teambildung gemeinsam mit Projektteammitgliedern

> Planung von Maßnahmen zum Risikomanagement, zur Krisenvermeidung und -vorsorge gemeinsam mit den Projektteammitgliedern

> Planung der Gestaltung von Projektkontext-Beziehungen gemeinsam mit Projektteammitgliedern

> Projektkoordination

> Durchführung des Projektmarketings gemeinsam mit Projektteammitgliedern

> Erstellung der Projektmanagement-Dokumentation gemeinsam mit Projektteammitgliedern

> Zyklische Feststellung des Projektstatus gemeinsam mit Projektteammitgliedern

> Vereinbarung bzw. Vornahme steuernder Maßnahmen gemeinsam mit Projektteammitgliedern

> Weiterentwicklung der Projektorganisation und der Projektkultur gemeinsam mit Projektteammitgliedern

> Erstellung von Fortschrittsberichten gemeinsam mit Projektteammitgliedern, Aktualisierung des Projekthandbuchs

> Inhaltliche Beiträge zur Krisenbewältigung und zur Schadenslimitierung gemeinsam mit Projektteammitgliedern bzw. Projektauftraggeber

> Durchführung oder Organisation des Änderungs- und gegebenenfalls Claimmanagements

> Inhaltlicher und emotionaler Abschluss des Projekts gemeinsam mit Projektteammitgliedern

> Transfer von Know-how in die Stammorganisation gemeinsam mit Projektteammitgliedern und Vertretern der Stammorganisation

Organisatorische Rechte

> Einberufen von Projektauftraggeber-Sitzungen und von Projektteam-Sitzungen
> Einkaufsentscheidung bis € ...
> Aufgabenverteilung auf Projektteammitglieder und Projektmitarbeiter
> Einforderung von projektrelevanten Informationen von den Projektteammitgliedern
> Ressourcen und Kostenverschiebungen innerhalb des Projekts (Abweichungen von +/- 5% des hinterlegten Basisplans müssen durch den Projektauftraggeber freigegeben werden)
> Vergabe von Lese- und Schreibrechten für spezifische Arbeitspakete
> Freigabeberechtigung für Termin-, Ressourcen- und Kostenänderungen der jeweiligen Arbeitspaket-Verantwortlichen

Projektteammitglied (PTM)

Organisatorische Stellung

> Ist Teil des Projektteams und somit der Projektorganisation
> Berichtet dem Projektleiter und ist dem Projektleiter gegenüber projektbezogen weisungsgebunden
> Koordiniert, so erforderlich, Projektmitarbeiter in Subteams

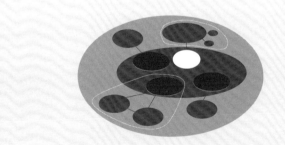

Aufgaben

> Mitarbeit beim Know-how-Transfer aus der Vorprojektphase in das Projekt
> Überprüfen der Projektziele gemeinsam mit dem Projektleiter
> Mitarbeit bei der Erstellung adäquater Projektpläne

> Übernahme von Verantwortlichkeiten für definierte Arbeitspakete
> Spezifikation von entsprechenden übernommenen Arbeitspaketen
> Schätzung von Durchlaufzeiten, Aufwänden und Kosten für übernommene Arbeitspakete
> Mitarbeit beim Design einer adäquaten Projektorganisation
> Mitarbeit bei der Projektkulturentwicklung
> Mitarbeit bei der Planung von Maßnahmen zum Risikomanagement, zur Krisenvermeidung und Krisenvorsorge
> Mitarbeit bei der Gestaltung von Projektkontext-Beziehungen
> Mitarbeit bei der Erstellung und Adaption des Projekthandbuchs
> Mitarbeit bei der Durchführung des Projektmarketings
> Teilnahme am Projektstart-Workshop, an Projektcontrolling-Sitzungen und am Projektabschluss-Workshop
> Eigenverantwortliche Erfüllung von Arbeitspaketen
> Operative Kontrolle der vereinbarten Qualität der übernommenen Arbeitspakete
> Mitarbeit bei der Feststellung des Projektstatus
> Vereinbarung und Vornahme steuernder Maßnahmen in Arbeitspaketen
> Mitarbeit bei der Weiterentwicklung der Projektorganisation und der Projektkultur
> Mitarbeit bei der Neugestaltung der Projektkontext-Beziehungen
> Inhaltliche Beiträge zur Krisenbewältigung und Schadenslimitierung
> Mitarbeit beim inhaltlichen und emotionalen Abschluss des Projekts
> Mitarbeit beim Know-how-Transfer in die Stammorganisation und andere Projekte

Organisatorische Rechte

> Entscheidungen über die Übernahme der Verantwortlichkeit definierter Arbeitspakete
> Selbstständige Abarbeitung der übernommenen Arbeitspakete mit Unterstützung definierter Projektmitarbeiter
> Entscheidung über den fachlichen Einsatz entsprechender Methoden, Verfahren, Werkzeuge etc. unter Berücksichtigung der projektspezifischen Rahmenbedingungen
> Koordination von Projektmitarbeitern im Subteam
> Leserechte in Bezug auf das konkrete Projekt
> Vergabe von Leserechten für zugewiesene Arbeitspakete (Arbeitspakete mit Schreibberechtigung)
> Erfassung und Freigabe von Ist-Aufwänden und Ist-Kosten für die zugewiesenen Arbeitspakete

Projektmitarbeiter (PMA)

Organisatorische Stellung

> Mitglied der Projektorganisation

> Berichtet dem zuständigen Projektteammitglied (AP-Verantwortlichen) und ist diesem gegenüber bezüglich des Arbeitspakets weisungsgebunden

> Ist eventuell Mitglied eines Subteams (arbeitet mit einem Projektteammitglied und anderen Projektmitarbeitern in einem Subteam)

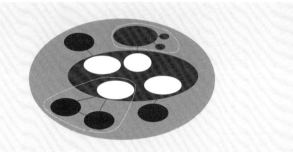

Aufgaben

> Unterstützung des AP-Verantwortlichen bei Detailterminplanung, Aufwands- und Kostenschätzung entsprechend seiner Fachkompetenz und Erfahrungen

> Erfüllung von Arbeitspaketen, Durchführung vereinbarter Tätigkeiten innerhalb eines oder mehrerer Arbeitspakete

> Teilnahme an Projektcontrolling-Sitzungen nach Bedarf

> Berichtet dem Arbeitspaket-Verantwortlichen über den Leistungsfortschritt und über voraussichtlich von der Planung abweichende Termine, Aufwände und Kosten

> Mitarbeit bei der Projektkrisenbewältigung

> Mitarbeit beim Know-how-Transfer in die Stammorganisation und andere Projekte

Organisatorische Rechte

> Operative Entscheidungen in Bezug auf die Erfüllung von Arbeitspaketen

> Mitsprache beim Einsatz entsprechender Verfahren, Methoden, Werkzeuge etc.

> Leserechte in Bezug auf spezifische Arbeitspakete

> Erfassung von eigenen Ist-Aufwänden für spezifische Arbeitspakete

Methode im Projektcontrolling

Trotz der Klärung wechselseitiger Erwartungen können im Zuge des Projekts Rollenkonflikte entstehen. Das Controlling dieser Methode bedeutet demnach, solche Konflikte zu identifizieren und eine (Neu-)Klärung betreffend der Aufgaben und Rechte herbeizuführen.

6.3 Projektkommunikationsstrukturen

Projektkommunikationsstrukturen regeln den periodischen Kommunikationsbedarf im Projekt und bilden damit eine ergänzende Methode zu Projektorganigramm und Rollenbeschreibungen.

PROJEKTKOMMUNIKATION (Periodische Kommunikationsstrukturen)				
Bezeichnung	**Ziele, Inhalte**	**Teilnehmer**	**Termine**	**Ort**
Projektcontrolling-Sitzung	> Feststellen des Projektstatus > Controlling von Zielen, Leistungen, Terminen sowie Ressourcen und Kosten > Controlling der Stakeholderbeziehungen > Soziales Projektcontrolling > Diskussion übergeordneter Problemstellungen > Entscheidungsaufbereitung für Projektauftraggeber-Sitzung > Planung WVW	Projektleiter, Projektteam	Monatlich	
Projektauftraggeber-Sitzungen	> Diskussion Projektstatus, Abweichungen im Projekt > Treffen anstehender Entscheidungen > Abnahme des Projekt-Fortschrittberichts	Projekt-auftraggeber, Projektleiter	Nach Projektcontrolling-Sitzung	

Beispielhafte Darstellung periodischer Standardkommunikationsstrukturen

Beschreibung der Methode

Projekte setzen aufgrund ihrer inhaltlichen und sozialen Komplexität Teamarbeit voraus. Erst durch das Teampotenzial können interdisziplinäre Probleme qualitativ entsprechend gelöst werden. Echte

Teamarbeit (im Unterschied zu Einzelleistungen) sichert die notwendige Information und Abstimmung für Problemlösungen durch Interaktion zwischen den Teammitgliedern.

Projekt-Sitzungen sind ein zentrales Führungsinstrument, in dem z. B. Informationen ausgetauscht, Ergebnisse abgestimmt, Entscheidungen getroffen sowie Ziele vereinbart werden.

Periodische Sitzungen sollten nicht einfach kurzfristig nach Bedarf einberufen werden, sondern zu Beginn des Projekts im Team spezifiziert und geplant werden. Unterschiedliche Kommunikationsinhalte erfordern unterschiedliche Sitzungsarten, unterschiedliche Teilnehmer, unterschiedliche Häufigkeit und eine unterschiedliche Dauer.

Wesentlich ist die Differenzierung zwischen inhaltlichen Sitzungen (z. B. Subteam-Sitzungen zur Diskussion von Detailproblemen, Abstimmung von fachlichen Konzepten und Lösungen) und periodischen Projektmanagement-Sitzungen, wie Controlling-Sitzungen und Auftraggeber-Sitzungen, in denen die Betrachtungsobjekte Ziele, Leistungen, Termine, Ressourcen und Kosten sowie Organisation und Kontext im Mittelpunkt stehen. Darüber hinaus lohnt es sich, auch über die Einbeziehung von Vertretern relevanter Stakeholder, beispielsweise von Kunden oder Lieferanten, nachzudenken, fördert diese Maßnahme doch das wechselseitige Verständnis und reduziert damit etwaige Schnittstellenprobleme.

Standardkommunikationsstrukturen in Projekten sind Projektcontrolling-Sitzungen im Team, Auftraggeber-Sitzungen, Subteam-Sitzungen sowie regelmäßige Projekt-Jours-Fixes. Weitere regelmäßige Sitzungen sind zu ergänzen; in den Kommunikationsstrukturen nicht dokumentiert werden hingegen situativ einberufene Sitzungen.

Projektcontrolling-Sitzungen finden ca. alle drei bis sechs Wochen statt und dienen der Erhebung des Projektstatus, der Identifikation von Abweichungen durch einen Soll-Ist-Vergleich, der Erörterung aktueller Diskussionspunkte und der Ableitung notwendiger steuernder Maßnahmen.

Projektauftraggeber-Sitzungen, die sinnvollerweise den Projektcontrolling-Sitzungen im Team nachfolgen, dienen der Information des Projektauftraggebers über den Status des Projekts und der Klärung anstehender Entscheidungen (strategisches Controlling).

Subteam-Sitzungen dienen der Koordination von Arbeitspaketen sowie der Klärung inhaltlicher Detailfragen.

Projekt-Jours-Fixes dienen der regelmäßigen Abstimmung und Diskussion des Projektteams hinsichtlich anstehender aktueller Fragen und Vorgehensweisen.

Effiziente Projektmeetings bedürfen einer guten Vorbereitung (Einladung mit Agenda, Auswahl der Teilnehmer etc.) und einer entsprechenden Nachbereitung (Protokoll etc.). Dies ist in projektspezifischen Spielregeln zu vereinbaren.

Methoden im Projektcontrolling

Kommt es im Projektverlauf zu Kommunikationsproblemen, kann die Ursache in den definierten Kommunikationsstrukturen liegen. In diesem Fall sind diese den geänderten Erfordernissen im Projekt anzupassen. Möglichkeiten in diesem Zusammenhang sind z. B. Änderungen betreffend Häufigkeit oder Inhalt, Ergänzung oder Eliminierung von Sitzungen oder Anpassungen des Teilnehmerkreises.

6.4 Definition von Zuständigkeiten: AP-Verantwortliche und Funktionendiagramm

Verantwortungen im Projekt klar zu definieren ist ein wesentlicher Erfolgsfaktor. Mit der Definition von Zuständigkeiten werden die Verantwortungen für die Arbeitspakete eindeutig festgelegt. Grafisch können diese Verantwortungen im Projektstrukturplan oder in Form eines Funktionendiagramms (FD) dargestellt werden.

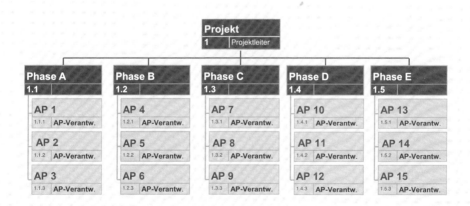

Darstellung der Arbeitspaketverantwortung anhand eines Projektstrukturplans

Beschreibung der Methode

Komplexe Projekte benötigen die Mitarbeit mehrerer Personen, oft sogar die Mitarbeit mehrerer Organisationseinheiten (Abteilungen, Bereiche, Externe). Damit diese Arbeitsverteilung gelingt, ist es erforderlich, klare Zuständigkeiten im Projekt zu vergeben.

Diese Zuständigkeiten können in Form von Arbeitspaket-Verantwortlichen festgelegt werden. Jedem Arbeitspaket wird genau ein Verantwortlicher zugeteilt. Das bedeutet nicht automatisch, dass dieser das Arbeitspaket alleine abarbeitet; die Abarbeitung kann auch in Form eines Subteams erfolgen. Der Arbeitspaket-Verantwortliche übernimmt die Verantwortung (V) und somit das Management des Arbeitspakets.

In vielen Projekten, insbesondere in kleineren, ist die Definition der Arbeitspaket-Verantwortlichen aus dem Kreise der Teammitglieder heraus ausreichend. Dokumentiert werden die Verantwortungen meistens im Projektstrukturplan. Sollen aber bei einem komplexeren Projekt neben dem Arbeitspaket-Verantwortlichen auch die zusätzlichen Projektmitarbeiter transparent dargestellt werden, ist die Erstellung eines Funktionendiagramms (Verantwortungsmatrix) anzuraten.

PSP-Code	Phase / Arbeitspaket	Projektauftraggeber	Projektleiter	Projektteammitglied 1	Projektteammitglied 2	Projektteammitglied 3
1	**PROJEKT**					
1.1	**Projektmanagement**					
1.1.1	Projektstart	E	V	I	M	M
1.1.2	Projektkoordination		V		M	
1.1.3	Projektcontrolling	E	V	I	M	M
1.1.4	Projektmarketing	M	V	M	M	M
1.1.5	Projektabschluss	E	V	I	M	M
1.2	**Phase 2**					
1.2.1	AP 1				V	
1.2.2	AP 2		M	V		
1.2.3	AP 3				V	
1.2.4	AP 4		V	M	M	
1.2.5	AP 5				V	

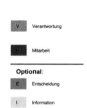

V   Verantwortung

M   Mitarbeit

Optional:

E   Entscheidung

I   Information

Darstellung der Verantwortung (V), Mitarbeit (M), Entscheidung (E) und Information (I) im Funktionendiagramm

Der Aufbau eines Funktionendiagramms entspricht einer zweidimensionalen Matrix. In den Zeilen werden die Arbeitspakete und in den Spalten die Projektrollen (Projektauftraggeber, Projektleiter, Projektteammitglied, Projektmitarbeiter) gelistet. In den Kreuzungsfeldern der Matrix werden die wahrzunehmenden Funktionen dargestellt. Als generelle Spielregel gilt, dass pro Arbeitspaket nur ein Verantwortlicher definiert wird (V = Verantwortung, also Arbeitspaket-Verantwortlicher; M = Mitarbeit, optional auch I = bekommt oder liefert Information; E = Entscheidung).

Die Definition von Zuständigkeiten in Form von AP-Verantwortlichen oder in Form eines Funktionendiagramms verbindet die Leistungen im Projektstrukturplan mit den Projektbeteiligten aus dem Projektorganigramm.

Aufgrund der einfachen Darstellung ist ein Funktionendiagramm ein wesentliches Kommunikations-instrument im Projekt. Durch die detailliertere Darstellung der an Arbeitspaketen beteiligten Personen wird auch die Ressourcenplanung unterstützt.

Methode im Projektcontrolling

Im Controlling kann ein Funktionendiagramm auch als Instrument des Konfliktmanagements gesehen werden. Es regelt klar die Zuständigkeiten und Mitarbeit innerhalb von Arbeits-paketen.

Eine Anpassung des Funktionendiagramms bzw. der Arbeitspaket-Verantwortung ist immer dann notwendig, wenn gemeinsam über Veränderungen von Zuständigkeiten, beispielsweise durch Ressourcenverschiebungen, entschieden wird bzw. Arbeitspakete im PSP hinzugefügt oder gestrichen werden.

6.5 Projektdokumentation

Die Projektdokumentation ist sowohl hinsichtlich der Nachvollziehbarkeit als auch der Speicherung des organisatorischen Wissens im Unternehmen bedeutend und sollte dementsprechend klar definiert sein.

PROJEKTDOKUMENTATION	
Bereich	**Beschreibung**
Ablage	> Alle projektrelevanten Dokumente werden auf der Projektablage (Server) in PSP-Struktur abgelegt und regelmäßig aktualisiert. > Arbeitsdokumente werden individuell in eigener Struktur lokal auf eigenem Rechner abgelegt.
Zugriffs-berechtigung	> Volle Zugriffsberechtigung auf das Projektverzeichnis (am Server) haben Projektleiter und das Projektteam. > Zuständigkeiten und Befugnisse für die einzelnen Arbeitspakete und Dokumente werden vom Projektleiter festgelegt.
Namens-konvention	> Die Benennung der Dokumentennamen ist wie in den allgemeinen Unternehmensrichtlinien einzuhalten.
Verteilung, Information	> Die betroffenen Teammitglieder sind bei Änderungen in Dokumenten zu informieren.

Exemplarische Vereinbarungen zur Dokumentation im Projekt

Beschreibung der Methode

Die Dokumentation in Projekten lässt sich in zwei Bereiche untergliedern; in eine Projektmanagement- und in eine Projektergebnis-Dokumentation.

Die Projektmanagement-Dokumentation umfasst alle relevanten Projektmanagement-Dokumente betreffend Start, Controlling und Abschluss eines Projekts. Die Projektmanagement-Pläne werden in einem so genannten Projekthandbuch dokumentiert und im Rahmen des Projektcontrollings regelmäßig adaptiert (siehe Kapitel 7 „Projekthandbuch").

Die Projektergebnis-Dokumentation umfasst alle relevanten inhaltlichen Dokumente der Arbeitspakete.

Um sich in einer gemeinsamen Ablage zurechtzufinden, ist es zielführend, bereits zu Projektbeginn zu vereinbaren, was wie wo in welcher Form und von wem abgelegt, dokumentiert bzw. verändert wird.

In der Praxis hat es sich bewährt, auch die Ergebnisse des Projekts entsprechend dem Projekt- strukturplan zu strukturieren. Je nach Umfang der Ergebnisse können diese auf Arbeitspaket- oder Phasenebene abgelegt werden.

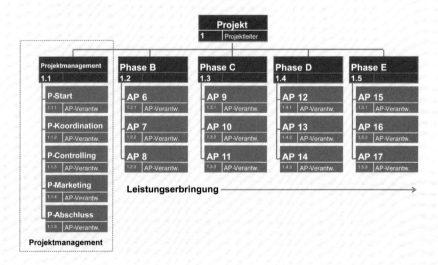

Darstellung der Projektmanagement- und Projektergebnis-Dokumentation

Neben dem Projektablagesystem können auch spezifische Regeln hinsichtlich Zugriffsberechtigungen, Nomenklatur von Dokumenten, Dokumentenmanagement (Lese-, Schreibschutz, Versionsmanagement) etc. vereinbart werden.

Methode im Projektcontrolling

Das Controlling der Projektdokumentation beschränkt sich im Wesentlichen auf die Einhaltung, gegebenenfalls auch auf die Anpassung der im Team vereinbarten Dokumentationsspielregeln.

6.6 Spielregeln im Projekt (Projektkultur)

Projektkultur sollte nicht zufällig entstehen, sondern ebenso wie Leistungen und Termine beim Projektstart geplant und vereinbart werden. Projektkultur wird insbesondere über Spielregeln im Projektteam definiert.

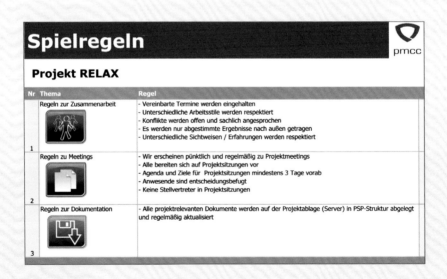

Exemplarische Spielregeln im Projekt

Beschreibung der Methode

In unternehmens- oder abteilungsübergreifenden Projekten sind Mitarbeiter unterschiedlicher Unternehmens- bzw. Abteilungskulturen involviert. Wird im Projektteam keine spezifische Projektkultur definiert, prallen diese unterschiedlichen Kulturen aufeinander und es kann zu Konflikten kommen.

Insbesondere bei komplexen Projekten können Spielregeln die Etablierung einer adäquaten Projektkultur fördern. Spielregeln geben den Projektteammitgliedern eine Orientierung für die Zusammenarbeit im Projekt und steigern die Identifikation mit dem Projekt. Um den verbindlichen Charakter zu verstärken, können Spielregeln im Projekthandbuch dokumentiert werden.

Methoden in diesem Zusammenhang sind beispielsweise die Formulierung projektbezogener Spielregeln, die am Anfang eines Projekts bzw. situationsbedingt definiert werden. Auch die Festlegung eines einprägsamen Projektnamens und die Entwicklung eines Projektlogos zur besseren Identifikation mit dem Projekt und zur Kommunikation nach außen können identitätsstiftend sein. Projektspezifische soziale Veranstaltungen unterstützen die Etablierung eines „Wir-Gefühls" im Projektteam und fördern den Teamentwicklungsprozess.

Methode im Projektcontrolling

Projektarbeit ist Teamarbeit! Es gilt: „Soziale Störungen haben immer Vorrang!" „Soziales Controlling" beschäftigt sich dementsprechend mit der Reflexion und dem Feedback zum Arbeiten im Projektteam. Generell gilt es zwischen einer Gruppe und einem Team zu unterscheiden. Verfügt eine Gruppe tendenziell kaum über eine gemeinsame Kultur, definiert durch Werte, Normen, Kommunikation, Spielregeln etc., so sind diese in einem echten Projektteam etabliert und verankert.

Es ist die Aufgabe des Projektleiters, diese Projektkultur im Projektcontrolling zu reflektieren und gegebenenfalls adäquate Steuerungsmaßnahmen einzuleiten. Maßnahmen dieser Art sind beispielsweise Anpassungen von Rollenverständnissen oder Kommunikationsstrukturen, Neuvereinbarungen von Spielregeln und gegebenenfalls auch Veränderungen in der Zusammensetzung des Projektteams.

Instrumente zur Analyse potenzieller sozialer Störungen können das so genannte „Blitzlicht" oder das „Stimmungsbarometer" darstellen, die zu Beginn von Controlling-Sitzungen eingesetzt werden können (siehe dazu auch Kapitel 8 „Projektcontrollingprozess").

Ziele dieser Analyse sind:

> Feststellung der Arbeitsfähigkeit im Team

> Einholen von Feedback

> Raum schaffen, um Unklarheiten zu beseitigen

> Tendenzen erkennen (Frühwarnsystem)

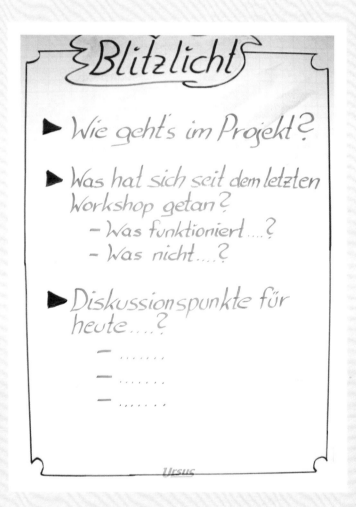

Beispiel eines sozialen Projektcontrollings in Form eines Blitzlichts

Zusammenfassung Projektorganisation mit pm steps

① Erstellung Projektorganigramm

② Festlegung Kommunikationsstrukturen

③ Definition Arbeitspaketverantwortliche

④ Optional: Erstellung Funktionendiagramm

⑤ Festlegung Projektdokumentation

⑥ Vereinbarung Projektspielregeln

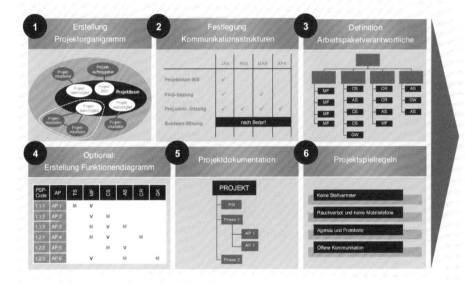

7. KAPITEL

PROJEKTHANDBUCH

7. Projekthandbuch

7.1 Ziele Projekthandbuch

Als Projekthandbuch wird die Management-Dokumentation aller Projektpläne verstanden. In diesem Kapitel wird der gängige Aufbau eines Projekthandbuchs beschrieben und anhand eines konkreten Projekts veranschaulicht.

Als Projekthandbuch bezeichnet man die Summe aller für das Projekt notwendigen Projektmanagement-Pläne, die in einem gemeinsamen Dokument zusammengefasst werden. Hat man früher jeden Plan als extra File (Datei) abgespeichert und musste man zur Erklärung der Gesamtplanung unzählige Files öffnen und ausdrucken, ist man dazu übergegangen, alle für das Projekt notwendigen Pläne in einer übersichtlichen und strukturierten Art in einem Dokument zusammenzufassen.

Diese Zusammenführung ist abhängig von der verwendeten PM-Softwarelösung. Falls mit unterschiedlichen Programmen (MS-Project für Terminplanung, Excel für Ressourcen- und Kostenplanung, Powerpoint für Organigramm und Stakeholderanalyse etc.) gearbeitet wird, ist eine sprichwörtliche Zusammenführung notwendig. Andere PM-SW-Lösungen können alle PM-Pläne in einem File darstellen und auf Knopfdruck kann das gesamte Projekthandbuch ausgedruckt werden. Schließlich gibt es noch Datenbank-basierende PM-Lösungen. Auch hier werden alle Daten in einem Tool eingegeben (und in einer Datenbank abgespeichert) und können wiederum auf Knopfdruck ausgedruckt werden.

⬇ DOWNLOAD   Nutzen Sie die Downloadfunktion auf unserer Website.

7.2 Beschreibung des Projekthandbuchs

Sind die PM-Pläne für das Projekt erstellt, werden diese im Projekthandbuch dokumentiert und zusammengefasst.

Für die Strukturierung eines Projekthandbuchs gibt es unterschiedliche Möglichkeiten. Nachfolgend wird eine mögliche Strukturierungsform detaillierter beschrieben:

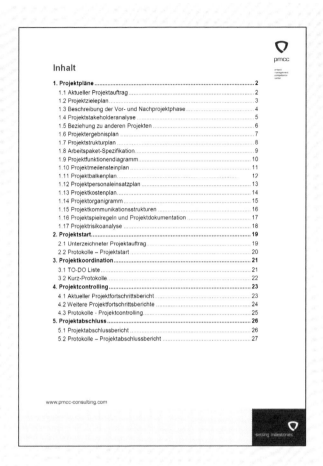

www.pmcc-consulting.com

Exemplarisches Inhaltsverzeichnis eines Projekthandbuchs

Das Projekthandbuch wird folgendermaßen gegliedert:

> aktuelle PM-Pläne

> Projektstart

> Projektkoordination

> Projektcontrolling

> Projektabschluss

Vor dem Kapitel „PM-Pläne" wird üblicherweise ein Änderungsverzeichnis geführt, das einen Überblick über die bisherigen Versionen und die aktuelle Version des Projekthandbuchs gibt.

ÄNDERUNGSVERZEICHNIS			
Versions-nummer	Datum	Änderung	Ersteller
0.1	10.01.09	Erstansatz vor Projektstart-WS	Christian Sterrer
0.2	25.01.09	Fertigstellung Projekthandbuch nach Projektstart-WS	Christian Sterrer
0.3	23.02.09	Überarbeitung Projekthandbuch nach WS I	Christian Sterrer
0.4	25.03.09	Überarbeitung Projekthandbuch nach WS II	Christian Sterrer
0.5	14.04.09	Überarbeitung nach WS III	Christian Sterrer
0.6	17.05.09	Überarbeitung nach WS IV	Christian Sterrer

Beispiel eines Änderungsverzeichnisses

Es bewährt sich, gleich zu Beginn des Projekthandbuchs ein Verzeichnis aller relevanten Ansprech-partner im Projekt zu führen. Handelt es sich um ein internes Projekt, in dem alle Beteiligten im unternehmensweiten E-Mail-Netz (Outlook, Lotus Notes oder ähnliche Software) zu finden sind, ist dieses Verzeichnis nicht notwendig. Ansonsten erleichtert das Verzeichnis die Kommunikation im Pro-jekt und alle Projektbeteiligten wissen, wo sie Telefonnummern, E-Mail-Adressen etc. von Projektbetei-ligten finden (dies ist insbesondere bei unternehmensübergreifenden Projekten von großer Bedeutung).

Firma	Name	Rolle	FD	Abteilung	Org	Telefon	eMail	Verteiler	PAG-Sitz.	Contr.-S	Jourfixe	Sub-Sitz.	Market.
1 Happy Relax GmbH	Strasser	Projektauftraggeber	x	Geschäftsführung	x	+43(1)12345678	strasser@happyrelax.com	x	x				x
2 Happy Relax GmbH	Sterrer	Projektleiter	x	Marketing,Vertrieb	x	+43(1)12345685	sterrer@happyrelax.com	x	x	x	x		x
3 Happy Relax GmbH	Niederberger	Projektteammitglied	x	Produktion	x	+43(1)12345686	niederberger@happyrelax.com	x		x	x		
4 Happy Relax GmbH	Gruber	Projektteammitglied	x	Einkauf,Logistik	x	+43(1)12345686	gruber@happyrelax.com	x		x	x		
5 Happy Relax GmbH	Weichselbaum	Projektmitarbeiter	x	Controlling,Finanzen	x	+43(1)12345686	weichselbaum@happyrelax.com			x	x		
6 Happy Relax GmbH	Berger	Projektmitarbeiter	x	Produktion	x	+43(1)12345686	berger@happyrelax.com			x	x		
7 Happy Relax GmbH	Rinner	Projektmitarbeiter	x	Entwicklung	x	+43(1)12345686	rinner@happyrelax.com			x	x		
8 Happy Relax GmbH	Schreder	Projektmitarbeiter	x	Marketing,Vertrieb	x	+43(1)12345686	schreder@happyrelax.com			x	x	x	
9 Happy Relax GmbH	Huber	Projektmitarbeiter	x	Montage,Service	x	+43(1)12345686	huber@happyrelax.com			x	x	x	
10 Happy Relax GmbH	Kretschner	Projektmitarbeiter	x	Personal,Recht	x	+43(1)12345686	kretschner@happyrelax.com			x	x		
11 Happy Relax GmbH	Brenner	Projektmitarbeiter	x	Personal,Recht	x	+43(1)12345686	brenner@happyrelax.com			x	x		

Darstellung von Projektansprechpartnern zur Projektkommunikation

Im Kapitel „Projektpläne" werden alle für das Projekt relevanten PM-Pläne zusammengefasst. Diese werden im Projektstartprozess erstellt und im Rahmen des Projektcontrollingprozesses controlled und aktualisiert. Somit finden sich im Projekthandbuch in diesem Kapitel immer die aktuellen PM-Pläne des Projekts.

Im Kapitel „Projektstart" werden die Protokolle der stattgefundenen Workshops des Projektstart-prozesses, also beispielsweise des Projektstart-, des Projekt-Follow-Up-Workshops und der konstituierenden Projektauftraggeber-Sitzung, abgelegt. Weiters kann der unterschriebene Projekt-auftrag eingebunden werden.

Grundsätzlich ist für jedes Projekt zu entscheiden, ob sämtliche Protokolle der PM-Workshops und PM-Sitzungen sowie die Projektfortschrittsberichte in das Projekthandbuch einzubinden sind oder ob diese in der Projektablage am Server abgelegt werden. Dazu seien folgende Überlegungen erwähnt:

Variante A

Handelt es sich um ein Projekt, in dem die Projektteammitglieder meist an ihrem Arbeitsplatz arbeiten und damit der Zugriff auf eine gemeinsame Ablage gewährleistet ist, werden meist alle Protokolle etc. direkt am Server abgelegt. Das Projekthandbuch reduziert sich auf die aktuellen PM-Methoden und den aktuellen Projektfortschrittsbericht.

So könnte also beispielsweise ein reduziertes Projekthandbuch aussehen:

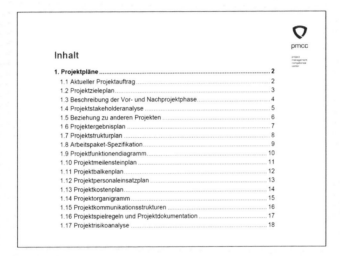

Inhalt

Beispiel eines Inhaltsverzeichnisses eines reduzierten Projekthandbuchs

Variante B

Handelt es sich aber um ein Projekt, in dem Projektleiter und Projektteammitglieder sehr viel unterwegs sind, vorwiegend mit Notebooks und häufig offline arbeiten und nur selten Zugang zum Server und somit zur Projektablage haben, erweist es sich als funktional, die relevanten Protokolle in das Projekthandbuch einzubinden. Damit bekommen alle Projektteammitglieder in einem einzigen Dokument zusammengefasst sämtliche für das Projektmanagement relevanten PM-Pläne und PM-Dokumentationen. Mit dem aktuellen Projekthandbuch sind alle relevanten Informationen zum Projektmanagement jederzeit verfügbar.

Welche der beiden beschriebenen Varianten für das Projekt verwendet wird, ist vom Projektleiter im Vorfeld zu entscheiden und mit dem Projektteam im Projektstart-Workshop zu besprechen und zu vereinbaren.

Grundsätzlich stehen EDV-technisch bei der Einbindung von Dokumenten zwei Möglichkeiten zur Verfügung:

> Erstellung eines Links im Projekthandbuch
> Einbindung von physischen Dokumenten

Die Erstellung von Links im Projekthandbuch wird eher in Variante A praktiziert, die Einbindung von physischen Dokumenten, wie beschrieben, in Variante B.

Im Kapitel „Projektkoordination" werden je nach Variante (A oder B) die verwendeten Hilfsmittel wie z. B. eine zentrale To-Do-Liste des Projektleiters oder die Gesprächsnotizen eingebunden.

Im Kapitel „Projektcontrolling" wird der aktuelle Projektfortschrittsbericht dargestellt. Außerdem können wieder, je nach bevorzugter Variante (A oder B), frühere Projektfortschrittsberichte sowie die Protokolle der Projektcontrolling-Sitzung eingebunden werden.

Im Kapitel „Projektabschluss" wird der Projektabschlussbericht dargestellt. Zudem können, wie im Projektstartprozess, die Protokolle der im Projektabschlussprozess durchgeführten Workshops (Projektabschluss-Workshop mit dem Projektteam), sowie einer abschließenden Projektauftraggeber-Sitzung eingebunden werden.

7.3 Projekthandbuch in der Koordination

Unter Projektkoordination werden alle koordinierenden Tätigkeiten des Projektleiters verstanden. Dafür stehen dem Projektleiter folgende Dokumente und Hilfsmittel zur Verfügung:

> To-Do-Liste
> Entscheidungsliste

> Change Request-Liste
> Mängelliste
> Claimliste
> Liste zur Abnahme von Arbeitspaketen

Diese Hilfsmittel können entweder als Einzeldokumente am zentralen Projektordner unter Projektkoordination abgelegt, oder im Projekthandbuch ebenfalls unter Projektkoordination eingebunden werden.

Eine detaillierte Erklärung zu diesen Themenstellungen findet sich im Kapitel 10 „Projektkoordinationsprozess".

7.4 Projekthandbuch im Projektcontrolling, Projektfortschrittsbericht

Das Projekthandbuch wird im Rahmen der Projektcontrolling-Intervalle regelmäßig aktualisiert. Das bedeutet, dass zuerst die PM-Pläne in der Projektcontrolling-Sitzung angepasst werden und im Anschluss der Projektleiter das Projekthandbuch entsprechend überarbeitet.

Somit liegt nach jeder Projektcontrolling-Sitzung eine neue Version des Projekthandbuchs vor. Der Projektleiter kann mithilfe des aktuellen Projekthandbuchs, der Projektpläne und des Projektfortschrittsberichts dem Projektauftraggeber in der Projektauftraggeber-Sitzung den Status des Projekts darstellen und offene Punkte oder Entscheidungen strukturiert besprechen.

Es empfiehlt sich, bei jeder aktualisierten Version des Projekthandbuchs eine neue ganzzahlige Versionsnummer zu vergeben (2.0, 3.0 etc.). Somit können, falls erforderlich, einzelne Projektpläne zwischen den Projektcontrollingzyklen aktualisiert und mit untergeordneten Versionsnummern wie 2.1, 3.1 etc. versehen werden.

Der Projektfortschrittsbericht wird entweder am Ende der Projektcontrolling-Sitzung (als Zusammenfassung) oder direkt nach der Projektcontrolling-Sitzung vom Projektleiter erstellt und ist eine Zusammenfassung und Interpretation des Projektstatus.

Der Projektfortschrittsbericht ist keine Alternative zur Aktualisierung der Projektplanung, sondern ist vielmehr eine Ergänzung. Ziel ist es, auf ein bis zwei Seiten einen Überblick über den aktuellen Stand zu geben und vereinbarte Steuerungsmaßnahmen sowie anstehende Entscheidungen darzustellen.

Der Projektfortschrittsbericht ist das zentrale Dokument für die Projektauftraggeber-Sitzung (im Rahmen des Projektcontrollingprozesses) und gibt dem Projektauftraggeber die Möglichkeit, sich auf ein bis zwei Seiten einen Überblick über den Projektstatus zu verschaffen (Management-Summary).

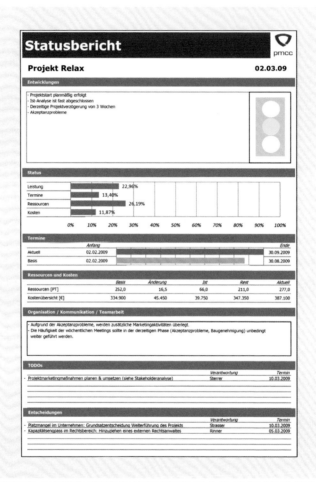

Beispiel eines Projektfortschrittsberichts

Es gibt sehr unterschiedlich gestaltete Projektfortschrittsberichte.
Üblicherweise sind folgende Informationen enthalten:

> Projektampel zeigt den Gesamtstatus: Grün: alles in Plan; Gelb: Abweichungen, Schwierigkeiten; Rot: große Abweichungen, massive Probleme oder Projektkrise.

> Status Leistungen, Termine stellt den Fortschritt im Projekt dar sowie eine Aussage über die Terminsituation (in Plan oder zeitliche Verschiebungen).

> Status Ressourcen und Kosten gibt Aufschluss über die Einhaltung des Ressourcen- und Kostenbudgets sowie über die Verfügbarkeiten der notwendigen Ressourcen.

> Wie im obigen Beispiel ersichtlich, werden hier die 4 Fortschrittsbalken (Leistungen, Termine, Ressourcen und Kosten) gegenübergestellt. Sind die Balken weitgehend gleich lang, entwickeln sich Leistungen, Termine, Ressourcen und Kosten gleichförmig und das Projekt ist in Plan. Ist der Terminfortschrittsbalken länger als der Leistungsfortschrittsbalken, ist das Projekt verzögert und umgekehrt.

> Status Organisation und Kontext zeigt etwaige Probleme innerhalb (Projektteam) oder außerhalb (Projektstakeholder, andere Projekte) des Projekts auf.

> Vereinbarte Maßnahmen geben einen Überblick über im Projektteam geplante Steuerungsmaßnahmen.

> Entscheidungen zeigen anstehende, meist nur durch Projektauftraggeber oder Projektlenkungsausschuss zu treffende Entscheidungen auf.

7.5 Projekthandbuch im Projektmarketing

Projektmarketing ist das „Verkaufen" des Projekts nach innen und nach außen (Details finden Sie im Kapitel 11 „Projektmarketingprozess"). Zentrales Instrument des Projektmarketings ist eine Roadmap (Projektmarketingzeitplan). Diese kann entweder in der Projektablage am zentralen Projektserver oder im Projekthandbuch im Kapitel Projektmarketingplan eingebunden werden.

Zielgruppen	Aktivitäten	Monate / Quartal 2010											
		Jänner	Februar	März	April	Mai	Juni	Juli	August	September	Oktober	November	Dezember
Vorstand	Informations-WS	X											
	Internet / Intranet		X										
	Imagefolder		X										
	Newsletter (Email)			X			X			X			X
Mitarbeiter im Unternehmen	Informations-WS	X				X			X				
	Internet / Intranet	X											
	Imagefolder												
	Newsletter (Email)			X			X			X			X
Kunden	Informations-WS				X								
	Internet / Intranet				X								
	Imagefolder				X								
	Newsletter (Email)							X		X			X
Behörden	Informations-WS	X						X					
	Internet / Intranet				X								
	Imagefolder				X								
	Newsletter (Email)												

Beispiel einer Marketingroadmap

7.6 Projekthandbuch im Projektabschluss, Projektabschlussbericht

Das Projekthandbuch wird im Projektabschluss ein letztes Mal aktualisiert. Diese Aktualisierung wird in der Praxis oft nicht mehr durchgeführt, da das Projekt schon fast abgeschlossen ist, bereits neue Aufgaben gestartet sind und kein Druck mehr im Projekt vorhanden ist.

Dabei ist gerade diese letzte Aktualisierung ein wesentlicher Beitrag zum Speichern von organisatorischem Wissen. Wird nach einiger Zeit ein ähnliches Projekt durchgeführt, erhält der zukünftige Projektleiter durch ein letztgültiges Projekthandbuch einen ungleich höheren Mehrwert als durch ein in einem der letzten Projektcontrollingzyklen „stehengebliebenes" Projekthandbuch.

Ziel des Projektabschlussberichts ist eine zusammenfassende Analyse und Interpretation des Projekts. Der Projektabschlussbericht wird meist nach dem Projektabschluss-Workshop vom Projektleiter erstellt und ist die Basis für die abschließende Projektauftraggeber-Sitzung.

Der Projektabschlussbericht ist eine Ergänzung zur finalen Version des Projekthandbuchs.

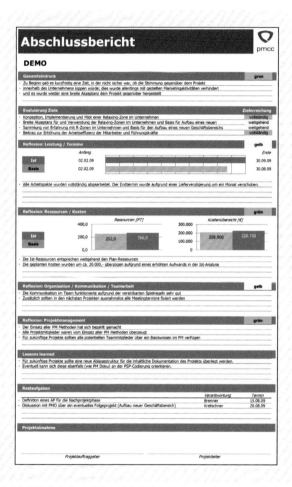

Beispiel eines Projektabschlussberichts

Es gibt sehr unterschiedlich gestaltete Projektabschlussberichte.
Üblicherweise sind folgende Informationen enthalten:

> Gesamteindruck: soll eine Zusammenfassung (Management-Summary) der im Weiteren detaillierteren Analysen des Projekts geben.

> Reflexion Zielerreichung: Die Zielerreichung ist eine der wesentlichsten Evaluierungen am Ende des Projekts und wichtigster Indikator zur Beurteilung des Projekterfolgs (neben Termin-, Ressourcen- und Kosteneinhaltung).

> Reflexion Leistungen, Termine: gibt einerseits einen Überblick, ob alle AP abgearbeitet und erfolgreich abgeschlossen wurden, und andererseits Aufschluss über die Einhaltung der geplanten Termine bzw. eine Interpretation bei Abweichungen.

> Reflexion Ressourcen und Kosten: gibt Aufschluss über die Einhaltung der Ressourcen- und Kostenbudgets sowie eine Interpretation über Abweichungen.

> In vielen Projektabschlussberichten wird ergänzend zu den verbalen Interpretationen auch ein Soll-Ist-Vergleich angeführt (siehe oben).

> Reflexion interne Organisation und Stakeholderbeziehungen: zeigt die Zusammenarbeit sowohl innerhalb (Projektteam) als auch außerhalb (Projektstakeholder, andere Projekte) des Projekts.

> Eine Leistungsbeurteilung des Projektauftraggebers, des Projektleiters und des Projektteams wird derzeit nur in wenigen Unternehmen praktiziert. Hier gibt es die Möglichkeit, Feedback und Beurteilung der Leistungen der einzelnen Beteiligten zu dokumentieren.

> Lessons Learned: ist einer der wichtigsten Punkte im Projektabschlussbericht und verdeutlicht die zentralen Lernerlebnisse (was ist gut gelaufen, was ist nicht so gut gelaufen, was lernen wir aus dem Projekt und Empfehlungen für zukünftige Projekte).

> Planung der Nachprojektphase und Restaufgaben: gibt einen Überblick über die noch offenen Punkte aus dem Projekt, die dazugehörigen Verantwortlichkeiten und die jeweiligen Fertigstellungstermine.

> Projektabnahme: Wie zu Beginn des Projekts ein schriftlicher Projektauftrag erstellt und unterschrieben wird, sollte auch ein schriftlicher Projektabschlussbericht erstellt und unterschrieben werden.

Tipps und Tricks zum Projekthandbuch

> Das Projekthandbuch (PHB) ist das zentrale Projektmanagement-Dokument. Stellen Sie sicher, dass alle Ihre Projektteammitglieder immer über die aktuelle Version verfügen und Zugriff auf das aktuelle Projekthandbuch haben!

> Entscheiden Sie vor oder spätestens beim Projektstart-Workshop, ob Sie nur die aktuellen Projektmanagement-Pläne oder auch Protokolle der PM-Sitzungen und Projektfortschrittsberichte im PHB einbinden!

> Vergessen Sie neben dem Projekthandbuch nicht die inhaltliche Ablage!

> Entscheiden Sie vor dem oder spätestens während des Projektstart-Workshops, welche PM-Pläne Sie in Ihrem Projekt verwenden werden, und stellen Sie sicher, dass sich ausschließlich diese PM-Pläne im Projekthandbuch befinden. Das PHB sollte so „schlank" wie möglich sein und keine leeren PM-Pläne enthalten!

> Aktualisieren Sie das PHB regelmäßig nach der Projektcontrolling-Sitzung. Ohne aktualisiertes PHB hat Ihr Projektteam keine aktuellen PM-Pläne und damit keine Vorgaben, die es einhalten muss!

> Das Projekthandbuch ersetzt aufwändige Powerpoint-Präsentationen. Falls Sie Ihre PM-Planung oder in weiterer Folge im Projekt den Projektstatus präsentieren müssen, verwenden Sie das PHB – dafür haben Sie es auch erstellt!

> Ein Tool zur ganzheitlichen Dokumentation des Projekthandbuchs reduziert Ihren Dokumentationsaufwand erheblich!

7.7 Projekthandbuch Beispiel

Als Beispiel eines vollständigen Projekthandbuchs und gleichzeitig als Beispiel für die im vorangegangenen Kapitel beschriebenen PM-Methoden wird hier das Projekthandbuch des Projekts „Relax" zur Konzeption und Implementierung einer Relaxingzone in einem Unternehmen dargestellt.

In den Erläuterungen und Anmerkungen finden Sie Kommentare zu den spezifischen PM-Plänen (ergänzend zu den PM-Beschreibungen im Kapitel 5 „Projektmanagement-Methoden").

Projektauftrag

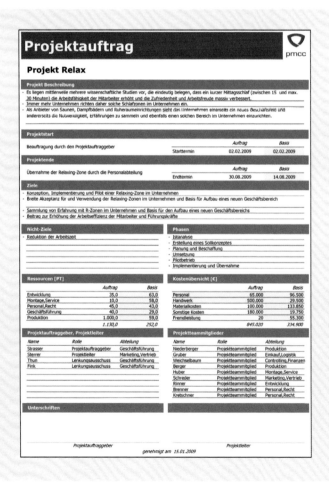

Erklärungen und Anmerkungen

> Nicht jeder Auftrag beginnt mit einer Projektkurzbeschreibung, also Kurzinformation zum Projekt.

> Es wurde versucht, die Projektziele so zu formulieren, dass diese zum Projektabschluss evaluierbar sind, was aber insbesondere bei Zielen wie „breite Akzeptanz" schwierig ist.

> Die Projektphasen entsprechen jenen im Projektstrukturplan.

> Die Groborganisation ist schlüssig mit dem Projektorganigramm.

> Die Kosten- und Ressourcenplanung ist auf das Budget im Projektauftrag abgestimmt.

Vor-, Nachprojektphase

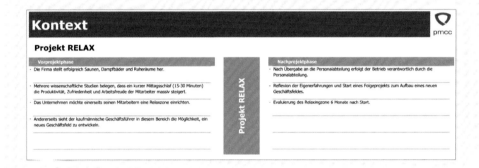

Erklärungen und Anmerkungen

> In der Vorprojektphase werden wichtige Ereignisse, die bisherige Geschichte zum Projekt sowie relevante Dokumente aus der Vorprojektphase dargestellt.

> In der Nachprojektphase werden bereits geplante Folgeaktivitäten, Verantwortungen und Folgeprojekte aufgelistet.

Stakeholderanalyse

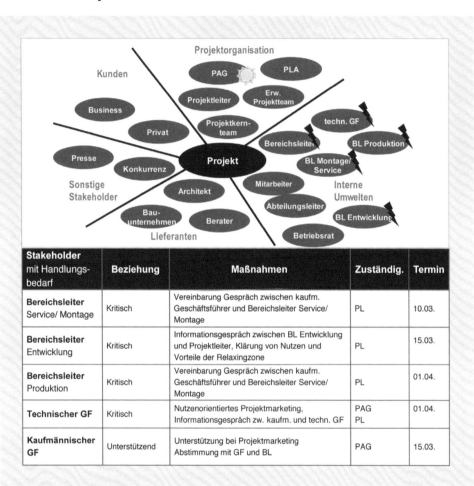

Stakeholder mit Handlungsbedarf	Beziehung	Maßnahmen	Zuständig.	Termin
Bereichsleiter Service/ Montage	Kritisch	Vereinbarung Gespräch zwischen kaufm. Geschäftsführer und Bereichsleiter Service/ Montage	PL	10.03.
Bereichsleiter Entwicklung	Kritisch	Informationsgespräch zwischen BL Entwicklung und Projektleiter, Klärung von Nutzen und Vorteile der Relaxingzone	PL	15.03.
Bereichsleiter Produktion	Kritisch	Vereinbarung Gespräch zwischen kaufm. Geschäftsführer und Bereichsleiter Service/ Montage	PL	01.04.
Technischer GF	Kritisch	Nutzenorientiertes Projektmarketing, Informationsgespräch zw. kaufm. und techn. GF	PAG PL	01.04.
Kaufmännischer GF	Unterstützend	Unterstützung bei Projektmarketing Abstimmung mit GF und BL	PAG	15.03.

Erklärungen und Anmerkungen

> In der Stakeholderanalyse werden alle für das Projekt „Relax" relevanten Projektstakeholder aufgezeigt.

> Die mit dem Blitz gekennzeichneten Projektstakeholder wurden als kritisch, die mit einer Sonne als unterstützend identifiziert und dementsprechende Maßnahmen definiert.

Beziehung zu anderen Projekten

Erklärungen und Anmerkungen

> Hier werden parallel laufende Projekte bzw. Aktivitäten mit einem Zusammenhang zum Projekt
> dargestellt.

> Meist werden die Zusammenhänge bzw. Beziehungen zu den relevanten Projekten beschrieben
> und daraus Maßnahmen (inkl. Zuständigkeiten und Termine) abgeleitet.

Ergebnisplan

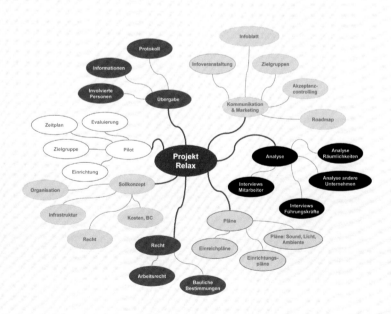

Erklärungen und Anmerkungen

> Beim Projektergebnisplan werden alle relevanten Betrachtungsobjekte und Ergebnisse des Projekts „Relax" dargestellt.

> Dabei lassen sich die wichtigsten Themen wie Analyse, Sollkonzept, Pläne etc. identifizieren.

> Diese hier dargestellten Ergebnisse werden im nachfolgenden Projektstrukturplan berücksichtigt.

Projektstrukturplan

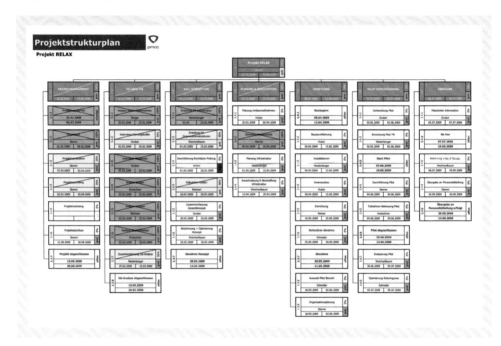

Erklärungen und Anmerkungen

> Der abgebildete Projektstrukturplan zeigt alle Arbeitspakete, die zur erfolgreichen Durchführung des Projekts notwendig sind.

> Die Projektphasen entsprechen jenen im Projektauftrag.

> In jedem Arbeitspaket finden sich neben der AP-Bezeichnung und dem PSP-Code auch der Ampelstatus und der Anfang- und Endtermin des AP. Ergänzend wird der AP-Verantwortliche angeführt.

> Der Leistungsfortschritt ist erkennbar: Dunkelgraue (und doppelt durchgestrichene)
  Arbeitspakete sind bereits abgeschlossen, hellgraue (und einfach durchgestrichene) AP sind in
  Arbeit und weiße AP sind noch nicht begonnen. So lässt sich leicht identifizieren, dass die
  Phase 1.2 schon weit fortgeschritten ist, die Phase 1.3 gerade erst begonnen hat und die
  restlichen Phasen noch nicht begonnen wurden. Die Phase 1.1 stellt alle relevanten Arbeitspakete
  des Projektmanagements dar.
> Die Kästchen mit der roten Schrift stellen die Meilensteine dar, diese sind ident mit jenen im
  Meilenstein- und Balkenplan.
> Es wurde eine PSP-Version nach ca. einem Viertel der Projektlaufzeit ausgewählt.

Arbeitspaket-Spezifikationen (exemplarisch)

Erklärungen und Anmerkungen

> Hier wurde exemplarisch eine Arbeitspaket-Spezifikation ausgewählt, wobei in diesem Projekt nicht alle AP, sondern nur ausgewählte spezifiziert wurden (nämlich diese, die im Projektteam unklar waren).

> Wichtig bei der AP-Spezifikation sind die Beschreibung der notwendigen Schritte bei den Inhalten und die Auflistung der Ergebnisse des AP. In diesem Beispiel wurden die Inhalte in Form einer To-Do-Liste (inkl. Zuständigkeiten und Terminen) erstellt.

> Mithilfe der AP-Spezifikation sollte es bei den im Projektteam unklaren AP zu einer gemeinsamen, klaren Sichtweise hinsichtlich der Inhalte und Ergebnisse kommen.

> Diese AP-Spezifikation enthält noch weitere Informationen zum AP wie Termine, AP-Verantwortlicher, AP-Ampel, Leistungsfortschritt, Ressourcen und Kosten etc. Diese Informationen werden direkt aus dem elektronischen Projekthandbuch übernommen und müssen nicht zwangsläufig Teil der AP-Spezifikation sein.

Projektfunktionendiagramm (Auszug)

Funktionendiagramm   pmcc

Projekt RELAX

PSP	Name	Verantwortung	Berger	Brenner	Gruber	Huber	Kretschner	Niederberger	Rinner	Schröder	Sterrer	Strasser	Weichselbaum
1	Projekt RELAX	Sterrer											
1.1	**PROJEKTMANAGEMENT**												
1.1.1	*Projekt gestartet*												
1.1.2	Projektstart	Sterrer	M	M	M			M			V		
1.1.3	Projektkoordination	Sterrer		M				M	M		V		
1.1.4	Projektcontrolling	Sterrer		M				M			V		M
1.1.5	Projektmarketing	Sterrer			M						V		
1.1.6	Projektabschluss	Sterrer	M	M				M			M	V	M
1.1.7	*Projekt abgeschlossen*												
1.2	**IST-ANALYSE**												
1.2.1	Analyse andere Unternehmen	Berger	V					M					
1.2.2	Interviews Führungskräfte	Huber		M	V							M	
1.2.3	Interviews Mitarbeiter	Gruber			V			M					M
1.2.4	Analyse Berater	Kretschner					V		M				
1.2.5	Analyse Literatur	Brenner	V			M	M						
1.2.6	Analyse Räumlichkeiten	Kretschner		M	V								
1.2.7	Zusammenfassung Ist-Analyse	Huber			V	M			M				
1.2.8	*Ist-Analyse abgeschlossen*												
1.3	**SOLL-KONZEPTION**												
1.3.1	Erstellung EA Infrastruktur	Sterrer					M				V		
1.3.2	Erstellung EA Organisationsstrukturen	Huber	M	V									M
1.3.3	Durchführung Rechtliche Prüfung	Huber		V		M							
1.3.4	Kalkulation Kosten	Brenner	V		M				M				
1.3.5	Zusammenfassung Gesamtkonzept	Huber		M	V								
1.3.6	Abstimmung + Optimierung Konzept	Sterrer	M								V		M
1.3.7	*Abnahme Konzept*												
1.4	**PLANUNG & BESCHAFFUNG**												
1.4.1	Planung Umbaumaßnahmen	Huber			V								
1.4.2	Einholung Baubescheid	Sterrer		M		M					V		
1.4.3	Planung Infrastruktur	Niederberger						V					
1.4.4	Ausschreibung & Beschaffung Infrastruktur	Huber	M	M	V								M

Erklärungen und Anmerkungen

> Das Funktionendiagramm zeigt sowohl die jeweiligen AP-Verantwortlichen (durch ein V gekennzeichnet) als auch die jeweiligen Subteammitglieder (durch ein M gekennzeichnet) pro AP auf.

> Die AP-Verantwortlichen finden sich zusätzlich auch im PSP.

> Wichtig ist, dass es pro AP nur ein V, also nur einen AP-Verantwortlichen gibt.

> Das Funktionendiagramm vereinfacht die nachfolgende Ressourcenplanung, da die involvierten Personen in der Ressourcenplanung mit Stunden hinterlegt werden müssen.

> Es wurde aus Darstellungsgründen nur ein Auszug aus dem Funktionendiagramm angeführt.

Projektmeilensteinplan

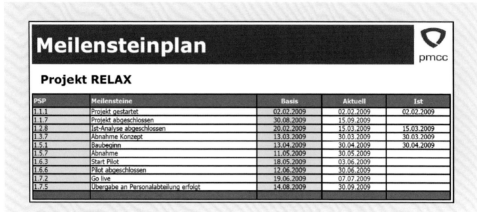

Grobterminplan

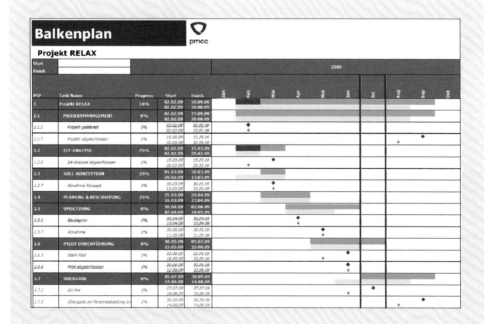

Erklärungen und Anmerkungen

> Der Meilensteinplan zeigt in übersichtlicher Form die wesentlichen Ecktermine des Relax-Projekts, wobei die Anzahl der Meilensteine für die vorliegende Projektgröße eher umfangreich ausgefallen ist.

> Die Meilensteine sind identisch mit den Meilensteinen im PSP.

> Die Basis-Termine stellen die zu Projektbeginn vereinbarten Termine dar. Die Ist-Termine sind die bereits abgeschlossenen Meilensteine und die aktuellen Termine gelten als die zum Zeitpunkt der Aktualisierung wahrscheinlichen Eintrittstermine. Dabei ist erkennbar, dass die Meilensteine 1.1.1, 1.2.8, 1.3.7 und 1.5.1 erledigt und alle nachfolgenden Meilensteine verschoben sind.

> Ob der Meilensteinplan in Form einer Word- oder Exceltabelle erstellt und gewartet wird oder direkt in MS-Project (oder ähnlicher Software) geführt wird, kann der Projektleiter entscheiden. Hier sind bewusst alternative Darstellungen aufgeführt. Aus dem Gesamtbalkenplan können entweder nur die Meilensteine oder auch die Meilensteine und die Phasen (Grobterminplan) herausgefiltert werden.

> Der rote vertikale Balken stellt den aktuellen Stichtag im Balkenplan dar.

> Die grauen Balken visualisieren den Basisplan, die hellblauen Balken den aktuellen Plan. Dunkelblau ist der aktuelle Leistungsfortschritt.

> Aus dem Plan ist ersichtlich, dass die Phasen 1.5, 1.6 und 1.7 nicht planmäßig abgeschlossen werden können und daher mit einer Verzögerung im Gesamtprojekt zu rechnen ist.

Projektbalkenplan

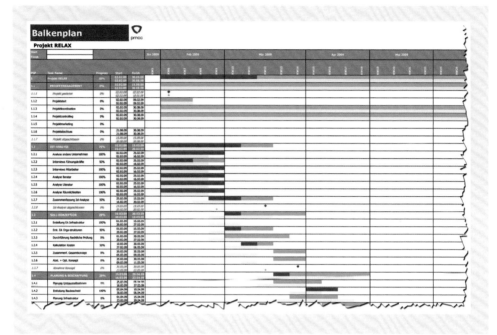

Erklärungen und Anmerkungen

> Der dargestellte Balkenplan zeigt die Termine ausgewählter AP sowie der dazugehörigen Phasen und Meilensteine.

> Zudem wird der Leistungsfortschritt in Prozent und grafisch in den Balken dargestellt.

> In diesem Balkenplan wurden die vereinbarten Termine auch als Basisplan abgespeichert. So können Abweichungen zwischen den Plan- und den aktuellen Terminen dargestellt werden.

Projektressourcenplan

PSP Code	Arbeitspaketbezeichnung	PLAN	IST	REST	HOCH-RECHNUNG
1.1	**PROJEKTMANAGEMENT**	**86**	**25**	**67**	**92**
1.1.1	Projekt gestartet				
1.1.2	Projektstart	25	20	0	20
1.1.3	Projektkoordination	30	5	28	33
1.1.4	Projektcontrolling	25	-	25	25
1.1.5	Projektmarketing	-	-	8	8
1.1.5	Projektabschluss	6	-	6	6
1.1.6	Projekt abgeschlossen				
1.2	**IST-ANALYSE**	**20**	**23**	**6**	**29**
1.2.1	Analyse andere Unternehmen	2	2,5	-	2,5
1.2.2	Interviews Führungskräfte	5	2	5	7
1.2.3	Interviews Mitarbeiter	5	4	-	4
1.2.4	Analyse Berater	2	6	-	6
1.2.5	Analyse Literatur	2	6	-	6
1.2.6	Analyse Räumlichkeiten	3	2	-	2
1.2.7	Zusammenfassung Ist-Analyse	1	0,5	1	1,5
1.2.8	Ist-Analyse abgeschlossen				
1.3	**SOLL-KONZEPTION**	**21**	**12**	**12**	**24**
1.3.1	Erstellung EA Infrastruktur	6	6	-	6
1.3.2	Erstellung EA Organisationsstrukturen	5	2	3	5
1.3.3	Durchführung rechtliche Prüfung	3	0	3	3
1.3.4	Kalkulation Kosten	4	4	3	7
1.3.5	Zusammenfassung Gesamtkonzept	2	-	2	2
1.3.6	Abstimmung & Optimierung Konzept	1	-	1	1
1.3.7	Abnahme Konzept				
1.4	**PLANUNG & BESCHAFFUNG**	**24**	**0**	**21**	**21**
1.4.1	Planung Umbaumaßnahmen	12	-	12	12
1.4.2	Einholen Baubescheid	3	-	-	0
1.4.3	Planung Infrastruktur	4	-	4	4
1.4.4	Ausschreibung & Beschaffung Infrastruktur	5	-	5	5
....	....	....	....	....	....
....	....	....	....	....	....
....	....	....	....	....	....
	SUMME	**252**	**60**	**212**	**272**

Ressourcenplanung in PT

Erklärungen und Anmerkungen

> Der Ressourcenplan basiert auf dem PSP und dem erstellten Funktionendiagramm, wobei die Kalkulation nicht auf Stunden-, sondern auf Tagesbasis erfolgte.

> So lassen sich sowohl die Personentage pro AP, pro Projektphase als auch für das Gesamtprojekt ablesen (aus Platzgründen werden nur die ersten vier Phasen dargestellt).

> Die Plantage wurden pro AP und Abteilung geplant. Hier wurde allerdings eine Projektcontrolling-
> Ansicht gewählt. Daraus sind neben den Plantagen die angefallenen Ist-Aufwände, die
> kalkulierten Restaufwände sowie eine Hochrechnung ersichtlich.
> Die Hochrechnung lässt erkennen, dass aus aktueller Sicht in diesem Projekt mit einem
> zusätzlichen Ressourcenaufwand von 20 Personentagen zu rechnen ist.

Projektkostenplan

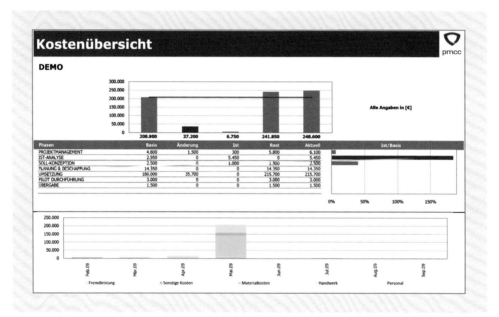

Erklärungen und Anmerkungen

> Die Projektkostenplanung erfolgte wie die Ressourcenplanung auf AP-Ebene. Hier wird als
> alternative Darstellung die Verdichtung der Kosten auf Projektphasenebene dargestellt.
> Die Änderungen zeigen die Mehrkosten der Arbeitspakete auf.
> Die Ist-Kosten stellen die bereits angefallenen Kosten dar.
> Die aktuellen Kosten errechnen sich aus den Ist- und Restkosten.
> Die untere Teil der Grafik zeigt den Kostenanfall pro Monat an (Cashflow-Darstellung).

Projektorganigramm

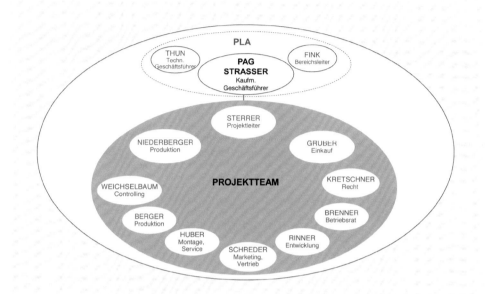

Erklärungen und Anmerkungen

> Das Projektorganigramm gibt in grafischer Form einen Überblick über die Projektorganisation.

> Das Projektteam umfasst 10 Mitglieder, was tendenziell in der Praxis eine Obergrenze darstellt. Da alle Beteiligten AP-Verantwortung übernehmen, gibt es in diesem Projekt ausschließlich Teammitglieder und keine Projektmitarbeiter.

> Einer der beiden Geschäftsführer (kaufm. GF) ist PAG, der zweite GF sowie der Bereichsleiter sind aus Akzeptanzgründen und für wesentliche Entscheidungen in einem Projektlenkungsausschuss eingebunden.

> Im Projektorganigramm werden neben den Namen auch die Abteilungen der jeweiligen Mitarbeiter eingetragen.

Projektkommunikationsstrukturen

Kommunikation

pmcc

Projekt Relax

	Sitzung	Inhalt	Teilnehmer	Termine	Ort
1	Projektauftraggeber-Sitzung	- Diskussion Projektstatus, Abweichungen im Projekt - Treffen ausstehender Entscheidungen - Abnahme des P-Fortschrittberichtes	PAG PL	Monatlich Nach PC-Sitzungen	Raum A-219
2	Projektlenkungs-ausschuss-Sitzung	- Diskussion Projektstatus, Abweichungen im Projekt - Diskussion aktueller Problemstellungen	PAG PLA PL	Abnahme Sollkonzept Abnahme Umbau-maßnahmen Go Live Projektabnahme	Raum A-219
3	Projektcontrolling-Sitzung	- Feststellen des Projektstatus - Controlling von Zielen, Leistungen, Terminen sowie Ressourcen und Kosten - Controlling von Stakeholderbeziehungen - Soziales Projektcontrolling - Diskussion übergeordneter Problemstellungen - Entscheidungsaufbereitung für Projektauftraggeber-Sitzung - Planung WVW	PL PKTM (jedes 2. Projektcontr. mit erweiterten Projektteam)	Monatlich	Raum B-012
4	Projekt Jour Fixe	- Operative Koordination der Projektbeteiligten - Diskussion inhaltlicher Themen und Probleme - Planung WVW	PL PKTM Ew. PT	alle 2 Wochen	Raum B-110
5					

Erklärungen und Anmerkungen

> Die für dieses Projekt spezifischen Kommunikationsstrukturen geben Auskunft über die regelmäßigen Meetings in dem Relax-Projekt.

> Es wird zwischen inhaltlichen Projektteam-Sitzungen (Jours-Fixes) und Projektcontrolling-Sitzungen unterschieden.

> Zusätzlich gibt es regelmäßige PAG-Sitzungen, zeitversetzt nach den Projektcontrolling-Sitzungen, während die PLA-Sitzungen nur zu den zentralen Meilensteinen durchgeführt werden.

Projektspielregeln & Projektdokumentation

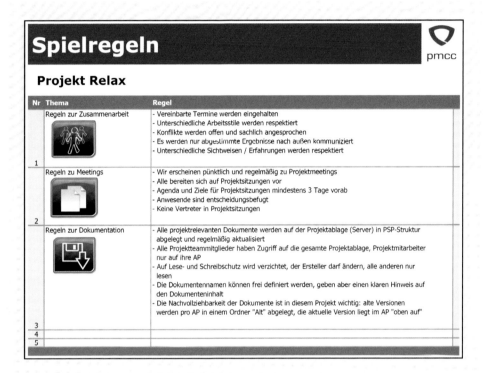

Erklärungen und Anmerkungen

> Wie in jedem Projekt wurden auch im vorliegenden Projekt die projektspezifischen Spielregeln definiert und im Projekthandbuch dokumentiert.

> Diese Spielregeln wurden im Projektstart-Workshop gemeinsam festgelegt.

> Die Vereinbarungen zur Projektdokumentation und zum Projektablagesystem entsprechen den üblichen Vereinbarungen.

> Neben den Teamspielregeln wurden auch alle relevanten Spielregeln zur Projektablage und zum Dokumentenmanagement vereinbart.

Projektrisikoanalyse

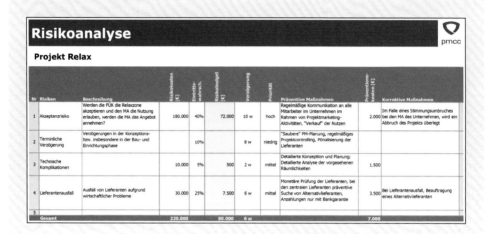

Nr	Risiken	Beschreibung	Risikokosten (€)	Eintrittswahrsch.	Risikobudget (€)	Verzögerung	Priorität	Präventive Maßnahmen	Präventionskosten (€)	Korrektive Maßnahmen
1	Akzeptanzrisiko	Werden die FÜK die Relaxzone akzeptieren und den MA die Nutzung erlauben, werden die MA das Angebot annehmen?	180.000	40%	72.000	10 w	hoch	Regelmäßige Kommunikation an alle Mitarbeiter im Unternehmen im Rahmen von Projektmarketing-Aktivitäten, "Verkauf" der Nutzen	2.000	Im Falle eines Stimmungsumbruches bei den MA des Unternehmen, wird ein Abbruch des Projekts überlegt
2	Terminliche Verzögerung	Verzögerungen in der Konzeptions- bzw. insbesondere in der Bau- und Einrichtungsphase		10%		8 w	niedrig	"Saubere" PM-Planung, regelmäßiges Projektcontrolling, Pönalisierung der Lieferanten		
3	Technische Komplikationen		10.000	5%	500	2 w	mittel	Detaillierte Konzeption und Planung; Detaillierte Analyse der vorgesehenen Räumlichkeiten	1.500	
4	Lieferantenausfall	Ausfall von Lieferanten aufgrund wirtschaftlicher Probleme	30.000	25%	7.500	6 w	mittel	Monetäre Prüfung der Lieferanten, bei den zentralen Lieferanten präventive Suche von Alternativlieferanten, Anzahlungen nur mit Bankgarantie	3.500	Bei Lieferantenausfall, Beauftragung eines Alternativlieferanten
5										
	Gesamt		220.000		80.000	6 w			7.000	

Erklärungen und Anmerkungen

> Für die identifizierten Risiken wurden weitgehend Risikokosten, die Eintrittswahrscheinlichkeit, das Risikobudget sowie eine etwaige Verzögerung kalkuliert.

> Wie in der Projektrisikoanalyse erkennbar, sind für alle Risiken präventive, aber nur für einzelne Risiken korrektive Maßnahmen geplant worden.

> Für die präventiven Maßnahmen wurden teilweise auch die dazu anfallenden Kosten kalkuliert.

> Die konsolidierten Risikokosten (Risikobudget, Kosten der präventiven Risikomaßnahmen) wurden in der Projektkostenplanung berücksichtigt.

Projektstatusbericht

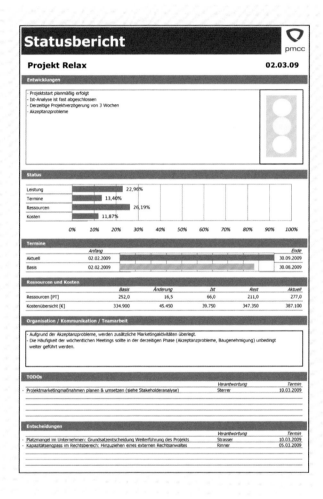

Erklärungen und Anmerkungen

> Der Projektfortschrittsbericht zeigt einen Projektstatus nach ca. einem Monat Projektlaufzeit.

> Aufgrund erster Probleme steht die Projektampel auf Gelb.

> Die Gegenüberstellung der Balken für Leistungsfortschritt, Terminfortschritt, Ressourcen und Kosten zeigt Abweichungen auf.

> Schon zu diesem frühen Zeitpunkt ist mit einer Verschiebung des Endtermins von einem Monat zu rechnen.

8. KAPITEL

PROJEKTCONTROLLINGPROZESS

8. Projektcontrollingprozess

Der Projektcontrollingprozess ist ein repetitiver (zyklischer) PM-Prozess. Die Häufigkeit richtet sich nach den Bedürfnissen des Projekts (meist alle vier bis sechs Wochen) und ist ein Grenzgang zwischen „nicht zu häufig", um die Projektressourcen nicht übermäßig zu beanspruchen, und „nicht zu selten", um rechtzeitig auf Abweichungen reagieren zu können. Die Häufigkeit des Projektcontrollings wird im Projektstartprozess definiert und findet sich in den Projektkommunikationsstrukturen wieder.

Wesentliche Erfolgsfaktoren des Projektcontrollings sind:

> Die Durchführung im Projektteam
> Hard Facts (Ziele, Leistungen, Termine, Ressourcen und Kosten) und Soft Facts
  (Projektorganisation und Projektkultur sowie Projektkontext, also Projektstakeholder und
  andere Projekte)

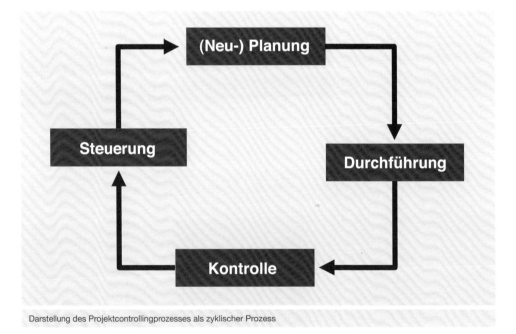

Darstellung des Projektcontrollingprozesses als zyklischer Prozess

Auch das Projektcontrolling durchläuft den bekannten Controllingzyklus:

> Erfassung des Ist-Stands
> Vergleich des Ist-Stands mit den Planwerten und Identifikation von Abweichungen

> Planung von steuernden Maßnahmen
> Aktualisierung der PM-Pläne und des Projekthandbuchs

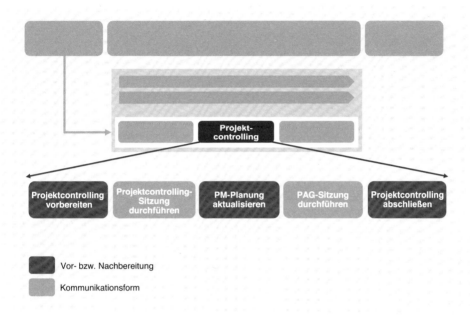

Der Projektcontrollingprozess enthält folgende wesentliche Prozessschritte:

① Projektcontrolling vorbereiten, indem sowohl die Projektcontrolling-Sitzung als auch ausgewählte PM-Pläne vorbereitet werden

② Durchführung einer Projektcontrolling-Sitzung zum operativen Controlling im Projektteam

③ Aktualisierung der Projektplanung, was sowohl die Überarbeitung des Projekthandbuchs als auch die Erstellung eines Projektfortschrittsberichts beinhaltet

④ Durchführung einer Projektauftraggeber-Sitzung zur Information des PAG über den Status im Projekt sowie zur Klärung offener Punkte und anstehender Entscheidungen

⑤ Abschluss des Projektcontrollingprozesses zur Finalisierung der PM-Planung und zur Durchführung notwendiger steuernder Handlungen

Wesentlich im Projektcontrolling ist, das Controlling nicht als alleinige Aufgabe des Projektleiters, sondern auch als Aufgabe des Projektteams sowie des Projektauftraggebers anzusehen. Daraus resultiert, dass Projektcontrolling nur im Rahmen einer gemeinsamen Projektcontrolling-Sitzung durchgeführt werden kann und sich nicht nur auf die Aktualisierung eines MS-Project-Files durch den Projektleiter beschränkt. Dadurch kann sichergestellt werden, dass ein gemeinsames Projektcontrolling wieder zu einer gemeinsamen Sicht über den Status im Projekt sowie über den Bedarf von notwendigen steuernden Handlungen führt.

Prozessbeschreibung

Schritt 1: Projektcontrolling vorbereiten

Die Vorbereitung des Projektcontrollings erfolgt verantwortlich durch den Projektleiter.

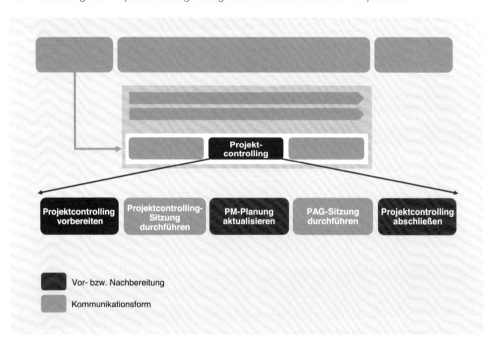

Folgende Punkte sind in der Vorbereitung zu beachten:

> Festlegung Termin, Ort, Dauer der Projektcontrolling-Sitzung (wobei meist eine fixe Dauer für die Projektcontrolling-Sitzung vereinbart wird).

> Anpassung der Einladung/Agenda für die Projektcontrolling-Sitzung und Versand an die Teilnehmer.

> Vorbereitung der Räumlichkeiten, Vorbereitung der notwendigen Medien (Beamer, Flipchart, Overhead, Pinwände etc.).

> Auswahl der anstehenden Diskussionspunkte (siehe Detailbeschreibung der Agendapunkte in der Projektcontrolling-Sitzung Schritt 2).
> Ev. Durchführung von Vorgesprächen (mit relevanten Entscheidern, kritischen Projektteammitgliedern etc.).
> Einholung relevanter Controllingdaten im Vorfeld.

Grundsätzlich ist im Projektcontrolling zu entscheiden, ob die Ist-Erfassung (und die Planung der Restaufwände) der Ressourcen und Kosten in oder vor der Projektcontrolling-Sitzung erfolgt.

Weiters ist der Detaillierungsgrad des Projektcontrollings zu definieren (falls dies nicht schon im Projektstart definiert wurde).

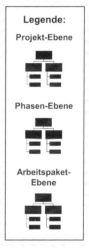

Betrachtungs-objekte	PM-Methoden	Detaillierungsgrad		Legende:
		Projektplanung	Projektcontrolling	Projekt-Ebene
Leistungen	- Projektstrukturplan - AP-Spezifikation			
Termine	- Meilensteinplan - Balkenplan			Phasen-Ebene
Ressourcen	- Personaleinsatzplan			
Kosten	- Kostenplan - Finanzmittelplan			Arbeitspaket-Ebene

Beispiel der Projektplanungs- und Projektcontrolling-Tiefe

Schritt 2: Durchführung Projektcontrolling-Sitzung

Die Durchführung der Projektcontrolling-Sitzung erfolgt im Projektteam.

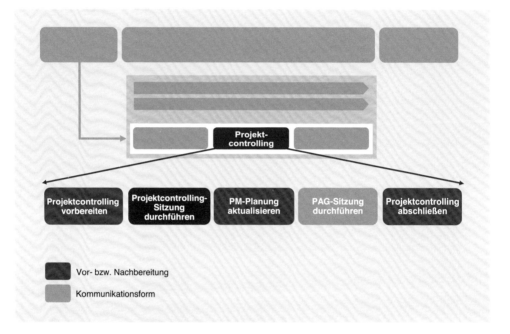

Ziele einer Projektcontrolling-Sitzung sind:

> Erhebung des Projektstatus und Aktualisierung der Projektpläne

> Identifikation aktueller Probleme im Projekt

> Planung von steuernden Handlungen

> Planung der weiteren Vorgehensweise

Die Projektcontrolling-Sitzung dauert meist zwischen zwei und vier Stunden, abhängig von der Komplexität des Projekts, den anstehenden Diskussionspunkten und Problemen im Projekt.

Die nachfolgende beispielhafte Einladung einer Projektcontrolling-Sitzung zeigt einen typischen Ablauf, allerdings sind auch andere Vorgehensweisen möglich. Nachfolgend werden diese einzelnen Agendapunkte detaillierter beschrieben.

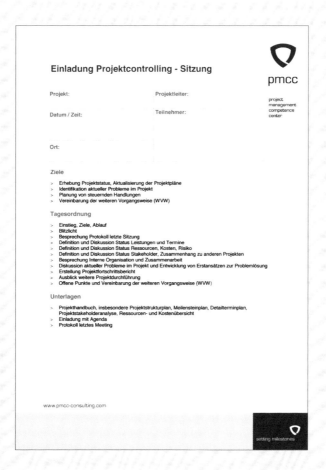

Einladung zu einer Projektcontrolling-Sitzung

 Nutzen Sie die Downloadfunktion auf unserer Website.

Begrüßung, Einstieg, Ziele und Ablauf

> Wie bei jeder Sitzung wird zu Beginn die Agenda abgestimmt.

Blitzlicht

> Bevor mit dem eigentlichen Projektcontrolling begonnen wird, hat sich ein Blitzlicht in der Projektcontrolling-Sitzung sehr gut bewährt.

> Das Blitzlicht ist im Kapitel 6.6 „Spielregeln im Projekt (Projektkultur)" beschrieben.

> Folgende Fragen könnten für das Blitzlicht in der Projektcontrolling-Sitzung herangezogen werden:
> > Wie geht's im Projekt?
> > Was ist seit der letzten Sitzung passiert?
> > Was funktioniert, was nicht (Problembereiche)?
> > Diskussionspunkte für heute?
> Diese Fragen werden vor der Projektcontrolling-Sitzung auf ein Flipchart geschrieben und die anstehenden Diskussionspunkte gesammelt.
> Nach Durchführung des Blitzlichts hat der Projektleiter einen Überblick über die Stimmung im Projektteam und die zu diskutierenden Punkte und kann darauf situativ reagieren.

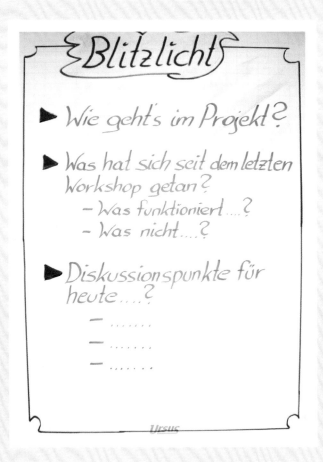

Beispiel eines Blitzlichts

Besprechung Protokoll und weitere Vorgehensweise der letzten Sitzung

> Hier wird die in der letzten Sitzung vereinbarte weitere Vorgehensweise (To-Do-Liste) besprochen und controlled.

> Damit ist nicht gemeint, dass das gesamte Protokoll nochmals besprochen, geschweige denn verabschiedet wird, sondern es werden ausschließlich die vereinbarten To-Dos controlled.

> Das Controlling der To-Dos ist sehr wichtig, damit die Teammitglieder wissen, dass alle vereinbarten To-Dos bei der nächsten Sitzung eingefordert werden und die Verantwortlichen sich rechtfertigen müssen, falls ein vereinbarter Punkt nicht erledigt wurde (werden die To-Dos nicht controlled, werden die Teammitglieder weniger Druck verspüren, die vereinbarten Aufgaben zu erledigen).

Besprechung Status Leistungen und Termine

> Der Status der Leistungen wird anhand des Projektstrukturplans evaluiert. Dabei werden alle relevanten Arbeitspakete vom Projektleiter besprochen und die jeweiligen AP-Verantwortlichen stellen den Status im AP dar, informieren über eventuelle Probleme bzw. stellen anstehende Fragen zur Diskussion. Im Rahmen des Leistungscontrollings wird auch die Qualität der Arbeitspakete controlled.

> Das Termincontrolling erfolgt im Balkenplan oder Meilensteinplan, meist direkt im Terminplanungs-Tool. Auch hier geht der Projektleiter die Arbeitspakete einzeln durch, die Termine werden pro AP controlled und, falls notwendig, aktualisiert. Einige Projektleiter kombinieren das Leistungs- und Termincontrolling und es werden sowohl Leistungen als auch Termine anhand des PSP controlled und nur bei Bedarf der Meilenstein- oder Balkenplan herangezogen. Dies ist unter anderem auch abhängig von der eingesetzten PM-Softwarelösung.

Besprechung Status Ressourcen, Kosten, Risiko

> Abhängig von der Detaillierung des Ressourcen- und Kostenmanagements wird die Vorgehensweise unterschiedlich gewählt.

> Üblicherweise werden Ist-Stunden (Ist-Kosten) sowie, falls geplant, Reststunden (Restkosten) vor der Projektcontrolling-Sitzung erfasst und den Planstunden (Plan-Kosten) gegenübergestellt.

> Somit bleibt in der Projektcontrolling-Sitzung Zeit für die Interpretation des Soll-Ist-Vergleichs und, wenn notwendig, für die Planung steuernder Handlungen.

> In diesem Zuge sollte auch die Verfügbarkeit der noch notwendigen Reststunden überprüft werden bzw. adäquat die Finanzierung der Restkosten bei den Projektkosten.

> Ist das Ressourcen- und Kostencontrolling abgeschlossen, können im Anschluss die Projekt-risiken controlled werden. Dabei geht es neben dem Controlling der aktuellen Risiken auch um die Planung und gegebenenfalls Durchführung von präventiven oder korrektiven Risikomaßnahmen.

Besprechung Status Projektstakeholder, Zusammenhang zu anderen Projekten

> Anhand der Stakeholderanalyse werden die Projektstakeholder controlled, Stakeholder mit Handlungsbedarf identifiziert und notwendige Maßnahmen vereinbart.

> Weiters werden neben den Projektstakeholdern auch die Beziehungen zu anderen Projekten controlled und notwendige Maßnahmen vereinbart.

Besprechung interne Organisation, Zusammenarbeit

> Ergänzend zum Blitzlicht wird die interne Organisation hinsichtlich ihrer Funktionalität im Projekt controlled und Art und Häufigkeiten von Kommunikationsstrukturen, Spielregeln etc. werden bei Bedarf nachjustiert.

> Bei Konflikten im Projektteam sind Maßnahmen zum Konfliktmanagement zu vereinbaren.

Diskussion aktueller Probleme im Projekt und Entwicklung von Erstansätzen zur Problemlösung

> Hier werden alle Punkte besprochen, die im Blitzlicht gesammelt wurden.

> Dabei müssen in der Projektcontrolling-Sitzung nicht alle Punkte geklärt werden, aber es sollte für alle Punkte eine weitere Vorgehensweise vereinbart werden.

> Wichtig ist hierbei auch, dass der Projektleiter nicht auf alle angesprochenen Punkte eine Antwort wissen muss. Der Projektleiter ist nur dafür verantwortlich, Diskussionspunkte zu identifizieren und Lösungen zu organisieren, ohne alle Lösungen selbst zu entwickeln.

Optional: Erstellung Projektfortschrittsbericht

> Falls Zeit bleibt, kann als Zusammenfassung des Projektstatus der Projektfortschrittsbericht gemeinsam erstellt werden. Dies hat auch den Vorteil, dass dieser somit auch gleich im Team verabschiedet wird und dem PAG als Basis für die PAG-Sitzung zur Verfügung gestellt werden kann.

Ausblick weitere Projektdurchführung

> Ausblick auf die nächsten Wochen bis zur nächsten Projektcontrolling-Sitzung: Was wird passieren, worauf sollte man achten etc.

Vereinbarung der weiteren Vorgehensweise (WVW)

> Als letzter Programmpunkt wird die weitere Vorgehensweise, inklusive einer detaillierten To-Do-Liste, vereinbart.

Die Vorbereitung der Projektcontrolling-Sitzung erfolgt durch den Projektleiter, ev. hat der Projektleiter zusätzliche Unterstützung durch ein Projektbüro, einen Sekretär oder aus dem Projektteam.

Die Moderation der Projektcontrolling-Sitzung erfolgt durch den Projektleiter selbst. Wie schon im Projektstart-WS beschrieben, bedeutet das tur den Projektleiter, mehrere Aufgaben gleichzeitig wahrzunehmen, und er sollte sich deshalb gut auf die Sitzung vorbereiten. Es empfiehlt sich, insbesondere für die erste Projektcontrolling-Sitzung ein Design zu erstellen.

Schritt 3: Aktualisierung Projektplanung

Nach der Durchführung der Projektcontrolling-Sitzung sind die Projektpläne zu aktualisieren. Das Projekthandbuch erhält nach der Aktualisierung eine neue Versionsnummer.

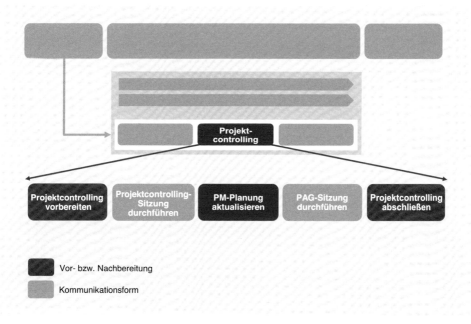

Außerdem ist ein Protokoll für die Projektcontrolling-Sitzung zu dokumentieren (falls dieses nicht bereits während der Sitzung erstellt wurde).

Schließlich ist ein Projektfortschrittsbericht vom Projektleiter nach der Projektcontrolling-Sitzung zu erstellen. Eine Alternative ist, diesen am Ende der Projektcontrolling-Sitzung (nach durchgeführtem Projektcontrolling) gemeinsam im Projektteam auszuarbeiten.

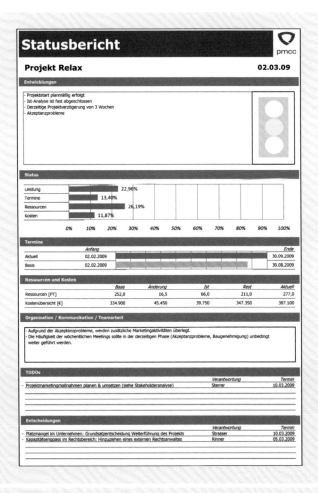

Beispiel eines Projektfortschrittsberichts

Eine detaillierte Beschreibung des Projektfortschrittsberichts findet sich in Kapitel 7 „Projekthandbuch".

Zuletzt ist die Projektauftraggeber-Sitzung vorzubereiten. Wie im Projektstartprozess sind der Projekt-fortschrittsbericht und, falls gewünscht, das aktuelle Projekthandbuch vorab an den Projektauftraggeber zu schicken, damit sich dieser auf die PAG-Sitzung vorbereiten kann.

Schritt 4: Durchführung der Projektauftraggeber-Sitzung

Die Durchführung der Projektauftraggeber-Sitzung erfolgt meist nur zwischen Projektauftraggeber und Projektleiter. Eine Alternative wäre, die Auftraggeber-Sitzung gleich im Anschluss an die Projektcon-trolling-Sitzung durchzuführen und das Projektteam (ganz oder teilweise) mit einzubinden (auch eine Kombination ist denkbar, z. B. jedes zweite Mal kommt der PAG direkt am Ende der Projektcontrol-ling-Sitzung dazu, ansonsten wird eine Projektauftraggeber-Sitzung zwischen PAG und Projektleiter durchgeführt).

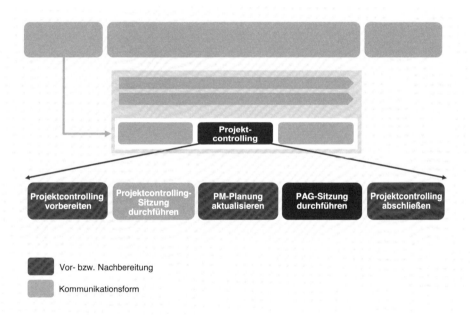

Ziele der Projektauftraggeber-Sitzung sind die Präsentation und Diskussion des Projektstatus und etwaiger anstehender Diskussions- oder Entscheidungspunkte.

Die nachfolgende beispielhafte Einladung für eine Projektauftraggeber-Sitzung zeigt einen typischen Ablauf, allerdings sind auch andere Vorgehensweisen möglich.

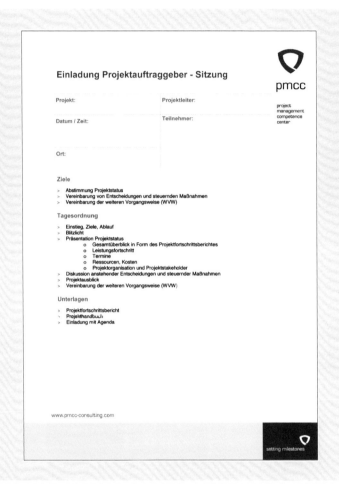

Einladung einer Projektauftraggeber-Sitzung im Rahmen des Projektcontrolling-Prozesses

⬇ DOWNLOAD   Nutzen Sie die Downloadfunktion auf unserer Website.

Nachfolgend sollen diese einzelnen Agendapunkte detaillierter beschrieben werden:

Einstieg, Ziele und Ablauf

> Zu Beginn der Projektauftraggeber-Sitzung erfolgt zunächst eine kurze Abstimmung der Ziele und des Ablaufs.

Blitzlicht (abhängig vom Wissen des PAG)

> Noch vor dem inhaltlichen Einstieg in die Diskussion des Projektstatus kann ein kurzes Blitzlicht durchgeführt werden (siehe Beschreibung im Kapitel 5 „Projektmanagement-Methoden").

Präsentation Projektstatus

> Wie im Projektstartprozess ist es auch im Projektcontrolling nicht zielführend, alle Detailpläne mit dem Projektauftraggeber durchzusprechen. Ziel ist es vielmehr, dem Projektauftraggeber anhand des Projektfortschrittsberichts sowie ausgewählter PM-Pläne den Projektstatus vorzustellen und diesen zu diskutieren.

> Zunächst wird anhand des Projektfortschrittsberichts dem PAG ein Überblick über das Projekt gegeben. Ergänzend zum Projektfortschrittsbericht können PM-Pläne hinzugezogen werden.

> Projektstrukturplan zur Vorstellung des Leistungsfortschritts und möglicher inhaltlicher Probleme in Arbeitspaketen (AP-Ampel).

> Terminplan (Meilensteinplan und ev. ergänzend Balkenplan) zur Besprechung der terminlichen Situation und ev. terminlicher Abweichungen (alternativ könnten die Termine auch mit dem PSP besprochen werden, falls die Meilensteine im PSP dargestellt werden).

> Ressourcen und Kosten: Darstellung Soll-Ist-Vergleich und Diskussion über die Einhaltung des Ressourcen- und Kostenbudgets.

> Projektorganisation und Projektstakeholder: Status und bei Bedarf Diskussion des sozialen Status im Projekt.

Diskussion anstehender Entscheidungen und steuernder Handlungen

> Haben sich im Zuge der Projektcontrolling-Sitzung Fragen, anstehende Entscheidungen oder notwendige steuernde Handlungen ergeben, die nicht im Projektteam geklärt bzw. entschieden werden konnten, werden diese mit dem Projektauftraggeber besprochen und geklärt.

Projektausblick, weitere Vorgehensweise

> Abstimmung der nächsten Schritte im Projekt und Vereinbarung des nächsten Meetings.

Schritt 5: Projektcontrollingprozess abschließen

Abschließend ist ein Protokoll der Projektauftraggeber-Sitzung zu erstellen und gegebenenfalls zusätzlich vereinbarte Maßnahmen einzuleiten.

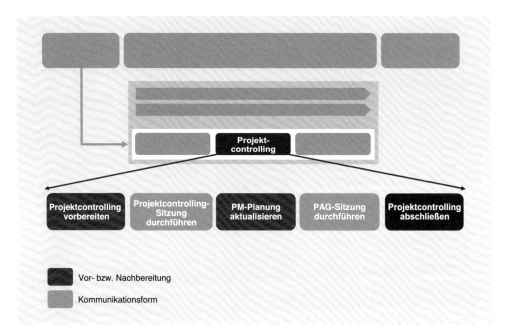

Falls sich im Zuge der Projektauftraggeber-Sitzung nochmals Änderungen in der PM-Planung ergeben haben, müssen die PM-Pläne korrigiert und das aktualisierte Projekthandbuch an das Projektteam und den Projektauftraggeber verteilt werden.

Ergebnisse des Projektcontrollingprozesses

> Die Projektmanagement-Pläne sind aktualisiert, das Projekthandbuch ist überarbeitet und im Projektteam sowie mit dem Projektauftraggeber abgestimmt.
> Notwendige steuernde Handlungen sind vereinbart und konkretisiert.
> Es gibt einen gemeinsamen Informationsstand im Projektteam und eine gemeinsame Sichtweise über den Status im Projekt.
> Ein Projektfortschrittsbericht ist erstellt und mit dem Projektauftraggeber besprochen.
> Offene Punkte sind sowohl im Projektteam als auch mit dem Projektauftraggeber besprochen und anstehende Entscheidungen geklärt.

> Es gibt Klarheit über die weitere inhaltliche Arbeit im Projekt.
> Das Teambuilding ist fortgeführt und etwaige soziale Probleme sind behandelt und geklärt worden.
> Weiterführende Projektmarketingaktivitäten sind erfolgt.

Tipps und Tricks im Projektcontrolling

> Nehmen Sie das Projektteam immer mit in die Controlling-Verantwortung und führen Sie Projektcontrolling-Sitzungen zum gemeinsamen Projektcontrolling durch!

> Reduzieren Sie das Projektcontrolling nicht auf die Hard Facts (Leistungen, Termine, Ressourcen und Kosten), sondern führen Sie ein ganzheitliches Projektcontrolling, also inkl. Soft Facts (Organisation und Kontext) durch. Nur ein ganzheitliches Projektcontrolling sichert eine ganzheitliche Sicht über das Projekt und gibt die Möglichkeit, rechtzeitig auf Probleme und Abweichungen zu reagieren!

> Sehen Sie den Projektfortschrittsbericht nicht als administrativen Aufwand, sondern nutzen Sie ihn als Kommunikationsinstrument an den Projektauftraggeber und an relevante Projektstakeholder (z. B. Kunde)!

> Führen Sie das Projektcontrolling nicht zu oft, aber dafür ganzheitlich durch. Differenzieren Sie in Ihren Kommunikationsstrukturen zwischen einem Projekt-Jour-Fixe (inhaltliche Abstimmung innerhalb des Projektteams) und einer Projektcontrolling-Sitzung!

> „Projektcontrolling durch den Projektleiter ist out, gemeinsames Projektcontrolling im Team ist in!"

9. KAPITEL

VERTIEFENDE METHODEN IM PROJEKTCONTROLLING

9. Vertiefende Methoden im Projektcontrolling

Ergänzend zu den allgemeinen Projektmanagement-Methoden wurden in den letzten Jahren vertiefende Methoden im Projektcontrolling entwickelt. In diesem Kapitel werden diese vorgestellt und deren spezifischer Einsatz im Projektcontrolling erklärt.

Aufgrund der Dynamik von Projekten stellt ein adäquates Projektcontrolling eine zentrale Herausforderung dar. Dabei gelten folgende grundlegenden Prämissen:

> Projektcontrolling ist ein zyklischer (und kein kontinuierlicher) Prozess, der im Projektverlauf mehrmals durchlaufen wird; im Detail wird dieser Prozess projektspezifisch definiert.
> Es können nur jene Betrachtungsobjekte bzw. Methoden einem Projektcontrolling unterzogen werden, die vorab im Projektstart geplant wurden.
> Der Detaillierungsgrad der Planung soll im Normalfall dem Detaillierungsgrad im Controlling entsprechen (werden beispielsweise die Ressourcen eines Projekts auf Basis der Arbeitspakete geplant, ist auch ein Controlling der Ressourcen auf Basis der Arbeitspakete sinnvoll).
> Im Projektcontrolling sollten nicht nur Hard Facts (Leistungen, Termine, Kosten und Ressourcen), sondern auch Soft Facts (Stakeholder, Organisation, Spielregeln) betrachtet werden.
> Projektcontrolling betrifft die gesamte Projektorganisation und sollte daher im Team und, zeitlich nachfolgend, auch unter Einbeziehung des Projektauftraggebers erfolgen.
> Projektcontrolling ist keine reine Vergangenheitsbetrachtung (Plan-Ist-Vergleich), sondern beinhaltet insbesondere auch die Zukunftsbetrachtung (Prognosewerte bezogen auf das Projektende).

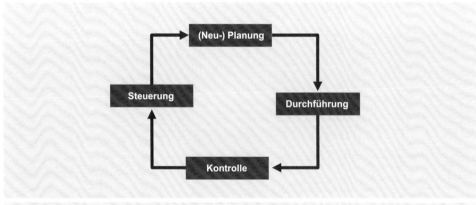

Projektcontrolling als zyklischer Prozess

Die Handhabung der einzelnen Methoden im Projektcontrolling wurde bereits im Kapitel 5 „Projekt-management-Methoden" beschrieben. Für das Controlling von Leistungen, Terminen, Ressourcen und Kosten dient, wie in der Planung, das „Projektmanagement-Dreieck" als Basis.

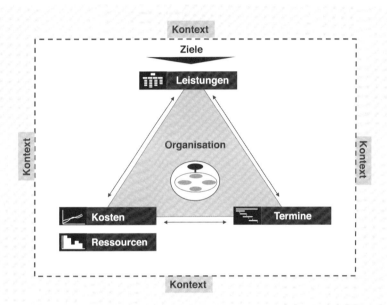

Gegenseitige Abhängigkeiten im „Projektmanagement-Dreieck"

Ist man beispielsweise bezüglich der Leistungen im Projekt im Verzug, können anhand dieses Dreiecks Steuerungsvarianten diskutiert werden.

Dabei wären grundsätzlich folgende Möglichkeiten denkbar:

> Verschiebung nachfolgender Termine und damit des Endtermins
> Erhöhung der Ressourcen (geht meistens mit einer Erhöhung der Kosten einher!)
> Erhöhung der Kosten durch Fremdvergabe von Leistungen (Arbeitspakete)
> Reduktion von Leistungen (Arbeitspakete)
> Minderung der Qualität der Projektergebnisse

Diese Steuerungsentscheidung sollte einerseits im Projektteam (im Rahmen der Projektcontrolling-Sitzung) diskutiert und danach mit dem Projektauftraggeber (im Rahmen der Projektauftraggeber-Sitzung) besprochen und entschieden werden.

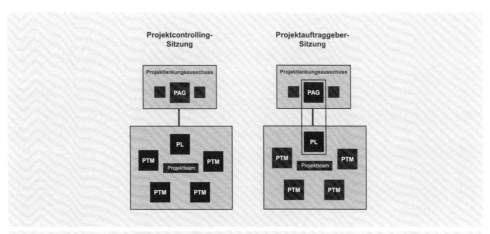

Darstellung zyklischer Kommunikationsstrukturen im Controllingprozess

Über das Controlling dieser Methoden hinaus hat sich in den letzten Jahren eine Vielzahl zusätzlicher Controllingmethoden etabliert. Eine Auswahl dieser vertiefenden Methoden ist, ohne Anspruch auf Vollständigkeit, im folgenden Kapitel näher beschrieben.

9.1 Produktreifegradmodell

Das Produktreifegradmodell visualisiert den Reifegrad der geplanten (physischen) Projektergebnisse entsprechend dem Projektverlauf. Insbesondere bei wiederkehrenden Projekten, die ähnliche Ergebnisse („deliverables") liefern und die einem gleich bleibenden Ablaufschema folgen, stellt diese Methode ein ergänzendes Instrument für Leistungsplanung und Leistungscontrolling dar.

Reifegradmodell PM-Buch "setting milestones"

Reifegrad-Gewichtung 10% 10% 35% 15% 10% 10% 5% 5%
Reifegrad-Kumulation 10% 20% 55% 70% 80% 90% 95% 100%

Code	Themenbereich/Kapitel	Verantw.	Teil-Gew.	Gesamt-Gew.	Vorbereitung A	B	Erstellung C	D	E	F	Fertigstellung G	H	Status	Ergebnis-fortschritt
	"setting milestones"	Sterrer	100%	100,0%									grün	34,50%
1	Einleitung	Sterrer	5%	5,0%									grün	0,25%
01	Ausgangssituation	Sterrer	25%	1,3%	100%	100%							grün	0,25%
02	Handhabung	Sterrer	75%	3,8%									grün	0,00%
			100%											
2	Projektdef., PM-Ansatz	Sterrer	5%	5,0%									grün	2,75%
01	Definition temp. Aufgaben	Sterrer	25%	1,3%	100%	100%	100%						grün	0,69%
02	PM-Definition	Sterrer	25%	1,3%	100%	100%	100%						grün	0,69%
03	Überblick PM-Prozesse	Sterrer	50%	2,5%	100%	100%	100%						grün	1,38%
			100%											
3	Projektbeauftragung	Sterrer	10%	10,0%									grün	9,00%
01	Proj.beauftragungsprozess	Sterrer	75%	7,5%	100%	100%	100%	100%	100%	100%			grün	6,8%
02	Projektauftrag	Sterrer	25%	2,5%	100%	100%	100%	100%	100%	100%			grün	2,3%
			100%											
4	Projektstartprozess	Sterrer	15%	15,0%									grün	12,00%
01	Projektstartprozess	Sterrer	100%	15,0%	100%	100%	100%	100%	100%	100%			grün	12,00%
			100%											
5	PM-Methoden	Winkler	15%	15,0%									grün	10,50%
01	Vorgansweise	Winkler	10%	1,5%	100%	100%	100%	100%					grün	1,05%
02	Projektabgr. + kontextanalyse	Winkler	20%	3,0%	100%	100%	100%	100%					grün	2,10%
03	Leistungsplanung	Winkler	25%	3,8%	100%	100%	100%	100%					grün	2,63%
04	Terminplanung	Winkler	20%	3,0%	100%	100%	100%	100%					grün	2,10%
05	Ress. + Kostenplanung	Winkler	15%	2,3%	100%	100%	100%	100%					grün	1,58%
06	Risikoanalyse	Winkler	10%	1,5%	100%	100%	100%	100%					grün	1,05%

Produktreifegradmodell für das Buch setting milestones

Vorbereitung	A	Definition Inhalte	10%
		Inhalte des Kapitels Auswahl Beispiele und Hilfsmittel Name des Kapitels	
	B	Sammlung Informationen	10%
		bestehende Literatur zum Thema Lesen Literatur Bereitstellung Content	
Erstellung	C	Erstellung Erstansatz	35%
		Erstansatz Texte Erstansatz Abbildungen	
	D	Abstimmung	15%
		Klärung inhaltlicher Fragen Abstimmung Autoren externes Feedback	
	E	Überarbeitung, Optimierung	10%
		Optimierung Text Optimierung Abbildungen	
	F	Fertigstellung	10%
		Lektorat letzte Optimierungen Text und Grafiken	
Fertigstellung	G	Freigabe	5%
		Freigabe Autoren Freigabe Verlag	
	H	Durckvorbereitung	5%
		Druckvorbereitung Drückübergabe	
			100%

Beschreibung der Reifegrade

Beschreibung der Methode

Generell kann ein Produktreifegradmodell als Kombination von Projektstrukturplan und Ergebnisplanung verstanden werden. Die Grundidee dabei ist, die Ergebnisse in Teilergebnisse bzw. Module zu zerlegen und deren Status im Ablaufprozess des Projekts (in den Projektphasen) zu visualisieren.

Um den Status der Module klar festlegen zu können, werden zwischen den Projektphasen so genannte „Reife-Gates" (auch Stage-Gates) beschrieben und mit Prozentwerten versehen. Werden auch die Module entsprechend dem Leistungsumfang gewichtet, ergibt sich durch Multiplikation der Modulgewichtung und des Reifegrads der Module im Prozess ein prozentueller Wert, der als Ergebnisfortschritt im Projekt interpretiert werden kann.

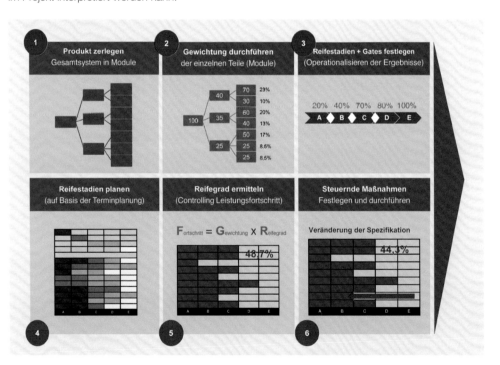

Im Detail sind folgende Schritte zur Erstellung des Produktreifegrads notwendig:

① Zerlegung des Gesamtsystems (Produkts) in Module, gegebenenfalls dieser Module weiter in Funktionen.

② Bewertung/Gewichtung dieser einzelnen Module (Funktionen) entsprechend dem prozentuellen Leistungsumfang im Projekt

③ Definition einheitlicher Reifestadien des Produkts in Form von Prozessschritten, die von allen Modulen zu durchlaufen sind. Ableitung so genannter „Reife-Gates", die die Festlegung eines prozentuellen Reifegrads entlang der Prozessschritte ermöglichen

④ Planung der Reifestadien der einzelnen Module auf Basis der Terminplanung (Meilenstein- bzw. Balkenplan)

⑤ Eintragen des jeweiligen Ist-Reifegrads der einzelnen Module (Funktionen) und Ermittlung des gesamten Produktreifegrads in Prozent durch Addition dieser einzelnen Werte

⑥ Interpretation des Produktreifegrads, beispielsweise durch einen Ampelstatus, als Basis für steuernde Maßnahmen

Wie bereits erwähnt, stellt diese Methode insbesondere bei „Standardprojekten", die durch vergleichbaren Lieferumfang (Produkt) und Abwicklungsprozess (Prozessschritte) gekennzeichnet sind, einen Mehrwert dar. Bei diesen Projektarten können Produktreifegradmodelle allgemein im Unternehmen definiert werden und bedürfen lediglich kleiner Anpassungen. Typische Projektarten sind: (Anlagen-)Bauprojekte, Softwareprojekte mit ähnlichen Produkten (SAP-Einführungen) und insbesondere Produktentwicklungsprojekte.

Im Gegensatz zur Leistungsfortschrittsmessung im Projektstrukturplan, wo zyklische Vorgänge oft zu Fehlinterpretationen des Leistungsfortschritts führen können (ist beispielsweise der Test einer Software nicht erfolgreich, bedeutet dies in den meisten Fällen eine Rückkehr zu Design und Programmierung), ist die Leistungsfortschrittsmessung mittels Produktreifegradmodells auf eindeutig messbare Kriterien („Reife-Gates") aufgebaut. Wie oft also programmiert, getestet und analysiert werden muss, ist irrelevant.

Üblicherweise wird der prozentuelle Produktreifegrad (Leistungsfortschritt) im Projekt in Relation zu den Ist-Terminen bzw. Ist-Kosten interpretiert, wodurch eine integrierte Controllingbetrachtung von Leistungen, Terminen und Kosten ermöglicht wird. Grafisch aufbereitet spricht man in diesem Fall von einer „Earned-Value-Analyse" (siehe Kapitel 5 „Projektmanagement-Methoden").

9.2 Earned-Value-Analyse

Eine „Earned-Value-Analyse" (EVA) stellt eine integrierte Betrachtung von Leistungen, Terminen und Kosten im Projekt dar. Diese grafische Methode zeigt den Verlauf der Ist-Leistungen, Ist-Termine und Ist-Kosten und ermöglicht damit die Interpretation von Abweichungen im Projekt.

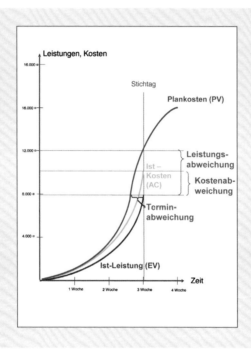

Integriertes Leistungs-, Kosten- und Termincontrolling im Projekt

Beschreibung der Methode

Projektfortschrittsberichte beinhalten insbesondere Daten zu Leistungsfortschritt, Terminsituation und Ressourcen- bzw. Kostenverlauf. Werden diese Auswertungen üblicherweise getrennt betrachtet, ermöglicht die EVA eine integrierte Betrachtung in grafischer Form.

Kernaussage einer EVA ist die Prämisse, dass angefallene Kosten und Ist-Zeiten nur dann sinnvoll zu interpretieren sind, wenn diese in Relation zur Ist-Leistung des Projekts gesetzt werden.

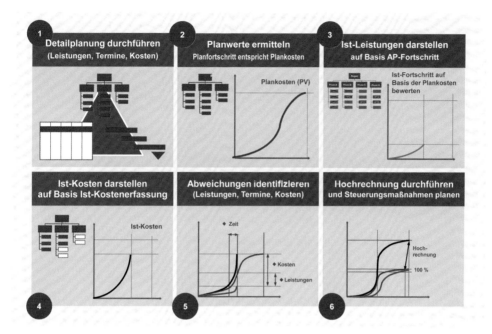

Im Detail werden dabei folgende Schritte durchlaufen:

① Erstellung einer Leistungs-, Termin- und Ressourcen- bzw. Kostenplanung im Rahmen des Projektmanagement-Dreiecks

② Kumulierte Darstellung der Plan-Kosten über die Laufzeit des Projekts. Diese Kurve visualisiert näherungsweise auch den kumulierten Anfall der Plan-Leistungen, da Kosten (im Unterschied zu Zahlungen – siehe Methode Projektcashflow-Management) immer dann anfallen, wenn Leistungen erbracht werden

③ Darstellung des tatsächlichen Verlaufs der Ist-Leistungen zu einem bestimmten Zeitpunkt (beispielsweise durch die bereits abgeschlossenen Arbeitspakete oder durch den prozentuellen Produktreifegrad gemessen)

④ Darstellung des tatsächlichen Verlaufs der Ist-Kosten zu einem bestimmten Zeitpunkt (basierend auf dem jeweiligen Arbeitszeit- bzw. Kostenerfassungssystem)

⑤ Durch den Vergleich der Ist-Leistungen mit den Plan-Leistungen kann jetzt der Leistungsverzug abgelesen werden. Parallel dazu ist die Kostenüber- oder -unterschreitung durch Vergleich der Ist-Kosten zu den Ist-Leistungen ersichtlich. Zieht man letztlich eine horizontale Hilfslinie am Ende der Ist-Leistungen, ergibt sich durch den Schnittpunkt dieser Linie mit der Kurve der Plan-Leistungen die Terminabweichung im Projekt

⑥ Hochrechnung der Kostenentwicklung auf Basis der ermittelten Ist-Kosten sowie Hochrechnung der Leistungsentwicklung auf Basis der ermittelten Ist-Leistungen; Interpretation der Ergebnisse (Leistungs-, Kosten- und Terminabweichung) auf Basis dieser Hochrechnung und Ableitung von steuernden Maßnahmen

In der Praxis ist die Durchführung einer EVA nur unter gewissen Voraussetzungen möglich. So ist der angenommene, deckungsgleiche Verlauf der Plan-Leistungen mit den Plan-Kosten nur als Näherungswert zu verstehen. Darüber hinaus stellt sich im Projektverlauf insbesondere die Frage der Messung der Ist-Leistungen, die auf Basis des Projektstrukturplans nur dann vorgenommen werden kann, wenn bereits in der Planung auf Basis der Arbeitspakete bzw. Phasen des Projekts prozentuelle Gewichtungen der Leistungen festgelegt werden. Diese Gewichtung der Arbeitspakete erfolgt üblicherweise über die Plan-Kosten des Projekts. Als Alternative zur Messung der Ist-Leistungen mittels Projektstrukturplans kann hier auch das Produktreifegradmodell herangezogen werden.

9.3 Meilensteintrendanalyse

Die Meilensteintrendanalyse (MTA) stellt bei eher geringem Aufwand eine sehr effektive Methode des Termincontrollings in Projekten dar. Durch die Visualisierung der Meilensteine und der ablesbaren Trends eignet sich dieses Controllinginstrument hervorragend zur Kommunikation gegenüber Vertretern relevanter Stakeholder wie beispielsweise Kunden, Lieferanten oder dem Auftraggeber.

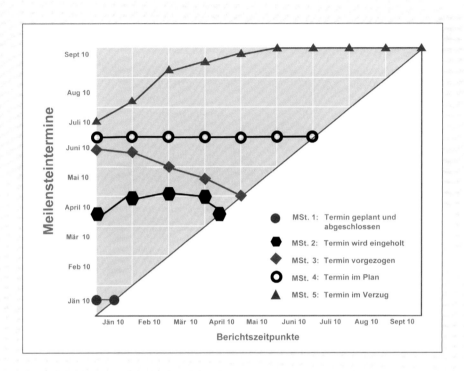

Abweichungen der Meilensteine im Projektverlauf anhand der Meilensteintrendanalyse

Beschreibung der Methode

Basis für die Verwendung einer Meilensteintrendanalyse sind ein realistischer Terminplan, die Definition einer überschaubaren Anzahl terminkritischer Ereignisse in Form von Meilensteinen sowie formale
Controlling-Sitzungen im Team zur Evaluierung der Meilensteintermine.

Eine Meilensteintrendanalyse wird in folgenden Teilschritten erstellt:

① Erstellung eines Terminplans (mindestens Meilensteinplan, ev. ergänzend Balkenplan)

② Grafische Darstellung der in der Projektplanung festgelegten Basistermine der Meilensteine durch zeitproportionales Auftragen auf einer vertikalen und horizontalen Achse. Dadurch ergibt sich eine 45-Grad-Begrenzungslinie, die die Plantermine darstellt.

③ Im Zuge der formalen Controlling-Sitzungen werden die Meilensteintermine (Ist bzw. Aktuell) controlled, zum jeweiligen Stichtag aktualisiert und in der vertikalen Hilfslinie eingetragen. Dadurch entsteht für jeden Meilenstein eine Trendlinie, die planmäßig in Form einer Waagrechten bis zur Begrenzungslinie reicht (dort fallen Plan-Termin und Ist-Termin zusammen – der Meilenstein ist erreicht!).

④ Interpretation der jeweiligen Trendlinien der Meilensteine: Eine nach oben verlaufende Kurve kann als Terminverzögerung verstanden werden, verläuft die Kurve nach unten, werden die Termine früher als geplant erreicht. Daraus können steuernde Maßnahmen abgeleitet werden.

Insbesondere bei ähnlichen Projektarten mit Standardmeilensteinen können aufgrund von Erfahrungen aus dem Verlauf der Trendlinien Prognosen für die Restdauer des Projekts abgeleitet werden.

Meilensteintrendanalysen stellen in der Praxis ob der grafischen Darstellung und der damit leichten Interpretierbarkeit einen nicht unbeträchtlichen Mehrwert dar, zumal die dafür notwendigen Informationen ohnedies im Zuge des Projektcontrollings erarbeitet werden.

9.4 Rollout-Matrix

Neben Projekten zur Entwicklung eines Produkts, einer Software oder zum Bau einer Anlage existieren auch Projekte, in denen Implementierungen an einer Vielzahl von Standorten durchzuführen sind („Rollout"). Solche Rollouts erhöhen insbesondere die Komplexität im Projektcontrolling, da neben der Information zum Fortschritt des Projekts auch der Realisierungsgrad der Standorte relevant ist. Der zusätzliche Informationsbedarf kann durch eine Rollout-Matrix (ROM) visualisiert werden.

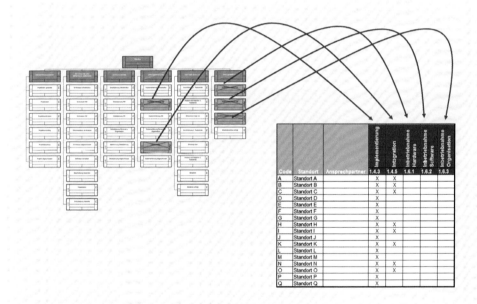

Beispiel standortspezifischer Arbeitspakete und deren Status in Form einer Rollout-Matrix

Beschreibung der Methode

Besonders in den Branchen Telekommunikation, Energiewirtschaft und Informationstechnologie werden immer wieder Projekte durchgeführt, die die Konzeption und Umsetzung neuer Technologien an einer Vielzahl unterschiedlicher Standorte erfordern. In der Leistungsplanung dieser Projekte ergeben sich dadurch Arbeitspakete, die allgemein und standortübergreifend zu erfolgen haben, sowie

Arbeitspakete, die spezifisch pro Standort durchzuführen sind, deren Darstellung in Form von eigenen Arbeitspaketen jedoch den Projektstrukturplan sprengen würde.

Die Grundidee besteht nun darin, den Leistungsfortschritt der allgemeinen Arbeitspakete im Projektstrukturplan zu visualisieren sowie ein zusätzliches Leistungscontrolling auf Standortebene in Form einer ROM durchzuführen. Dadurch erhöht sich die Transparenz, da sowohl der Leistungsfortschritt im Projekt als auch pro Standort darstellbar und interpretierbar ist.

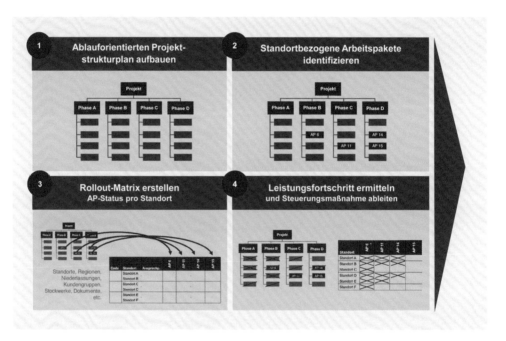

Der Aufbau einer Rollout-Matrix erfolgt in diesen Schritten:

① Aufbau eines phasenorientierten Projektstrukturplans als Basis der Leistungsfortschrittsmessung im Projekt

② Identifizierung der Arbeitspakete, die pro Standort durchzuführen sind

③ Aufbau einer zusätzlichen Liste durch matrixartige Anordnung aller Standorte sowie der standortspezifischen Arbeitspakete

④ Durchführung eines regelmäßigen Leistungscontrollings sowohl für das Gesamtprojekt auf Basis des Projektstrukturplans als auch für die einzelnen Standorte auf Basis der ROM

Werden bei beiden Instrumenten – Projektstrukturplan und Rollout-Matrix – identische Meilensteine verwendet, können auch aus terminlicher Perspektive Aussagen über Gesamtprojekt und Standorte getroffen werden.

9.5 Projektcashflow-Analyse

In Kundenprojekten (insbesondere in kapitalintensiven Projekten) sind neben den Kosten auch die Zahlungen ein wesentliches Betrachtungsobjekt. Es ist die Aufgabe des Projektleiters, bereits in der Planung sicherzustellen, dass im zeitlichen Anfall die Zahlungen zumindest den Projektkosten entsprechen und damit die Liquidität über den Projektverlauf hinweg gewährleistet ist.

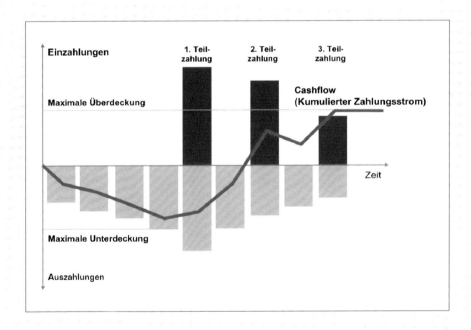

Beispiel spezifischer Zahlungsströme (Ein- und Auszahlungen) im Projektverlauf in Form einer Projektcashflow-Analyse

Beschreibung der Methode

In der Projektcashflow-Betrachtung geht es um den Vergleich der projektbezogenen Kosten mit den projektbezogenen Zahlungen. Liegen die Zahlungen periodisch höher als die Kosten, spricht man von Überdeckung, die sich durch den Zinsgewinn positiv auf das finanzielle Projektergebnis auswirkt (Lieferantensicht). Liegen hingegen die Kosten periodisch über den Zahlungen, wird von Unterdeckung gesprochen. Es entstehen zusätzliche Finanzierungskosten (Lieferantensicht).

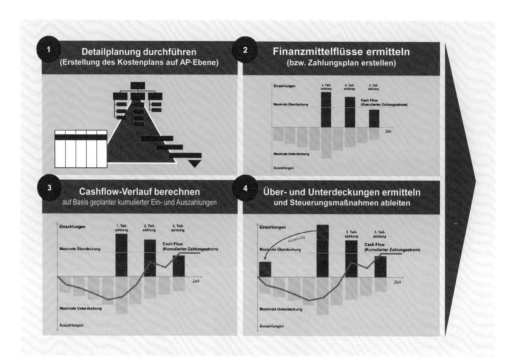

Der schrittweise Aufbau einer Projektcashflow-Analyse:

① Erstellung einer Leistungs-, Termin- und Ressourcen- bzw. Kostenplanung im Rahmen des Projektmanagement-Dreiecks

② Ermittlung der Finanzflüsse und Erstellung eines Zahlungsplans für Kunden und Lieferanten auf Basis zahlungsauslösender Projektergebnisse bzw. Meilensteine

③ Darstellung der Ein- und Auszahlungen über die Laufzeit des Projekts

④ Ermittlung der Über- bzw. Unterdeckungen im Projekt, Interpretation und Ableitung von Maßnahmen zum Cashflow-Management

Da bei unzureichendem Cashflow-Management nicht unbeträchtliche Finanzierungskosten entstehen können, ist es sinnvoll, bereits in der Planungsphase des Projekts (sinnvollerweise sogar schon in den Vertragsverhandlungen mit dem Kunden) Zahlungskonditionen bewusst zu thematisieren. Höhere Anzahlungen sind beispielsweise eine gute Möglichkeit, Liquiditätsprobleme bereits zu Projektbeginn zu vermeiden.

Werden Teilleistungen des Projekts durch externe Firmen erbracht, empfiehlt sich selbstverständlich auch hier, über Zahlungskonditionen und deren Auswirkungen auf die Liquidität im Projekt nachzudenken. Diesbezügliche Vereinbarungen sollten sich auch in den Verträgen niederschlagen, dienen diese doch in der Regel als Basis des Claim-Managements.

In projektorientierten Unternehmen existiert üblicherweise Know-how zu Cashflow-Management und Vertragsgestaltung. Es ist daher besonders bei Projekten mit hohen Investitionen und Zahlungsströmen ratsam, bereits frühzeitig Experten aus diesen Bereichen in die Projektplanung einzubinden.

10. KAPITEL

PROJEKTKOORDINATIONSPROZESS

10. Projektkoordinationsprozess

10.1 Projektkoordinationsprozess

Unter Projektkoordination werden alle koordinierenden Tätigkeiten des Projektleiters verstanden (koordinierende Aufgaben von Projektteammitgliedern werden in ihre jeweiligen AP eingerechnet). Während der Projektcontrollingprozess zyklisch aufgebaut ist, erfolgt die Projektkoordination kontinuierlich.

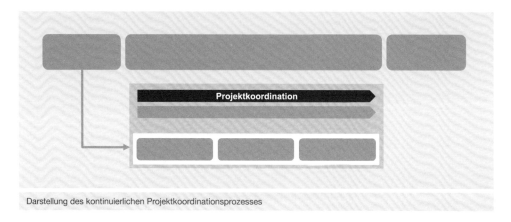

Darstellung des kontinuierlichen Projektkoordinationsprozesses

Prozessbeschreibung

Neben den einmaligen Aktivitäten des Projektleiters im Projektstart zur Erstellung der Projektplanung und der repetitiven Aufgaben im Projektcontrolling liegt eine Hauptaufgabe des Projektleiters in der kontinuierlichen Koordination des Projektteams und aller relevanten Projektstakeholder.

Der Koordinationsaufwand des Projektleiters kann stark variieren und hängt hauptsächlich von Projektart (Konzeptions- oder Realisierungsprojekt), Branche, Projektgröße, Größe des Projektteams, Anzahl der bzw. Schwierigkeiten mit involvierten Projektstakeholder und der bisherigen Erfahrung mit ähnlichen Projekten ab. So kann die Projektkoordination den Projektleiter von wenigen Stunden pro Woche bis zur gesamten Verfügbarkeit in Anspruch nehmen.

Die Koordination erfolgt meist per Telefon, E-Mail oder in kurzen Besprechungen. Als Hilfsmittel des Koordinationsprozesses dient insbesondere die To-Do-Liste (in vielen Unternehmen auch als OPL – Offene-Punkte-Liste – bekannt).

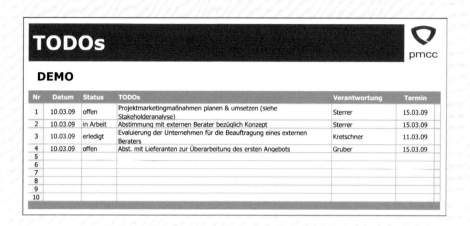

Nr	Datum	Status	TODOs	Verantwortung	Termin
1	10.03.09	offen	Projektmarketingmaßnahmen planen & umsetzen (siehe Stakeholderanalyse)	Sterrer	15.03.09
2	10.03.09	in Arbeit	Abstimmung mit externen Berater bezüglich Konzept	Sterrer	15.03.09
3	10.03.09	erledigt	Evaluierung der Unternehmen für die Beauftragung eines externen Beraters	Kretschner	11.03.09
4	10.03.09	offen	Abst. mit Lieferanten zur Überarbeitung des ersten Angebots	Gruber	15.03.09
5					
6					
7					
8					
9					
10					

Beispiel einer To-Do-Liste

Der Projektleiter notiert kontinuierlich die vereinbarten To-Dos, inklusive Zuständigkeiten und Termine. In regelmäßigen Abständen wird die To-Do-Liste controlled, erledigte Aufgaben werden als solche markiert und in weiterer Folge wieder aus der To-Do-Liste eliminiert.

Bei Kundenprojekten kann (alternativ) ergänzend eine Mängelliste geführt werden.

Wesentlich ist, den wahrscheinlichen Koordinationsaufwand des Projektleiters am Anfang des Projekts zu kalkulieren, diesen um den Projektcontrollingaufwand zu ergänzen und diese Zeit für das Projektmanagement einzuplanen. Besteht darüber hinaus zusätzliche Kapazität des Projektleiters, kann dieser zusätzlich Arbeitspakete als Arbeitspaket-Verantwortlicher übernehmen.

Häufig unterschätzen Projektleiter sowohl den Aufwand zur Durchführung des Projektcontrollings als auch insbesondere den entstehenden Koordinationsaufwand im Projekt. Übernimmt der Projektleiter im Zuge der Projektplanung zu viele Arbeitspakete selbst, fehlt ihm im Projektverlauf die nötige Zeit zum professionellen Projektcontrolling und zur Koordination des Projekts.

Die Koordinationstätigkeiten des Projektleiters umfassen beispielsweise:

> Koordination der Projektteammitglieder

> Abstimmung von Schnittstellen zwischen Arbeitspaketen

> Abstimmungen mit relevanten Projektstakeholdern

> Beantwortung von Fragen

> Sicherstellung der Gesamtprojektsichtweise

> Abstimmung mit Führungskräften und dem Projektauftraggeber

> Überprüfung der Leistungsfortschritte in den Arbeitspaketen

> Aufrechterhaltung der Kommunikation

> Fortführung der To-Do-Liste

> Lösen von Problemen und Konflikten

> Fortlaufendes Änderungsmanagement (Claimmanagement)

In ausgewählten Projekten wird nach Abschluss eines Arbeitspakets dieses auch formal abgenommen. Diese internen Abnahmen von AP erfolgen durch den Projektleiter. In den meisten Projekten sind solche formalen Arbeitspaketabnahmen jedoch nicht notwendig, denn sie erhöhen den administrativen Aufwand.

Abnahme Arbeitspakete					
PSP-Code	Arbeitspaket	AP-Verantw.	Datum	Abnahme durch	Unterschrift

Beispiel einer Abnahmeliste von Arbeitspaketen

10.2 Änderungsmanagement und Claimmanagement

Änderungsmanagement, auch häufig als Change Request-Management in Projekten bezeichnet, ist die Überwachung und Steuerung von Änderungen in Projekten. Dabei müssen diese Änderungen

> identifiziert und beschrieben,

> analysiert und bewertet,

> entschieden und genehmigt,

> umgesetzt und schließlich

> überprüft und gegebenenfalls abgenommen werden.

Das Änderungsmanagement ist sehr branchen- und projektspezifisch. Aus diesem Grund wird folgend ein sehr generischer Ansatz vorgestellt.

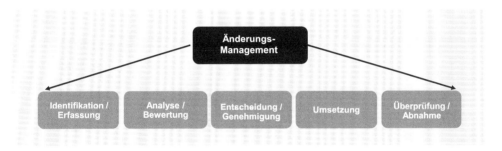

Änderungsmanagement ist nicht zu verwechseln mit Veränderungsmanagement (Change Management), also Themenstellungen wie Organisationsentwicklung, Änderung von Arbeitskulturen etc.

Voraussetzung eines Änderungsmanagements ist die vorherige Ergebnisdokumentation (häufig auch als Konfigurationsmanagement bezeichnet). Diese wird beispielsweise in EDV-Projekten in Form von Lasten- und im Anschluss Pflichtenheften erstellt, in vielen Kundenprojekten erfolgt diese Dokumentation über ein Leistungsverzeichnis.

Das Änderungsmanagement umfasst:

> die Definition eines Änderungsmanagement-Prozesses
> die Festlegung der Änderungsorganisation (Verantwortlichkeiten)
> die Vorbereitung und Verwendung einheitlicher Hilfsmittel

Schritt 1: Identifikation und Erfassung von Änderungen

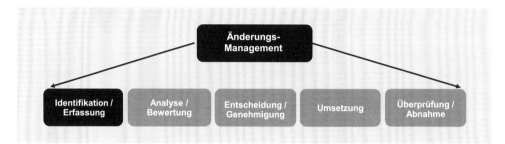

Die Identifikation von Änderungen erfolgt durch die operativ Tätigen im Projekt, also die Projektmitarbeiter, die Projektteammitglieder oder den Projektleiter. Anstöße dazu können natürlich auch von
den Stakeholdern kommen, beispielsweise wenn der Kunde den Leistungsumfang oder Detailspezi-
fikationen ändert. Die identifizierten Änderungen werden zunächst in einer Änderungsliste erfasst und
beschrieben.

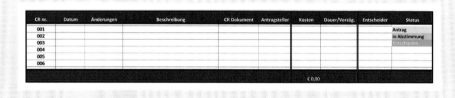

Change Request-Liste zur Erfassung und Bearbeitung der Änderungen im Projekt

Entweder handelt es sich um „kleine" Änderungen, dann werden diese häufig direkt in eine
Änderungsliste eingetragen, während umfangreichere Änderungen einer detaillierteren Beschreibung
(und Darstellung der Auswirkungen sowie einer detaillierten Kalkulation der Mehraufwände) bedürfen und in einem Änderungsantrag (Change Request) dokumentiert werden. Auch diese Change
Requests werden in der übergeordneten Änderungsliste erfasst.

Schritt 2: Analyse und Bewertung von Änderungen

Sind die Änderungen erfasst und beschrieben, müssen diese analysiert und bewertet werden. Diese Aufgabenstellung obliegt entweder dem Projektleiter oder in großen Projekten auch einem eigens für das Änderungsmanagement verantwortlichen Projektteammitglied (oder einem Mitglied des Projektbüros).

Folgende Aufgaben sind dazu notwendig:

> Ersteinschätzung der Änderung
> Darstellung von Konsequenzen
> Kalkulation der dazu notwendigen Aufwände bzw. etwaiger Verzögerungen
> Entscheidungsaufbereitung
> Weiterleitung an den/die Entscheider

Schritt 3: Entscheidung und Genehmigung von Änderungen

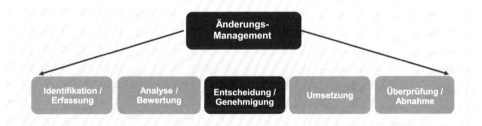

Auf Basis der Analyse und Bewertung ist eine Entscheidung hinsichtlich der angemeldeten Änderung zu treffen. Wer über die Änderungsanträge entscheidet, ist einerseits projektabhängig, kann aber auch je nach Umfang und Tragweite der Änderung von verschiedenen Projektrollen getroffen werden: bei kleinen Änderungen (innerhalb des AP-Budgets und Endtermins) der AP-Verantwortliche, bei mittleren Änderungen (aber noch innerhalb des Projektbudgets und Projektendtermins) der Projektleiter, darüber hinaus der Projektauftraggeber, ein Projektlenkungsausschuss oder ein eigens dafür installiertes Change Control Board.

Folgende Aufgaben sind dazu notwendig:

> Beurteilung der Änderung
> Entscheidung und Genehmigung der Änderung (oder Ablehnung)
> Information an Projektleiter und relevante Projektbeteiligte (inkl. Antragsteller)

Claimmanagement

Wird bei Kundenprojekten mit dem Kunden oder dem Lieferanten keine Einigung über den Änderungsantrag erzielt (z. B. unterschiedliche Interpretationen des Vertrags), kann dieser Änderungsantrag in einen Claim übergehen.

Für diesen Fall existieren in vielen Unternehmen branchenspezifische Methoden, Hilfsmittel und Prozesse, die zusammengefasst als Claimmanagement bezeichnet werden.

Schritt 4: Umsetzung von Änderungen

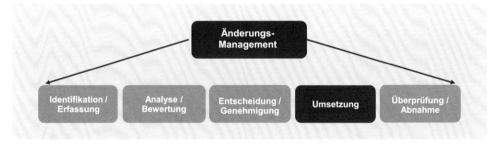

Sind die Änderungen entschieden und genehmigt, müssen diese umgesetzt werden. Diese Umsetzung erfolgt in den relevanten Arbeitspaketen und wird durch die AP-Verantwortlichen durchgeführt bzw. koordiniert.

Kommt es durch die Änderung auch zu Veränderungen in den Projektplänen (Anpassung Projekt-budget, Verschiebung von Terminen etc.), sind diese Änderungen in den Projektplänen durch den Projektleiter einzuarbeiten und in der nächsten Projektcontrolling-Sitzung zu besprechen.

Schritt 5: Überprüfung und Abnahme von Änderungen

Nach Durchführung der Änderungen werden diese überprüft und gegebenenfalls abgenommen. Diese Aufgabenstellung obliegt (wie bei der Analyse und Bewertung) entweder dem Projektleiter oder in großen Projekten auch einem eigens für das Änderungsmanagement verantwortlichen Projektteammit-glied (oder einem Mitglied des Projektbüros).

10.3 Protokollierung, To-Dos und Entscheidungen

Die Protokollierung ist in vielen Projekten ein „leidiges" Thema: Nur wenige erstellen gerne Protokolle, die Erstellung nimmt wertvolle Zeit in Anspruch, nicht immer dokumentiert der Protokollant aus Sicht der Beteiligten, was „wirklich" besprochen wurde, bei besonders wichtigen Meetings müssen dann auch noch Einspruchsfristen für die Absegnung der Protokolle vereinbart werden etc.

Da viele Möglichkeiten der Protokollierung existieren, wird hier nur eine Variante exemplarisch dargestellt. Wie immer Sie sich in Ihrem Projekt entscheiden, wichtig ist, dass der Projektleiter die Spielregeln zur Protokollierung zu Beginn des Projekts festlegt und diese dann über die gesamte Projektlaufzeit eingehalten werden.

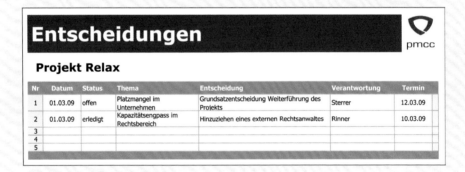

Beispiel einer To-Do-Liste und einer Entscheidungsliste

TODOs

pmcc

Projekt Relax

Nr	Datum	Status	TODOs	Verantwortung	Termin
1	10.03.09	offen	Projektmarketingmaßnahmen planen & umsetzen (siehe Stakeholderanalyse)	Sterrer	15.03.09
2					
3					
4					
5					
6					
7					
8					
9					
10					

Entscheidungen

pmcc

Projekt Relax

Nr	Datum	Status	Thema	Entscheidung	Verantwortung	Termin
1	01.03.09	offen	Platzmangel im Unternehmen	Grundsatzentscheidung Weiterführung des Projekts	Sterrer	12.03.09
2	01.03.09	erledigt	Kapazitätsengpass im Rechtsbereich	Hinzuziehen eines externen Rechtsanwaltes	Rinner	10.03.09
3						
4						
5						

Vorschläge zur Protokollierung:

> Reduzieren Sie die Protokollierung auf die Dokumentation von To-Dos und Entscheidungen (meist ist es nicht relevant, wer was gesagt hat, sondern nur, was vereinbart wurde).

> Dokumentieren Sie diese To-Dos und Entscheidungen während der Sitzung gleich online mit. Damit können alle Teilnehmer mitlesen, Sie ersparen sich, das Protokoll nach dem Meeting zu erstellen und Einspruchsfristen abzuwarten.

> Einige PM-Softwarelösungen haben bereits eine zentrale To-Do- und Entscheidungsliste integriert, die Sie sowohl für die Dokumentation von Meetings als auch als Koordinationsinstrument (auch im Rahmen der Koordination werden To-Dos vereinbart und Entscheidungen getroffen) nutzen können.

> Beim nächsten Meeting können Sie dann die vereinbarten To-Dos durchgehen und klären, ob die Verantwortlichen die vereinbarten Maßnahmen durchgeführt haben und die gewünschten Ergebnisse eingetroffen sind.

> Werden die getroffenen Entscheidungen in einer zentralen Entscheidungsliste im PM-Tool mitdokumentiert, kann man diese jederzeit zentral (im Projekthandbuch) nachlesen.

Ergebnisse des Projektkoordinationsprozesses

> Protokolle von Projektkoordinations-Sitzungen

> To-Do-Liste

> Mängelliste

> Abnahmeliste von Arbeitspaketen

> Änderungs-, Claimliste

> Entscheidungsliste

Tipps und Tricks in der Projektkoordination

> Kalkulieren Sie bereits in der Projektplanung den Projektkoordinationsaufwand, am einfachsten in Form von Stunden pro Woche!

> Summieren Sie den Koordinations- und Projektcontrolling-Aufwand und halten Sie sich diese Zeit für das PM frei!

> Ein Projektleiter, der zu wenig Zeit für das Projektcontrolling und die Projektkoordination hat, gefährdet das gesamte Projekt und den Projekterfolg!

> Führen Sie für kleinere operative Aufgaben im Projekt eine zentrale To-Do-Liste als Ergänzung zu den Arbeitspaketen im PSP!

> Bei großen Projekten klären Sie bereits in der Projektbeauftragung, ob die Koordinationsaufgaben durch Sie als Projektleiter alleine durchgeführt werden können oder ob Sie gegebenenfalls einen Projektassistenten (Projektbüro) benötigen!

> Führen Sie eine zentrale To-Do- und Entscheidungsliste und schreiben Sie die Protokolle von Meetings online mit, Sie ersparen sich viel Zeit und können professioneller und schneller im Team arbeiten!

11. KAPITEL

PROJEKTMARKETINGPROZESS

11. Projektmarketingprozess

11.1 Projektmarketingprozess

Das Projektmarketing verfolgt das Ziel, das Projekt intern und extern zu „verkaufen".

Durch ein gezieltes Projektmarketing ist das Projekt bei allen relevanten Projektstakeholdern bekannt und die nötige Akzeptanz zur Durchführung des Projekts gesichert. Die relevanten Projektstakeholder sind von der Durchführung des Projekts überzeugt und unterstützen es entsprechend ihrer Möglichkeiten.

In vielen Projekten gibt es sehr unterschiedliche Sichtweisen zum Nutzen und zur Notwendigkeit eines Projekts. So gibt es Stakeholder, die das Projekt initiieren und damit fördern, und andere Stakeholder, die dem Projekt skeptisch oder sogar „feindlich" gegenüberstehen. Durch gezielte Projektmarketingaktivitäten sollen die positiven Projektstakeholder aktiviert und die negativen Projektstakeholder von der Sinnhaftigkeit und dem Nutzen des Projekts überzeugt werden. Zudem geht es im Projektmarketing auch um die generelle Kommunikation des Projekts nach außen.

Besondere Bedeutung hat das Projektmarketing in Organisationsentwicklungsprojekten (OE-Projekte). In diesen Projekten geht es um organisatorische Änderungen in Unternehmen, die häufig mit Befürchtungen der Mitarbeiter verbunden sind. Hier hat das Projektmarketing die Aufgabe, die Mitarbeiter frühzeitig über die Projektziele zu informieren und ihnen durch die Kommunikation von Nicht-Zielen Bedenken zu nehmen und Gerüchten vorzubeugen.

$$E = Q \times A$$

Erfolg ist Qualität mal Akzeptanz

Häufig wird in Projekten viel Zeit und Energie in eine hohe Qualität der Arbeit, wesentlich weniger Aufwand aber in Maßnahmen zur Akzeptanz investiert. Die Formel $E = Q \times A$ verdeutlicht, dass sich der Projekterfolg aus der Multiplikation von Qualität der Projektergebnisse und Akzeptanz bei den relevanten Projektstakeholdern ergibt. Das bedeutet, dass hohe Qualität ohne Akzeptanz einen

Misserfolg darstellt. Projektmarketing hat somit zum Ziel, die nötige Akzeptanz für Projektinhalte und Projektergebnisse zu schaffen, um den Projekterfolg sicherzustellen!

Das Geheimnis guten Projektmarketings liegt in einer zielgruppenspezifischen Informations- und Kommunikationspolitik. Das bedeutet zwar, dass Mehraufwand für derlei Aktivitäten anfallen wird und daher auch ein gewisses Budget einkalkuliert werden muss. Andererseits kann gutes Projektmarketing dazu beitragen, einem Teil der Probleme, die auf mangelnden Informationsfluss zurückzuführen sind, vorzubeugen.

Die relevanten Tätigkeiten des Projektmarketings sind nachfolgend in einem Prozess dargestellt:

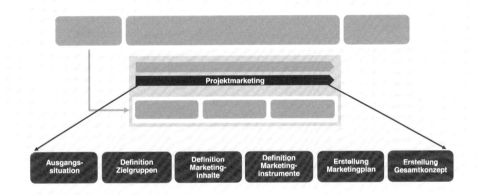

Darstellung des Projektmarketingprozesses

Prozessbeschreibung

Basis für ein professionelles Projektmarketing ist ein Projektmarketingkonzept. Zur Erstellung dieses Konzepts sind folgende Schritte durchzuführen:

Schritt 1: Beschreibung der Ausgangssituation

Die Ausgangssituation beschreibt kurz den Projektkontext sowie die Relevanz des Projektmarketings im konkreten Projekt. Weiters sind die generellen Marketingziele zu definieren.

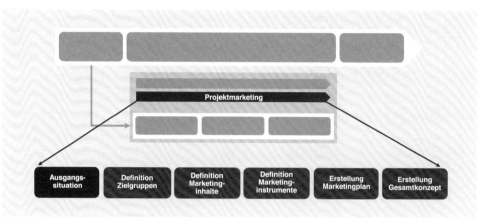

Schritt 2: Definition der Zielgruppen

Ganz wesentlich ist die Identifikation der Zielgruppen für das Projektmarketing. Dafür kann einerseits das Projektorganigramm und andererseits die Stakeholderanalyse herangezogen werden.

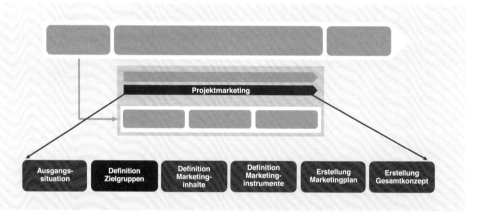

Die Zielgruppen sind deshalb so entscheidend für das Projektmarketing, weil in Projekten meist weder Zeit noch Budget noch Ressourcen für allgemeine, umfassende Marketingaktivitäten vorhanden sind. Gezielte Projektmarketingmaßnahmen sollten sich daher immer nach den relevanten Zielgruppen richten.

Typische Projektstakeholder könnten sein:

> Projektauftraggeber

> Projektteammitglieder und Projektmitarbeiter

> Kunde oder unterschiedliche Kundenvertreter (Ansprechpartner auf Kundenseite)

> Mitarbeiter

> Betriebsrat

> Involvierte Abteilungen

> Betroffene Führungskräfte

> Lieferanten

> Behörden

> Anrainer/Anwohner etc.

Schritt 3: Definition der Marketinginhalte

Sind die Zielgruppen für das Projektmarketing definiert, sind als nächstes die Marketinginhalte zu identifizieren:

> Was soll transportiert bzw. worüber soll informiert werden (Kernbotschaften)?

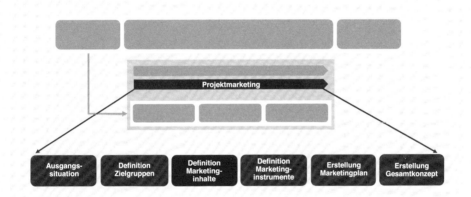

Diese Informationen können für alle Zielgruppen gleich sein, oder die Informationen werden nach Zielgruppen differenziert (Umfang und Detaillierung von Informationen).

Es hat sich bewährt, pro Projektmarketingzielgruppe folgende Fragestellungen zu klären:

> Welches projektspezifische Bild (Einstellung) hat die jeweilige Zielgruppe derzeit?
> Welches projektspezifische Bild (Einstellung) soll die jeweilige Zielgruppe zukünftig haben?

Aufgrund des Deltas der Bilder können die wesentlichen zielgruppenspezifischen Kernbotschaften abgeleitet werden. Diese Kernbotschaften entsprechen den oben beschriebenen Marketinginhalten.

Schritt 4: Definition der Marketinginstrumente

Sind die Zielgruppen sowie die Inhalte für das Projektmarketing ausgewählt, können die zu verwendenden Projektmarketinginstrumente definiert werden.

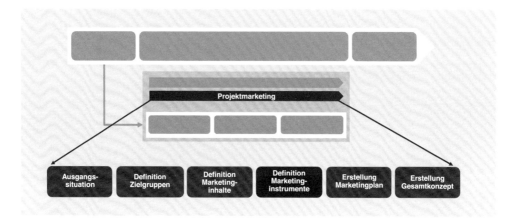

Beispiele für Projektmarketinginstrumente können sein:

> Projektzeitung

> Newsletter

> Artikel in der Firmenzeitschrift

> Darstellung des Projekts im Intranet

> Erstellung Projektfolder

> Projekt-T-Shirts, -kugelschreiber, -blöcke etc.

> Projektlogo und Projektslogan

> Projektpräsentationen, Roadshows

> Giveaways

> Foliensatz zur Projektkommunikation

> Soziale Projekt-Events etc.

Die Auswahl der Projektmarketinginstrumente erfolgt projektspezifisch, allerdings sollten zunächst die bewährten und im Unternehmen bekannten Instrumente eingesetzt werden.

Schritt 5: Erstellung einer Marketingplanung

Die Marketingplanung fügt die Zielgruppen, die Inhalte und die Instrumente des Projektmarketings zusammen. Folgende Schritte sind dazu notwendig:

> Erstellung einer Marketingwirkungsmatrix

> Entwicklung einer Marketingroadmap

> Erstellung eines Marketingbudgets

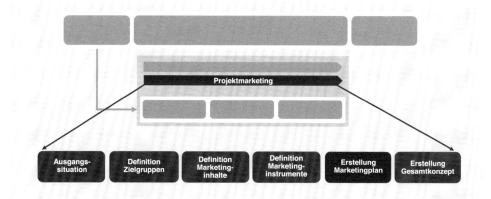

Die Marketingwirkungsmatrix ordnet die geplanten Marketinginstrumente den definierten Zielgruppen zu. Diese Instrumente dienen der Vermittlung der zielgruppenspezifischen Kernbotschaften.

Es werden pro Zielgruppe jene Marketinginstrumente ausgewählt, die zur Übermittlung der jeweiligen Kernbotschaften am besten geeignet sind.

Zielgruppen	Marketing-Instrumente																
	Mitarbeiterzeitung	Kundenzeitung	Impulsfilm	Intranet	Homepage	Informationsveranstaltung	Inserate	Gemeindezeitungen	Kammernachrichten	Direct-Mails	Presseunterlagen	Pressekonferenz	Betriebsratszeitungen	Imagefolder	Punktuelle Plakatwerbung	Persönlicher Kontakt	Give aways
Behörden			X							X				X		X	
Landwirtschaftskammer			X						X	X				X		X	
Bundesforste			X							X				X		X	
Lokale Medien - Print						X					X	X					
Lokale Medien - Radio											X	X					
Lokale Medien - TV			X								X	X					
Arbeiterkammer									X								
Wirtschaftskammer									X								
Kunden	X				X		X	X									
Aufsichtsrat		X				X								X			
Vorstand		X														X	
Konzernkommunikation																X	
Betriebsrat						X											
Grundeigentümer	X				X			X	X	X					X	X	X
Straßenmeisterei																X	
Gemeinden													X			X	

Beispiel einer Wirkungsmatrix

Die Projektmarketingroadmap ist das operative Instrument des Projektmarketings. Sie stellt die geplanten Projektmarketingmaßnahmen in einem Zeitplan dar und kann auch zum Controlling der Maßnahmen verwendet werden.

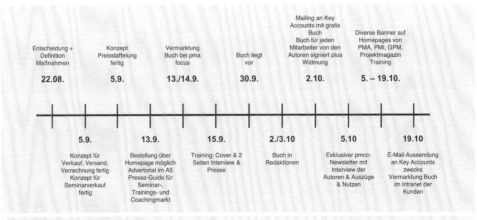

Beispiel eines Projektmarketingplans

Zielgruppen	Aktivitäten	Monate / Quartal 2010											
		Jänner	Februar	März	April	Mai	Juni	Juli	August	September	Oktober	November	Dezember
Vorstand	Informations-WS	X											
	Internet / Intranet		X										
	Imagefolder		X										
	Newsletter (Email)			X		X				X			X
Mitarbeiter im Unternehmen	Informations-WS		X		X			X					
	Internet / Intranet		X										
	Imagefolder												
	Newsletter (Email)			X		X				X			X
Kunden	Informations-WS				X								
	Internet / Intranet				X								
	Imagefolder				X								
	Newsletter (Email)						X			X			X
Behörden	Informations-WS	X						X					
	Internet / Intranet				X								
	Imagefolder				X								
	Newsletter (Email)												

Beispiel einer Marketingroadmap

Neben der Definition der Projektmarketingaktivitäten, der Termine und der Zuständigkeiten ist natürlich auch das Budget für das Projektmarketing zu planen.

Da es sehr schwierig ist, erst während des Projekts ein Budget für Projektmarketingaktivitäten genehmigt zu bekommen, empfiehlt es sich, schon zum Projektstart in der allgemeinen Projektkostenplanung ein Budget für das Projektmarketing einzuplanen.

Die Bereitschaft, in ein Projektmarketing zu investieren, ist in den Unternehmen sehr unterschiedlich ausgeprägt. Hier sollte nochmals auf die Formel $E = Q \times A$ (Erfolg ist Qualität mal Akzeptanz) hingewiesen und dem Projektauftraggeber mithilfe dieser Formel die Bedeutung des Projektmarketings erklärt werden.

Schritt 6: Zusammenführung in ein Gesamtmarketingkonzept

Wurden die Schritte 1 bis 5 durchgeführt und dokumentiert, können diese in ein Gesamtmarketingkonzept zusammengeführt werden. Das hat den Vorteil, dass sich alle projektmarketingrelevanten Überlegungen in einem Dokument wiederfinden und die Projektteammitglieder sich ausgewählte Projektmarketinginformationen nicht aus unterschiedlichen Files (Ordnern) zusammensuchen müssen.

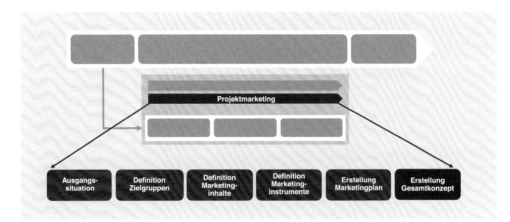

Alle bisher beschriebenen Überlegungen können auch auf die PM-Prozesse übertragen werden. Die Aufgaben und deren Zuordnung zu den PM-Prozessen werden nachfolgend zusammenfassend dargestellt.

11.2 Projektmarketing in den einzelnen PM-Prozessen

Neben der vorgestellten Vorgehensweise zur Erstellung eines Marketingplans kann man sich das Projektmarketing auch entlang des Projektmanagement-Prozesses ansehen:

Darstellung des Projektmarketingprozesses im Gesamtüberblick

Projektstart

> Erstellung eines Projektmarketingkonzepts

> Gezielte Verteilung des Projekthandbuchs

> Erstellung eines Infoblatts zum Projekt, Durchführung erster Projektmarketingaktivitäten

> Projektpräsentation und Abstimmung im Rahmen eines Führungskräftemeetings

> Kundenpräsentationen, Kundenworkshops

> Kommunikation an alle relevanten Stakeholder (Betriebsrat, …)

Projektkoordination

> Die Vermarktung des Projekts sollte vom Projektleiter in jeder Projektphase mit bedacht werden. In der Projektkoordination, die sich über die gesamte Projektlaufzeit erstreckt, ist somit die ständige Vermarktung des Projekts mit zu berücksichtigen.

> Hierzu gehört auch das permanente Verkaufen des Projekts in Einzelgesprächen im Projektteam, bei relevanten Projektstakeholdern etc.

Projektcontrolling

> Im Rahmen der Projektcontrolling-Sitzung werden neben den Hard Facts (Ziele, Leistungen, Termine, Ressourcen und Kosten) auch die Soft Facts (interne Organisation und Kultur sowie der Projektkontext, d. h. die Projektstakeholder und die Beziehung zu anderen Projekten) controlled. Insbesondere bei der Gestaltung der Projektstakeholder-Beziehungen aber auch in der Steuerung des Projektteams können sich Projektmarketingaktivitäten ergeben.

> Diese Projektmarketingaktivitäten sind in der Projektcontrolling-Sitzung zu planen, zu vereinbaren und danach umzusetzen. In der nächsten Projektcontrolling-Sitzung werden diese Aktivitäten wieder controlled, das heißt, es wird geklärt, ob die vereinbarten Maßnahmen durchgeführt wurden und ob diese Maßnahmen tatsächlich zum gewünschten Erfolg geführt haben. Wenn nicht, sind sie zu wiederholen oder durch andere Maßnahmen zu ersetzen.

Projektabschluss

> Am Ende des Projekts geht es um die Vermarktung des Projekterfolgs. Diese Vermarktung erfolgt wieder in Form eines gezielten Projektmarketings. Je nach Zielgruppe können hier unterschiedliche Marketing-Aktivitäten erfolgen:
>   > Verteilung des Projektabschlussberichts
>   > Projektabschlusspräsentation, Projekte-Vernissage
>   > Publikation des Projekts (insbesondere bei Referenzprojekten oder bei erstmalig durchgeführten Projekten)
>   > Präsentation des Projekts bei potenziellen anderen Kunden
>   > Artikel über das Projekt, Inserate in unterschiedlichen Zeitschriften
>   > Durchführung von kundenspezifischen Aussendungen

> Im Projektabschluss-Workshop kann das Projektmarketing reflektiert, können Stärken und Schwächen des Projektmarketings analysiert und Empfehlungen für die folgenden Projekte definiert werden.

> Ebenfalls sinnvoll ist es, im Unternehmen eine Sammlung von Projektmarketingbeispielen anzulegen, damit Projektleiter auf bestehende Projektmarketingerfahrungen und -konzepte aufbauen können.

Ergebnisse des Projektmarketings

> Das Projekt ist bei allen wesentlichen Projektstakeholdern bekannt und der Nutzen des Projekts wurde kommuniziert und verstanden.

> Das Projektteam hat die Projektziele verstanden, steht hinter dem Projekt und versucht das Projekt in allen Situationen zu „verkaufen".

> Das Projekt hat generell ein positives Image.

> Alle relevanten Projektstakeholder verfügen über die notwendigen Projektinformationen.

> Bei Organisationsentwicklungsprojekten: Die Projektziele und Nicht-Ziele sind kommuniziert, Mitarbeiter bzw. Betroffene wissen über die Notwendigkeit des Projekts Bescheid und es gibt keine kursierenden Gerüchte.

> Das Projekt wird von allen wesentlichen Projekt-Stakeholdern mitgetragen.

Tipps und Tricks im Projektmarketing

> Planen Sie Ihr Projektmarketing im Voraus! Es ist nicht damit getan, im Projektverlauf
> – wenn gerade Zeit bleibt – ein bis zwei Artikel in der unternehmensinternen Zeitschrift
> zu veröffentlichen!

> Projektmitarbeiter haben grundsätzlich einen anderen Informationsbedarf in Bezug auf
> das Projekt als die zukünftigen User oder die übrigen Mitarbeiter des Unternehmens.
> Durch Identifikation unterschiedlicher Zielgruppen und die Durchführung spezifischer
> Marketingmaßnahmen je Gruppe kann dieser Tatsache Rechnung getragen werden!

> Ein erfolgreiches Projektmarketing besteht aus einer zielgruppenspezifischen
> Kommunikations- und Informationspolitik!

> Es erweist sich immer wieder als äußerst schwierig, im Nachhinein ein Budget für
> Projektmarketingmaßnahmen zu bekommen. Planen Sie daher frühzeitig adäquate
> Geldmittel und Personalressourcen dafür ein (Projektbeauftragung bzw. Projektstart)!

> Ein Kugelschreiber oder eine Kaffeetasse mit dem Projektlogo sind eine Möglichkeit.
> Vor allem Giveaways sollten vom Beschenkten relativ einfach mit dem
> Thema des Projekts in Zusammenhang gebracht werden können. Ihrer Fantasie und
> Kreativität sind diesbezüglich keinerlei Grenzen gesetzt!

> Das wirkungsvollste Marketing ist immer noch die (positive) Mundpropaganda. Suchen
> Sie bei jeder Gelegenheit Gespräche in der Kantine oder auf dem Flur, nutzen Sie
> unternehmensinterne Foren und Plattformen und seien Sie bei wichtigen Meetings
> präsent. All diese Aktivitäten tragen zur Verankerung des Projekts im Langzeitgedächtnis
> der Mitarbeiter im Unternehmen bei!

> Überlegen Sie bewusst, wer für die Durchführung der einzelnen Marketingaktivitäten
> geeignet ist! Glaubwürdigkeit hat dabei immer mit Expertenkompetenz,
> Vertrauenswürdigkeit und sympathischem Auftreten zu tun!

> Sollte Sie der Gedanke quälen, dass Sie mit Ihren Marketingmaßnahmen bereits
> jemanden nerven, haben Sie gerade erst einen akzeptablen Level erreicht!

12. KAPITEL

PROJEKTKRISENPROZESS

12. Projektkrisenprozess

Eine Projektkrise ist eine existentielle Bedrohung eines Projekts. Es ist eine extreme Projektsituation, die durch eine gravierende Abweichung des Projektablaufs vom Plan bewirkt wurde.

Projektkrisen können entweder endogene (interne) oder exogene (externe) Ursachen haben:

> Endogene Ursachen: schlechte, unzureichende Projektplanung, eine nicht projektadäquate Projektorganisation, fehlendes Projektcontrolling, fehlende Projekterfahrung etc.
> Exogene Ursachen: Lieferantenausfälle, gesetzliche Änderungen, Veränderungen beim Kunden, massive Veränderung des Leistungsumfangs etc.

Projektkrisen sind von Abweichungen im Projektcontrolling zu unterscheiden, wobei eine Grenzziehung schwierig ist. Solange Abweichungen das Projekt nicht gefährden, werden diese, so wie die Definition von Steuerungsmaßnahmen, im Rahmen des Projektcontrollings wahrgenommen. Sobald aber das Projekt aufgrund seiner Veränderungen insgesamt gefährdet ist, sollte eine Projektkrise definiert werden und die weiteren Schritte im Rahmen eines Krisenmanagement erfolgen.

Projektkrisen zeichnen sich durch eine hohe soziale Komplexität aus, sind labile Zustände, und der Umgang mit Krisen entscheidet über Fortführung, Abbruch oder Relaunch des Projekts.

Im Krisenmanagement wird unterschieden zwischen:

> Krisenvermeidung
> Krisenvorsorge
> Krisenbewältigung

Krisenvermeidung   Krisenvorsorge   Krisenbewältigung

Überblick Krisenmanagement

Die Definition der Projektkrise erfolgt durch den Projektauftraggeber.

Krisenvermeidung

Unter Krisenvermeidung sind alle jene präventiven Aktivitäten zu verstehen, die dazu beitragen, dass eine Projektkrise erst gar nicht entsteht.

Zur Krisenvermeidung sind unter anderem folgende Maßnahmen möglich:

> Klare Definition der Projektziele (und Nicht-Ziele)
> Definition und Etablierung einer adäquaten Projektorganisation
> Entwicklung einer entsprechenden Projektkultur
> Erstellung einer adäquaten Projektmanagement-Planung
> Durchführung eines regelmäßigen Projektcontrollings
> Definition und Umsetzung präventiver Risikomaßnahmen
> Definition und Implementierung eines State-Gate-Prozesses
> Regelmäßige Durchführung von Projektaudits

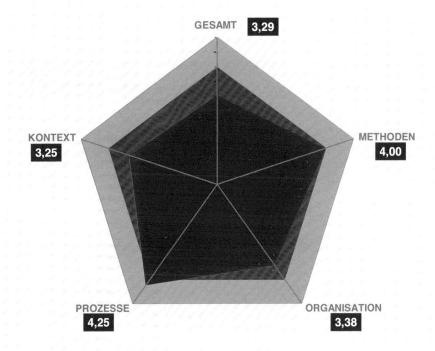

Ergebnisauszüge aus einem Projektaudit

Krisenvorsorge

Unter Krisenvorsorge sind alle jene Aktivitäten zu verstehen, die im Sinne eines Notfallplans definiert und, falls es zu einer Krise kommt, umgesetzt werden.

Zur Krisenvorsorge sind unter anderem folgende Maßnahmen möglich:

> Definition von korrektiven Risikomaßnahmen

> Erstellung von Alternativplänen (Szenariotechnik)

> Unternehmensspezifische Entwicklung von Standards zur Krisenbewältigung
(inkl. Hilfsmittel, Checklisten und Prozesse)

Krisenbewältigung

Während die Aufgaben der Krisenvermeidung und Krisenvorsorge in den PM-Prozessen Projektstart und Projektcontrolling sowie auf Unternehmensebene erfolgen, ist die Krisenbewältigung ein eigenständiger (nicht geplanter) PM-Prozess.

Die Tätigkeiten dieses Prozesses sind nachfolgend näher beschrieben:

Schritt 1: Definition der Projektkrise

Die Definition der Projektkrise ist ein wesentlicher erster Schritt im Krisenprozess. Dabei sollte der Projektleiter aufgrund der Problemstellungen bzw. Abweichungen den Vorschlag zur Definition einer Projektkrise machen. Der Projektauftraggeber sollte diesen Vorschlag prüfen und eine diesbezügliche Entscheidung zur Definition einer Projektkrise treffen. Selbstverständlich kann der Projektkrisenimpuls auch direkt vom Projektauftraggeber kommen.

In der Praxis ist gerade das eine der größten Herausforderungen, da viele Projektleiter (und teilweise auch die Projektauftraggeber) sich nicht eingestehen wollen, dass sich ihr Projekt in einer Krise befindet. Aber gerade dieses Eingeständnis ist die Voraussetzung, eine Projektkrise zu bekämpfen, entschlossen zu handeln und zu überstehen.

Schritt 2: Durchführung von Sofortmaßnahmen

Ist die Projektkrise definiert, sollten zunächst Sofortmaßnahmen bestimmt werden. Diese Sofortmaßnahmen dienen der Schadensminimierung und sind einer genaueren Analyse des Projektstatus und der Projektkrise vorgelagert.

Sofortmaßnahmen könnten beispielsweise wie folgt aussehen:

> Information des Projektteams und ausgewählter Stakeholder
> Fremdvergaben von Teilleistungen
> Abschließen von Zusatzverträgen
> Bereitstellung zusätzlicher interner Ressourcen
> Zuziehung externer Experten
> Veränderungen der Projektorganisation

Schritt 3: Analyse der Projektkrise

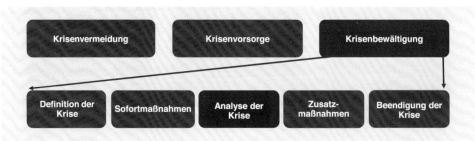

Sind die Sofortmaßnahmen definiert und eingeleitet, kann sich der Projektleiter gemeinsam mit dem Projektteam und dem Auftraggeber mit der Analyse der Projektkrise beschäftigen. Dabei werden insbesondere folgende Fragen beleuchtet:

> Wo stehen wir im Projekt?
> Was ist eigentlich los im Projekt?
> Kurzbeschreibung der Krisensituation und Versuch zur Generierung einer gemeinsamen Sichtweise
> Was sind mögliche Krisenursachen?
> Welche Konsequenzen kann die Projektkrise haben?
> Gibt es Vorschläge zur Krisenbewältigung?

Die Krisenanalyse ist die Voraussetzung für die Definition der richtigen Zusatzmaßnahmen zur Bewältigung der Projektkrise. Dabei ist ein vernünftiger Mittelweg zwischen „sauberer" Analyse und raschem Vorgehen in der Krise zu gehen.

Schritt 4: Definition und Durchführung Zusatzmaßnahmen

Auf Basis der Krisenanalyse können nun ergänzend zu den bereits definierten Sofortmaßnahmen Zusatzmaßnahmen definiert und umgesetzt werden.

Neben Zusatzmaßnahmen sind insbesondere auch wesentliche Projektentscheidungen in dieser Phase notwendig:

> Was bleibt gleich, was muss verändert werden?
> Können noch alle Projektziele erreicht werden oder muss der Projektauftrag geändert/neu erstellt werden?
> Ist eine Fortführung des Projekts noch möglich/sinnvoll, oder ist ein Abbruch die bessere Entscheidung?
> Gibt es organisatorische (kulturelle) Defizite und ist die Projektorganisation zu verändern?
> Ist die Vorgehensweise im Projekt (PSP) adäquat, oder muss die Abfolge der AP verändert werden?
> Wie geht man mit Gerüchten, Stakeholdern, Medien etc. um? Gibt es einen Projektmarketing- bzw. Kommunikationsplan?

Sobald die Grundsatzfrage der Projektweiterführung (versus Projektabbruch) getroffen ist, sind folgende Maßnahmen notwendig:

> Durchführung eines weiteren Krisenworkshops
> Definition der Zusatzmaßnahmen
> Einbindung dieser Zusatzmaßnahmen in die bestehende PM-Planung (Aktualisierung der Projektplanung)
> Anpassung der Projektorganisation

Wird hingegen entschieden, das Projekt abzubrechen, sind folgende Punkte zu beachten:

> Durchführung eines Abschlussworkshops
> Analyse des Projekts
> Definition der noch notwendigen Maßnahmen zum Projektabbruch und -abschluss
> Kommunikationsstrategie festlegen und Projektabbruch- bzw. Projektabschlusskommunikation durchführen
> Rechtsstreitigkeiten vermeiden bzw. minimieren

Schritt 5: Beendigung der Projektkrise

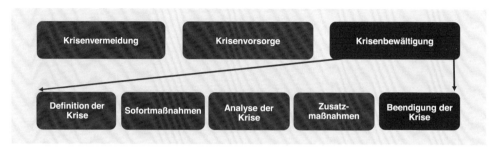

Sind die Krisenmaßnahmen weitgehend durchgeführt, kann das Projekt weitergeführt werden, und ist die existentielle Bedrohung des Projekts überwunden, so wird die Projektkrise beendet.

Dazu sind zunächst die Kriterien zur Krisenbeendigung zu definieren (Entscheidung des PAG, dass keine existentielle Projektgefährdung mehr vorliegt, die Krisenmaßnahmen erfolgreich waren, das Projekt weitergeführt werden kann, das Projekt sich wieder normalisiert hat etc.).

Eine Beendigung der Projektkrise sollte vom Projektleiter eingeleitet und vom Projektauftraggeber (nach eingehender Prüfung) genehmigt werden.

Das Projektteam und die relevanten Projektstakeholder werden über die Beendigung der Projektkrise informiert und es wird häufig im Rahmen einer Projektcontrolling-Sitzung der Projektstatus erhoben, die Projektpläne aktualisiert und der normale Projektablauf wieder aufgenommen.

Ergebnisse des Projektkrisenprozesses

> Die Sofortmaßnahmen sind definiert und umgesetzt.
> Eine Analyse der Krise ist durchgeführt.
> Zusatzmaßnahmen sind aufbauend auf die Krisenanalyse definiert und umgesetzt.
> Die Krise wurde erfolgreich beendet und die Weiterführung gesichert – oder das Projekt wurde abgebrochen und die notwendigen Projektabschlussmaßnahmen durchgeführt.
> Die Erfahrungen aus der Projektkrise wurden analysiert, dokumentiert und als Lessons Learned für andere Projektleiter zur Verfügung gestellt.
> Alle relevanten Stakeholder wurden über die (Beendigung der) Krise informiert.

Tipps und Tricks zum Projektkrisenmanagement

> Erstellen Sie eine adäquate PM-Planung und führen Sie ein regelmäßiges Projektcontrolling durch, das ist die beste Krisenvermeidung!
> Führen Sie bei riskanten Projekten zu Beginn des Projekts eine Risikoanalyse durch und definieren Sie präventive (und gegebenenfalls korrektive) Risikomaßnahmen – auch das ist aktive Krisenvermeidung bzw. -vorsorge!
> Haben Sie Mut zur Krise: Die Definition einer Krise ist sicherlich nicht angenehm, aber die Voraussetzung, um sie zu überstehen!
> Projektkrisen sind auch Chancen: In Projektkrisen haben Sie Möglichkeiten der Projektsteuerung, die Ihnen im Rahmen des Projektcontrollings oft nicht zur Verfügung stehen!
> Haben Sie eine Krise erfolgreich beendet, dokumentieren Sie Ihre Erfahrungen und stellen Sie diese Ihren Kollegen zur Verfügung. Somit haben nicht nur Sie, sondern auch die anderen Projektleiter im Unternehmen aus dem Projekt etwas dazugelernt!

13. KAPITEL

PROJEKTABSCHLUSSPROZESS

13. Projektabschlussprozess

Der Projektabschlussprozess schließt das Projektmanagement im Projekt ab und sichert, neben der Planung von Restarbeiten und der Nachprojektphase, insbesondere die Projektevaluierung und das organisatorische Lernen aus dem Projekt.

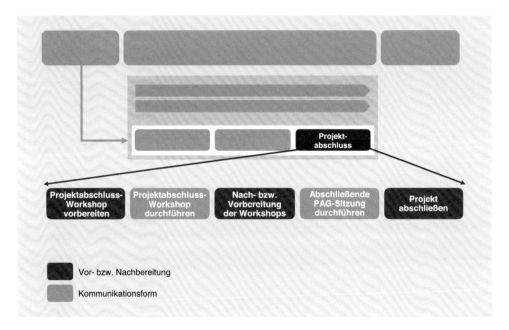

Prozessbeschreibung

Die Vorgehensweise im Projektabschlussprozess hängt von der Komplexität der Aufgabenstellung (Projekt oder Kleinprojekt) ab. Wesentliche Bestandteile des Projektabschlussprozesses sind der Projektabschluss-Workshop im Projektteam sowie die abschließende Projektauftraggeber-Sitzung.

Weitere Kommunikationsstrukturen können je nach Gegebenheiten des Projekts ergänzt werden:

> Projektpräsentation bei Führungskräften oder Mitarbeitern
> Abschlusspräsentation beim Kunden
> Projektabschluss-WS mit dem Kunden
> Social Event für das Projektteam, ev. sogar für alle Projektbeteiligten

Schritt 1: Projektabschluss vorbereiten

Die Vorbereitung des Projektabschluss-Workshops erfolgt verantwortlich durch den Projektleiter.

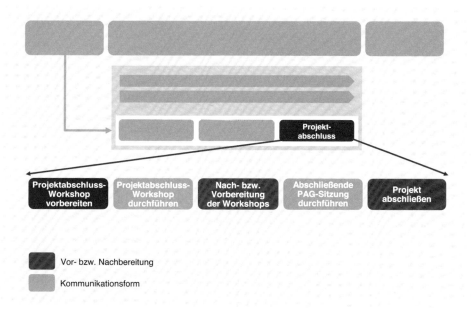

Vor- bzw. Nachbereitung

Kommunikationsform

Folgende Punkte sind in der Vorbereitung zu beachten:

> Festlegung Termin, Ort, Dauer des Projektabschluss-Workshops
> Auswahl der Teilnehmer
> Entscheidung Social Event
> Erstellung einer Einladung/Agenda für den Projektabschluss-WS und Versendung an die Teilnehmer
> Vorbereitung der Räumlichkeiten und der notwendigen Medien (Beamer, Flipchart, Overhead, Pinwände etc.)
> Ev. Durchführung von Vorgesprächen (mit relevanten Entscheidern, kritischen Projektteammitgliedern etc.)

Weiterer Schwerpunkt ist die Vorbereitung der notwendigen Projektpläne für den Projektabschluss-Workshop:

> Projektauftrag (Projektzieleplan) zur Analyse der Projektziele
> Projektstrukturplan zur Analyse und Evaluierung der Leistungen

> Projektmeilensteinplan (Projektbalkenplan) zur Evaluierung der Projekttermine
> Projektressourcen- und Projektkostenplan zur Evaluierung der Projektressourcen und
> der Projektkosten
> Projektorganigramm, Projektkommunikationsstrukturen, Projektspielregeln, Regeln betreffend
> Projektdokumentation zur Evaluierung der Projektorganisation
> Projektrisikoanalyse zur Evaluierung der Projektrisiken
> Stakeholderanalyse zur Evaluierung und Auflösung der Projektstakeholder-Beziehungen
> Beziehungen zu anderen Projekten zur Evaluierung und Auflösung der Beziehungen zu
> anderen Projekten

Schritt 2: Durchführung Projektabschluss-Workshop

Die Durchführung des Projektabschluss-Workshops erfolgt meist im Projektteam, ev. sind auch der Projektauftraggeber oder ausgewählte Projektstakeholder anwesend. Wichtig ist, eine maximale Anzahl von zehn bis zwölf Personen nicht zu überschreiten, da sonst die Moderation schwierig und die Analyse und Evaluierung des Projekts langwierig wird.

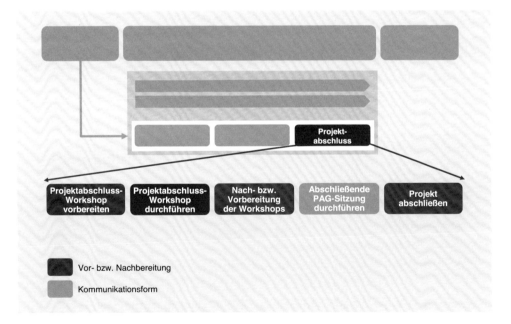

Ziele eines Projektabschluss-Workshops sind:

> Planung von Restarbeiten und der Nachprojektphase
> Reflexion und Evaluierung des Projekterfolgs

> Analyse des Projekts

> Lernen aus dem Projekt (Lernen sowohl im Team als auch in der Organisation)

> Planung der weiteren Vorgehensweise

> Emotionaler Abschluss

Der Projektabschluss-WS wird meist im Rahmen eines halbtägigen bis ganztägigen Workshops durch-geführt und anschließend mit einer „sozialen Aktion" abgeschlossen (Besuch eines Heurigen/Biergar-tens, Kartfahren, gemeinsame Wanderung etc.). Diese oder ähnliche Aktivitäten schließen das Projekt positiv ab und stellen, neben einer ev. Projektprämie, ein Incentive für ein erfolgreiches Projekt dar.

Die nachfolgende beispielhafte Einladung für einen Projektabschluss-Workshop zeigt einen typischen Ablauf, allerdings sind auch andere Vorgehensweisen möglich.

Einladung zu einem Projektabschluss-Workshop

⬇ DOWNLOAD   **Nutzen Sie die Downloadfunktion auf unserer Website.**

Nachfolgend werden die einzelnen Agenda-Punkte detaillierter beschrieben:

Einstieg, Ziele und Ablauf

> Wie bei jedem Workshop wird zu Beginn die Agenda abgestimmt.

Blitzlicht

> Es wird, wie in der Projektcontrolling-Sitzung, ein letztes Blitzlicht zum sozialen Controlling und zur Abklärung anstehender Diskussionspunkte (siehe Projektcontrollingprozess) durchgeführt.

Besprechung des Protokolls der letzten Projektcontrolling-Sitzung

> Es wird ein letztes Mal die in der letzten Projektcontrolling-Sitzung vereinbarte weitere Vorgehensweise (To-Do-Liste) besprochen und controlled.

Evaluierung der Leistungen anhand des Projektstrukturplans

> Anhand des Projektstrukturplans wird nochmals controlled, ob alle Arbeitspakete vollständig abgeschlossen oder noch Restarbeiten notwendig sind. Alle Restarbeiten werden in einer abschließenden To-Do-Liste zusammengefasst.

Planung der Restarbeiten und der Nachprojektphase

> Ergänzend zum Projektstrukturplan werden im Projektteam nochmals notwendige Restarbeiten im Projekt geklärt und in der To-Do-Liste festgehalten. Weiters erfolgt abschließend die Planung der Nachprojektphase (Was passiert nach dem Projektabschluss? Z. B. die Übergabe an einen Linienverantwortlichen nach einem internen Implementierungsprojekt oder die Realisierung nach einem Konzeptionsprojekt). Auch hier sind die notwendigen Maßnahmen zu vereinbaren und zu dokumentieren.

Auflösung der Projektstakeholder-Beziehungen, Analyse der Stakeholder

> Zur Auflösung der Projektstakeholder-Beziehungen wird die Stakeholderanalyse verwendet. Es werden alle Projektstakeholder-Beziehungen im Projektteam durchgesprochen und ev. notwendige Maßnahmen zur Auflösung der Projektstakeholder definiert (z. B. eine Lieferantenbewertung, eine abschließende Abrechnung, ein Abstimmungsmeeting mit einer anderen Abteilung zur Optimierung der Zusammenarbeit bei weiteren Projekten etc.).

> Nach der Auflösung der Stakeholderbeziehungen können die Projektstakeholder nach der Qualität der Zusammenarbeit analysiert werden. Dabei können Sie Smilies für eine positive Zusammenarbeit und Blitze für eine schwierige oder problematische Zusammenarbeit vergeben. Ziel der Analyse ist es, aus den Stakeholderbeziehungen zu lernen und daraus Konsequenzen abzuleiten (Löschung eines Lieferanten aus der Lieferantenkartei aufgrund großer Probleme in der Zusammenarbeit oder umgekehrt, Aufnahme eines neuen Lieferanten aufgrund positiver Erfahrungen).

Analyse der Termine

> Die Analyse der Terminplanung erfolgt meist anhand des Projektmeilensteinplans, indem die ursprünglich geplanten Termine mit den Ist-Terminen verglichen werden. Werden Abweichungen identifiziert, erfolgt eine Interpretation (zu optimistische Terminplanung, Abweichungen aufgrund von Lieferantenproblemen etc.) und die Ableitung von Konsequenzen. Bei Bedarf kann zur Detailanalyse auch der Balkenplan herangezogen werden.

Analyse der Ressourcen und Kosten

> Ähnlich der Analyse der Termine wird auch die Analyse der Ressourcen und Kosten durchgeführt. Planwerte werden mit den Ist-Werten verglichen, Abweichungen aufgezeigt und Ursachen identifiziert. Neben der Relevanz für die Projektbeurteilung ist die Analyse eine Basis für das organisatorische Lernen im Hinblick auf zukünftige Projekte.

Analyse der Zielerreichung

> Neben Leistungen, Terminen, Ressourcen und Kosten wird selbstverständlich auch die Zielerreichung analysiert. Je besser die Projektziele in der Projektplanung definiert/formuliert wurden, umso leichter ist deren Evaluierung. Wurden die Projektziele sehr unscharf definiert, erfolgt die Bewertung der Zielerreichung nur durch Interpretation (dabei kann die Interpretation des Projektteams und des Projektleiters von der des Projektauftraggebers differieren).
> Häufig erfolgt die Beurteilung der Projektzielerreichung durch eine Punktbewertung im Projektteam.
> Idealerweise werden, insbesondere bei internen Projekten, schon zu Projektbeginn Evaluierungskriterien festgelegt und die Projektziele am Ende des Projekts anhand dieser analysiert.

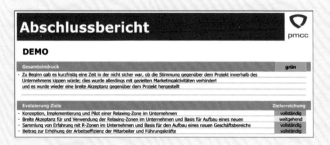

Beispiele für die Projektziele-Evaluierung

Analyse Projektmanagement-Einsatz und Teamarbeit

> Bei der Analyse des Projektmanagement-Einsatzes und der Teamarbeit werden beispielsweise auch Smilies und Punktbewertung als Arbeitshilfsmittel gewählt.

> Wichtig ist auch hier die anschließende Diskussion und die Erarbeitung von Optimierungspotenzialen für nächste Projekte.

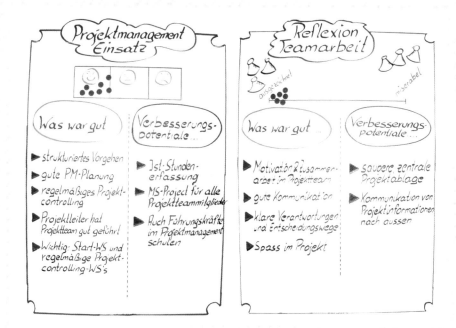

Beispiel einer Evaluierung des Projektmanagement-Einsatzes sowie der Projekt-Teamarbeit

Lessons Learned

> Zum Abschluss, nachdem das gesamte Projekt hinsichtlich aller Betrachtungsobjekte im PM analysiert wurde, werden die wesentlichen Erfahrungen zusammengefasst.

> Die zusammenfassenden Erfahrungen können am Flipchart gesammelt werden.

> Alternativ könnten die fünf Punkte, die im Projekt hervorragend funktioniert haben und beim nächsten Projekt wieder so gemacht werden sollten, und die fünf Punkte, die in diesem Projekt nicht so gut gelaufen sind und beim nächsten Projekt anders gemacht werden sollten, gesammelt werden. Zum Optimierungsbedarf werden üblicherweise Verbesserungsvorschläge ergänzt.

> Wichtig wäre, die gewonnenen Erfahrungen in Handlungsempfehlungen in die Gesamtorganisation überzuleiten.

Beispiele für Lessons Learned

Neben der Analyse des Projekts und der Lessons Learned zum Projektmanagement kann eine Analyse der inhaltlichen/fachlichen Durchführung des Projekts und ein daraus resultierendes Lernen erfolgen.

Gemeinsame Erstellung Projektabschlussbericht

> Der Projektabschlussbericht kann entweder nach dem Projektabschluss-Workshop vom Projektleiter erstellt werden, oder, was zu empfehlen wäre, der Projektabschlussbericht wird am Ende des Projektabschluss-Workshops gemeinsam im Projektteam erstellt.

Vereinbarung der weiteren Vorgehensweise (WVW)

> Als letzter Programmpunkt werden noch offene Punkte geklärt und die weitere Vorgehensweise inklusive einer detaillierten To-Do-Liste vereinbart.

Die Vorbereitung des Projektabschluss-Workshops erfolgt durch den Projektleiter, ev. hat der Projektleiter noch zusätzliche Unterstützung durch ein Projektbüro, einen Sekretär oder aus dem Projektteam.

Die Moderation des Projektabschluss-Workshops erfolgt entweder durch einen Moderator oder durch den Projektleiter selbst. Falls ein Moderator zur Verfügung steht, sollte die Vorbereitung des Workshops unbedingt gemeinsam erfolgen. Die Nominierung eines Moderators erfolgt erfahrungsgemäß sehr oft bei besonders großen und komplexen Projekten. Der Vorteil liegt darin, dass der Projektleiter sich im Projektabschluss-WS allein auf die Reflexion konzentrieren kann und der Moderator die Moderation des Workshops übernimmt.

Steht kein Moderator zur Verfügung, wird der Projektleiter die Moderation selbst übernehmen. Dazu sollte sich der Projektleiter gut vorbereiten und alle möglichen Moderationsunterstützungen in Anspruch nehmen.

Wie bereits beim Projektstart-Workshop und bei der Projektcontrolling-Sitzung empfiehlt es sich, ein Design zur besseren Planung der einzelnen Agendapunkte und zur Moderationsunterstützung zu erstellen.

Beispiel für das Design eines Projektabschluss-Workshops

⬇ DOWNLOAD **Nutzen Sie die Downloadfunktion auf unserer Website.**

Schritt 3: Abschluss der Projektdokumentation

Nach der Durchführung des Projektabschluss-Workshops sind die Projektpläne auf einen Letztstand zu bringen (Letztversion des Projekthandbuchs) und es wird ein Protokoll des Projektabschluss-Workshops erstellt.

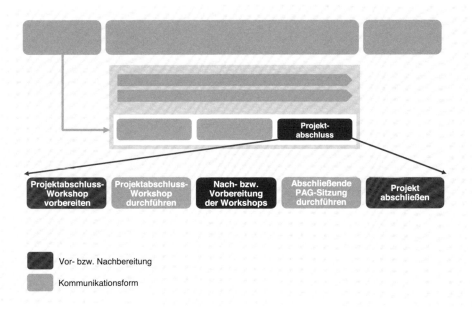

Projekt-
abschluss

| Projektabschluss-Workshop vorbereiten | Projektabschluss-Workshop durchführen | Nach- bzw. Vorbereitung der Workshops | Abschließende PAG-Sitzung durchführen | Projekt abschließen |

Vor- bzw. Nachbereitung

Kommunikationsform

Die Ergebnisse der Projektanalyse und der Projektevaluierung werden im Projektabschlussbericht dokumentiert. Dieser Bericht ist das Abschlussdokument im Projektmanagement und dient auch als Gesprächsgrundlage für die abschließende Projektauftraggeber-Sitzung (siehe Schritt 4). Der Projektabschlussbericht kann auch im Projektabschluss-Workshop erstellt werden.

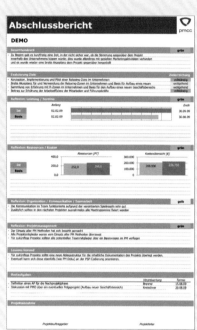

Beispiel zweier Projektabschlussberichte

Des Weiteren sind die vereinbarten To-Dos zur Projektfertigstellung bzw. für die Nachprojektphase durchzuführen.

Ergänzend ist die abschließende Projektauftraggeber-Sitzung vorzubereiten. Diese Vorbereitung umfasst insbesondere die Vereinbarung eines Termins mit dem Projektauftraggeber, die Auswahl der Teilnehmer, die Vorbereitung des Projekthandbuchs bzw. ausgewählter PM-Pläne sowie des Projektabschlussberichts.

Schritt 4: Abschließende Projektauftraggeber-Sitzung

Ziele der abschließenden Projektauftraggeber-Sitzung sind die Endpräsentation des Projekts, dessen Evaluierung (insbesondere des Projekterfolgs) die Beurteilung des Projektleiters und des Projektteams sowie die Sicherstellung des organisatorischen Lernens.

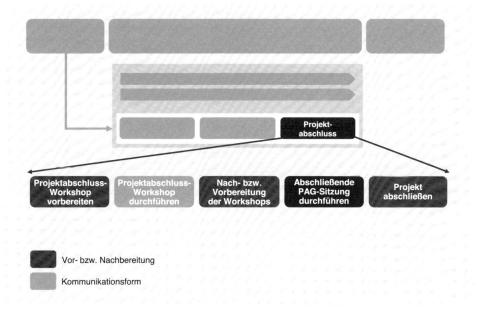

Ist der Projektauftraggeber mit der Leistung im Projekt zufrieden und sind alle Leistungen im Projekt erfolgt und die Projektziele erreicht, kommt es zur Projektabnahme, das heißt, der Projektauftraggeber entlässt den Projektleiter aus seiner Projektverantwortung, schließt das Projekt ab und setzt die eingesetzten Projektressourcen (Projektteam und Projektmitarbeiter) wieder frei.

Die nachfolgende beispielhafte Einladung für die abschließende Projektauftraggeber-Sitzung zeigt einen typischen Ablauf, allerdings sind auch andere Vorgehensweisen möglich.

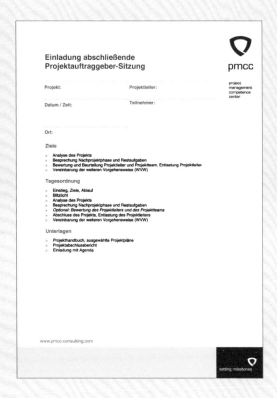

Einladung zu einer abschließenden Projektauftraggeber-Sitzung

Nachfolgend sollen diese einzelnen Agendapunkte detaillierter beschrieben werden:

Einstieg, Ziele und Ablauf

> Zu Beginn der abschließenden Projektauftraggeber-Sitzung erfolgt zunächst eine kurze Abstimmung der Ziele und des Ablaufs.

Blitzlicht

> Noch vor der Reflexion des Projekts könnte ein kurzes abschließendes Blitzlicht durchgeführt werden (siehe Beschreibung im Kapitel 6.6 „Spielregeln im Projekt - Projektkultur").

Analyse des Projekts

> Anhand des Projektabschlussberichts und ausgewählter PM-Methoden stellt der Projektleiter seine Sicht zur abschließenden Analyse des Projekts dar und diskutiert diese mit dem Projektauftraggeber. Ziel ist es, auch zum Projektabschluss eine gemeinsame Einschätzung zu generieren.

> Insbesondere wird der Projektleiter die Analyse der Zielerreichung, die Einhaltung bzw. Nichteinhaltung von Terminen, Ressourcen und Kosten gemeinsam mit dem Projektauftraggeber besprechen.

> Die Teamarbeit und der Einsatz des Projektmanagements werden analysiert.

> Wesentlicher Abstimmungspunkt sind die Lessons Learned, also die zentralen Lernergebnisse aus dem Projekt.

> Abschließend sollte der generelle Projekterfolg bewertet werden.

Besprechung Nachprojektphase und Restaufgaben

> Der Projektleiter stellt dem PAG die Restaufgaben sowie geplanten Maßnahmen zur Organisation der Nachprojektphase vor.

> Der PAG beurteilt, ob die Restarbeiten nach Auflösung des Projektteams erfolgen können (dann kann das Projekt abgeschlossen und die Projektabnahme erteilt werden), oder ob dazu noch die gesamte Projektorganisation notwendig ist, was zu einer Verschiebung des Projektabschlusses führt.

Bewertung des Projektleiters und des Projektteams

> Basierend auf dem Projekterfolg können der Projektleiter und das Projektteam beurteilt werden. Ob eine solche Projektbeurteilung erfolgt oder nicht, hängt von der Projektkultur des Unternehmens ab.

> Auf der Basis der Beurteilung können auch Projektprämien besprochen und vergeben werden.

Abschluss des Projekts, Entlastung des Projektleiters

> Ist das Projekt weitgehend abgeschlossen (ev. gibt es noch eine Mängelliste oder eine To-Do-Liste mit Restarbeiten), erfolgt vom Projektauftraggeber eine Entlastung des Projektleiters und des Projektteams. Damit wird die Projektorganisation aufgelöst.

> Formaler Abschluss ist die Unterzeichnung des Projektabschlussberichts.

Vereinbarung der weiteren Vorgehensweise

> Als letzter Punkt erfolgen die Abstimmung der abschließenden Schritte im Projekt und die operative Vereinbarung der Nachprojektphase.

Schritt 5: Projekt abschließen

Zuletzt ist ein Protokoll der abschließenden Projektauftraggeber-Sitzung zu erstellen und sind gegebenenfalls zusätzlich vereinbarte Maßnahmen einzuleiten. Bei Bedarf werden Konsequenzen aus der PAG-Sitzung, wie z. B. die Ausbezahlung von Projektprämien, eingeleitet.

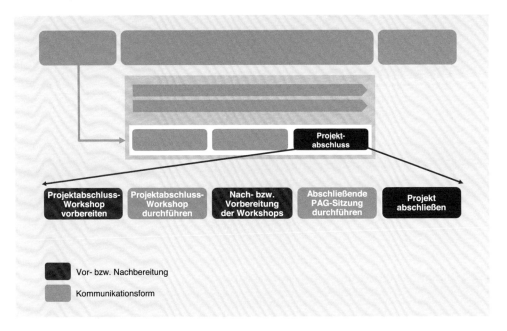

Bei erfolgreichen Projekten erfolgt häufig ein „Social Event" als kleines „Dankeschön" an das Projektteam und zur Feier des Projekterfolgs. Gerade in der Projektarbeit, die häufig durch überdurchschnittlich hohe Arbeitszeiten, Stress, Überstunden etc. gekennzeichnet ist, haben solche Veranstaltungen eine hohe Bedeutung. Die Mitarbeiter schließen das Projekt positiv ab, spüren die Anerkennung des Managements und werden auch bei zukünftigen Projekten wieder engagiert mitarbeiten.

Ergebnisse des Projektabschlussprozesses

> Die Projektevaluierung wurde durchgeführt.
> Die Planung der Restarbeiten und der Nachprojektphase ist erfolgt, eine abschließende To-Do-Liste ist erstellt.

> Der Projektabschlussbericht ist erstellt und unterschrieben.

> Die Beurteilung des Projektleiters, des Projektteams (des Projektauftraggebers) ist durchgeführt.

> Die Auszahlung von Projektprämien ist erfolgt.

> Der Know-how-Transfer des Erlernten in die Stammorganisation ist sichergestellt und erfolgt.

> Eine „saubere" Projektdokumentation und Ablagestruktur (sowohl PM-Dokumentation als auch Ergebnisdokumentation, alle laut PSP relevanten Projektdokumente) sind am zentralen Projektordner abgelegt.

> Der Letztstand des Projekthandbuchs liegt vor.

> Das Projekt ist sozial abgeschlossen (Projektevent), es wurde eine Feedbackrunde im Projektteam durchgeführt.

Tipps und Tricks im Projektabschluss

> Erstellen Sie im Projektabschluss eine To-Do-Liste, die alle noch notwendigen Aufgaben beinhaltet! Mithilfe dieser To-Do-Liste lösen Sie alle Projektpläne auf und managen die Restarbeiten!

> Achten Sie auf den richtigen Zeitpunkt zum Projektabschluss!

> Achten Sie zum Projektabschluss auf eine „saubere" Projektabnahme durch den Projektauftraggeber! „Ohne Projektabnahme werden Sie Ihr Projekt vielleicht nie wieder los!"

> Führen Sie einen Projektabschluss-Workshop durch und sichern Sie Ihrem Unternehmen das erworbene Wissen aus dem Projekt! Im Projektabschluss entscheidet sich, ob Sie schneller lernen als Ihre Konkurrenz!

> Organisieren Sie zum Projektabschluss für Ihr Projektteam und die relevanten Projektbeteiligten ein abschließendes „Social Event"! Ihre Mitarbeiter werden es Ihnen danken und Sie schließen Ihr Projekt positiv ab!

> Achtung: Vermeiden Sie im Projektabschluss Eskalationen im Projektteam!

> Ein Projekt braucht einen inhaltlichen und einen emotionalen Projektabschluss!

> Feiern Sie Projekterfolge!

> Nutzen Sie das Potenzial des persönlichen Weiterlernens, indem Sie eine abschließende persönliche Feedbackrunde durchführen! Aber Achtung, klären Sie vorher ab, ob Ihr Team dazu bereit ist (Voraussetzung für Feedback ist, dass der Empfänger dafür offen ist)!

> Setzen Sie im Projektabschluss-Workshop kreative Arbeitsformen (Kärtchenabfragen, Brainwalking etc.) ein; diese erhöhen die Qualität der erzielten Ergebnisse!

14. KAPITEL

MANAGEMENT VON KLEINPROJEKTEN

14. Management von Kleinprojekten

14.1 Definition Kleinprojekt

Wie bereits im Kapitel Projektdefinition beschrieben, kann zwischen Aufgaben mit unterschiedlicher Komplexität unterschieden werden. Während in einem Projekt die Komplexität mittel bis hoch ist, sind/ haben Kleinprojekte typischerweise:

> kürzer in der Durchlaufzeit
> reduzierte organisatorische Komplexität aufgrund weniger Projektbeteiligter (involvierte Abteilungen oder Externe, weniger Projektteammitglieder oder Projektmitarbeiter)
> geringeres Projektbudget
> geringere inhaltliche Komplexität (einfachere, schneller erledigbare Aufgabenstellung)
> meist reduziertes Risiko

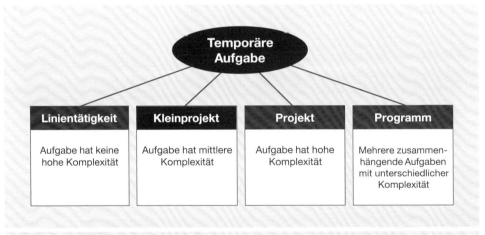

Kleinprojekt als temporäre Aufgabe mittlerer Komplexität

Die Definition von Kleinprojekten ist sehr projektarten- bzw. unternehmensspezifisch. Als ungefähre Größenordnung soll die untenstehende Tabelle dienen:

Kriterien	Minimal	Maximal
Inhaltliche Komplexität	Mittlere inhaltliche Komplexität (Modifikation einer bestehenden Technologie oder Verfahren, neuartige oder erweiterte Aufgabenstellungen)	
Projektkosten	> € 25.000.-	< € 150.000.-
Organisatorische Komplexität	≥ 2 Abteilungen, oder externe Partner eingebunden	< 4 Abteilungen, oder externe Partner eingebunden
Dauer	≥ 3 Monate	< 12 Monate
Personentage	≥ 25 Personentage	< 150 Personentage
Risiko	niedrig bis mittel	

Mögliche Definition eines Kleinprojekts

14.2 Projektmanagement-Methoden für Kleinprojekte

Aufgrund der reduzierten inhaltlichen Komplexität (in Relation zum Projekt) ist natürlich auch nur ein reduzierter PM-Aufwand (Projektplanung und Projektcontrolling) zum Management der Aufgabenstellung notwendig.

Wie schon bei der Methodenbeschreibung für Projekte erwähnt, ist die Auswahl der PM-Methoden projektspezifisch durchzuführen. Anbei ein Vorschlag für den PM-Methodeneinsatz in Kleinprojekten:

	Kleinprojekt	Projekt
Methoden zur Projektorganisation & zum Projektkontext		
Projektauftrag	Muss	Muss
Projektorganigramm		Muss
Arbeitspaketverantwortliche	Muss	Muss
Projektfunktionendiagramm		Muss
Spielregeln		Muss
Projektkontextanalyse	Optional	Muss
Methoden zur Projektplanung		
Ergebnisplan / Betrachtungsobjektplan		Muss
Projektstrukturplan	Muss	Muss
Arbeitspaketspezifikation		Muss
Projektmeilensteinplan	Muss	Muss
Projektterminliste		
Projektbalkenplan	Optional	Muss
Projektressourcen, Projektkostenplan	Optional	Muss
Projektfinanzmittelplan		
Projektrisikoanalyse	Optional	Muss
Projekthandbuch / Projektmanagement Dokumentation	Muss	Muss

PM-Methodeneinsatz in Kleinprojekten

Auch bei Kleinprojekten ist es wesentlich, einen „sauberen" Projektauftrag zwischen Projektauftraggeber und Projektleiter zu vereinbaren. Gerade bei Kleinprojekten, in denen häufig auf eine umfangreiche PM-Planung verzichtet wird, kommt dem Projektauftrag eine besondere Bedeutung zu. Da in Kleinprojekten die Anzahl der Projektbeteiligten häufig deutlich geringer als in Projekten ist, werden die notwendigen Projektrollen (Projektauftraggeber, Projektleiter, Projektteammitglieder) ausschließlich im Projektauftrag festgelegt und häufig auf ein Projektorganigramm verzichtet.

Der Projektstrukturplan sollte auch bei Kleinprojekten auf alle Fälle erstellt werden, denn auch bei Kleinprojekten ist eine Übersicht über die durchzuführenden Leistungen notwendig. Der PSP wird meist vom Projektleiter in einem Erstansatz erstellt und dann im Projektstart-Workshop mit dem Projektteam abgestimmt. Außerdem ist der PSP die Basis für die Definition der Verantwortlichkeiten. Diese werden in Form der AP-Verantwortlichen festgelegt, auf ein Funktionendiagramm wird hingegen häufig verzichtet.

Optional ist eine Stakeholderanalyse durchzuführen, abhängig von den relevanten Projektstakeholdern. Diese haben nicht immer etwas mit dem Projektumfang zu tun. Ist das Projekt sozial anspruchsvoll, gibt es viele beeinflussende Projektstakeholder oder Beziehungen zu anderen Projekten, ist eine Stakeholderanalyse empfehlenswert.

Nicht verzichtet sollte auf eine Terminplanung werden. Die reduzierte Form wäre eine Meilensteinplanung, in der nur die besonders wichtigen Ereignisse im Projektverlauf definiert und terminisiert werden. Nachteil dabei ist, dass sich die AP-Verantwortlichen ausschließlich an den Meilensteinen orientieren müssen und keine detaillierten Termine für ihre Arbeitspakete erhalten. Dazu wäre der optionale Projektbalkenplan notwendig. Haben Sie ein zeitkritisches Projekt, dann empfiehlt es sich, trotzdem einen Balkenplan auf Arbeitspaketebene durchzuführen.

Optional kann eine Ressourcen- und Kostenplanung für das Kleinprojekt durchgeführt werden. Handelt es sich um ein Projekt, das Engpassressourcen einsetzt bzw. auch kostenintensiv ist, ist eine Ressourcen- und Kostenplanung empfehlenswert. Ansonsten wird das Ressourcen- und Kostenbudget im Projektauftrag festgelegt.

Handelt es sich um ein risikoreiches Kleinprojekt, sollte zusätzlich noch eine Risikoanalyse erstellt werden, in der die Projektrisiken zunächst identifiziert, dann bewertet und schließlich risikopräventive Maßnahmen geplant werden.

Wie im Projekt werden alle PM-Methoden in einem Projekthandbuch zusammengefasst.

14.3 Projektorganisation für Kleinprojekte

Grundsätzlich werden in einem Kleinprojekt die gleichen Projektrollen (insbesondere Projektauftraggeber, Projektleiter und Projektteammitglieder) definiert wie in einem „normalen" Projekt. Allerdings werden Kleinprojekte meist auch von einer kleineren Projektorganisation (weniger Projektbeteiligte, insbesondere Projektteammitglieder und Projektmitarbeiter) durchgeführt. Die Projektrollen und die Besetzung dieser Rollen werden im Projektauftrag definiert (PAG, PL, PTM). Häufig reicht die Definition der Projektrollen im Projektauftrag aus und es ist kein zusätzliches Projektorganigramm notwendig (kann aber natürlich optional erstellt werden).

Bei einer „kleinen" Projektorganisation können organisatorische Vereinbarungen im Projektteam geklärt werden, ohne diese (aufwändig) zu planen und zu dokumentieren. Aus diesem Grund kann häufig in Kleinprojekten auf Kommunikationsstrukturen und Spielregeln verzichtet werden (bei kleinen Projektteams ist oft eine „Zurufkultur" möglich, das bedeutet aber nicht, dass auf eine professionelle (reduzierte) PM-Planung und ein regelmäßiges Projektcontrolling verzichtet werden kann).

14.4 Projektmanagement-Prozesse für Kleinprojekte

Aufgrund der geringeren Komplexität in Kleinprojekten sind auch nur ein reduziertes Projektmanagement (reduzierte PM-Methoden) und eine vereinfachte Projektorganisation notwendig. Dieses vereinfachte Projektmanagement wirkt sich natürlich auch massiv auf den Projektablauf, also auf die PM-Prozesse, aus.

So werden die PM-Prozesse (insbesondere Projektstart, Projektcontrolling und Projektabschluss) wesentlich einfacher und in reduzierter Form in Kleinprojekten gestaltet.

Projektbeauftragungsprozess

Der Projektbeauftragungsprozess ist ein Prozess, der der Projektdurchführung vorgelagert ist und in dem unter anderem die Komplexität der Aufgabenstellung eingeschätzt wird (Projektwürdigkeitsanalyse, siehe Kapitel 2 und 3 „Projektdefinition" und „Projektbeauftragung"). Somit unterscheidet sich der Projektbeauftragungsprozess für Kleinprojekte nicht von Projekten.

Zum Nachlesen des Projektbeauftragungsprozesses siehe Kapitel 3 „Projektbeauftragung".

Projektstartprozess

Der Projektstartprozess unterscheidet sich im Vergleich zum Projekt dahingehend, dass nur ein Workshop (Projektstart-Workshop) durchgeführt und die Projektplanung nach dem Projektstart-WS bereits fertiggestellt wird. Das bedeutet, der Projektleiter bereitet die Projektpläne weitgehend vor und diese Projektpläne werden dann mit dem Projektteam gemeinsam im Projektstart-Workshop durchbesprochen, abgestimmt und optimiert. Nach dem Projektstart-Workshop wird die Projektplanung fertiggestellt und diese optional in einer Projektauftraggeber-Sitzung mit dem Projektauftraggeber abgestimmt.

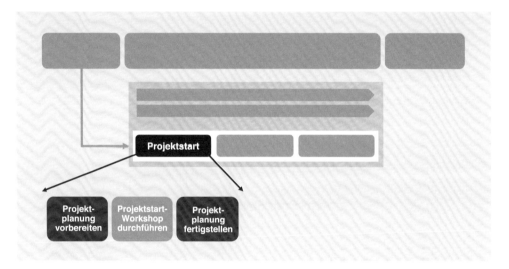

Folgende Aufgaben sind bei der Vorbereitung der Projektplanung durchzuführen:

> Auswahl der PM-Methoden

> Auswahl der Teilnehmer des Projektstart-Workshops

> Erstellung und Aussendung einer Einladung mit Agenda für den Projektstart-WS

> Erstellung eines Erstansatzes der PM-Planung

> Optional: Klärung offener Punkte mit dem Projektauftraggeber

Die nachfolgende beispielhafte Einladung für einen Projektstart-Workshop zeigt einen typischen Ablauf, allerdings sind auch andere Vorgehensweisen möglich.

Einladung Projektstart – Workshop
Kleinprojekte

pmcc

project
management
competence
center

Projekt: Projektleiter:

Datum / Zeit: Teilnehmer:

Ort:

Ziele

> Gemeinsamer Start des Projekts
> Sicherstellen eines gemeinsamen Informationsstandes (gemeinsame Sichtweise)
> Abstimmung Projektplanung
> Klärung der Projektrollen, Vereinbarung von Arbeitsformen und „Spielregeln"
> Vereinbarung der weiteren Vorgangsweise (WVW)

Nicht Ziele

> Inhaltliche Detaildiskussion

Tagesordnung

> Begrüßung, Einstieg, Ziele und Ablauf, Vorstellrunde
> Status und Kurzinformation zum Projekt
> Projektauftrag
> Projektleistungsplanung (Projektstrukturplan)
> Definition von Arbeitspaketverantwortlichen *(Auswahl notwendiger AP-Spezifikationen)*
> Terminplanung (Meilensteinplan /Grobbalkenplan)
> Besprechung Projektkontext
> Diskussion Ressourcen-, Kosten
> *(Vereinbarung projektspezifischer Spielregeln)*
> Vereinbarung der weiteren Vorgangsweise (WVW)

Unterlagen

> Erstansatz Projektpläne, Projekthandbuch
> (Projektauftrag, Projektstrukturplan, AP-Verantwortliche, Meilensteinplan, Grobbalkenplan, etc)
> Einladung mit Agenda

www.pmcc-consulting.com

setting milestones

Beispiel einer Einladung für einen Startworkshop für Kleinprojekte

⬇ DOWNLOAD   **Nutzen Sie die Downloadfunktion auf unserer Website.**

Eine detaillierte Beschreibung der Agendapunkte findet sich im Kapitel 4 „Projektstartprozess".

Zur Fertigstellung der Projektplanung sind noch folgende Punkte zu beachten:

> Erstellung eines Protokolls für den Projektstart-Workshop

> Fertigstellung der PM-Planung und des Projekthandbuchs

> Optional: Durchführung einer Projektauftraggeber-Sitzung zur Vorstellung und Freigabe der
  PM-Planung

> Bei Bedarf erste Projektmarketingmaßnahmen

Projektcontrolling

Wie schon im Projektstartprozess ist für Kleinprojekte nur ein reduzierter Projektcontrolling-prozess notwendig.

Der Projektleiter bereitet die Projektcontrolling-Sitzung vor. In der Projektcontrolling-Sitzung controlled der Projektleiter gemeinsam mit seinem Projektteam das Projekt:

> Identifikation des Projektstatus
> Analyse von Abweichungen
> Planung von steuernden Maßnahmen
> Aktualisierung der Projektplanung
> Erstellung eines Projektfortschrittsberichts

Im Anschluss an die Projektcontrolling-Sitzung dokumentiert der Projektleiter (falls notwendig und in der PC-Sitzung noch nicht durchgeführt) die Vereinbarungen (Protokoll), erstellt den Projektfortschritts-bericht und aktualisiert das Projekthandbuch. Falls massivere Abweichungen im Projekt aufgetreten sind oder wesentliche Entscheidungen im Projekt anstehen, sollte der Projektleiter auf alle Fälle eine Projektauftraggeber-Sitzung durchführen und den Projektstatus sowie die anstehenden Entscheidungen mit seinem Projektauftraggeber durchbesprechen.

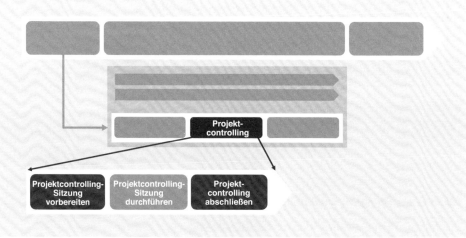

Folgende Aufgaben sind in der Vorbereitung der Projektcontrolling-Sitzung durchzuführen:

> Erstellung und Aussendung einer Einladung mit Agenda für die Projektcontrolling-Sitzung
> Optional: Aktualisierung ausgewählter PM-Pläne (insbesondere Ressourcen und Kosten)

Die nachfolgende beispielhafte Einladung für einen Projektcontrolling-Sitzung zeigt einen typischen Ablauf, allerdings sind auch andere Vorgehensweisen möglich.

Beispiel einer Einladung für eine Projektcontrolling-Sitzung für Kleinprojekte

⬇ DOWNLOAD   **Nutzen Sie die Downloadfunktion auf unserer Website.**

Eine detaillierte Beschreibung der Agendapunkte findet sich im Kapitel 8 „Projektcontrollingprozess".

Zum Abschluss des Projektcontrollings sind noch folgende Punkte zu beachten:

> Erstellung eines Protokolls der Projektcontrolling-Sitzung
> Erstellung Projektfortschrittsbericht
> Aktualisierung der PM-Planung und des Projekthandbuchs
> Optional: Durchführung einer Projektauftraggeber-Sitzung zur Besprechung des Projektstatus und anstehender Entscheidungen im Projekt
> Bei Bedarf Durchführung weiterer Projektmarketingmaßnahmen

Projektkoordination

Die Projektkoordination unterscheidet sich inhaltlich nicht von der eines Projekts. Nur der Umfang der Projektkoordination wird in Kleinprojekten wesentlich reduzierter notwendig sein.

Für detailliertere Informationen zur Projektkoordination siehe Kapitel 10 „Projektkoordinationsprozess".

Projektmarketing

Projektmarketing ist das „Verkaufen" eines Projekts nach innen und außen. Das Projektmarketing unterscheidet sich grundsätzlich nicht vom dem eines Projekts, maximal der Umfang ist eingeschränkt.

Für detailliertere Informationen zum Projektmarketing siehe Kapitel 11 „Projektmarketingprozess".

Projektabschlussprozess

Wie schon im Projektstart- und Projektcontrollingprozess, so ist für Kleinprojekte nur ein reduzierter Projektabschlussprozess notwendig.

In einer Minimalvariante schließt der Projektleiter das Projekt durch folgende Tätigkeiten ab:

> Letztmalige Aktualisierung der Projektpläne (Projekthandbuch)
> Aktualisierung der Projektablage auf einen Letztstand
> Erstellung eines Projektabschlussberichts
> Danksagung an das Projektteam

> Information des Projektauftraggebers über die Projektfertigstellung, Vorlage des Projektabschlussberichts

> Formale Projektabnahme durch Projektauftraggeber

Im Gegensatz zur obigen Auflistung ist es aber auch in Kleinprojekten empfehlenswert, einen Projektabschluss-Workshop durchzuführen.

Der Projektleiter bereitet den Projektabschluss-Workshop vor. Im Projektabschluss-WS analysiert der Projektleiter gemeinsam mit seinem Projektteam das Projekt:

> Analyse der Zielerreichung

> Check, ob alle AP abgeschlossen sind, Planung von Restaufgaben und der Nachprojektphase

> Analyse des Projekts

> Lessons Learned

> Optional: Feedback innerhalb des Projektteams

> Erstellung des Projektabschlussberichts

Im Anschluss an den Projektabschluss-WS dokumentiert der Projektleiter (falls notwendig und im Projektabschluss-WS noch nicht durchgeführt) die Vereinbarungen (Protokoll) und aktualisiert das Projekthandbuch. Danach kann der Projektleiter entweder schriftlich den Projektauftraggeber in Form des Projektabschlussberichts über den Projektabschluss informieren oder besser den Projektab-schluss im Rahmen einer finalen Projektauftraggeber-Sitzung durchführen.

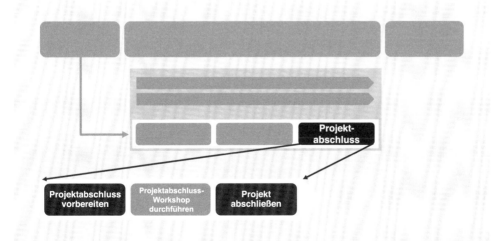

Folgende Aufgaben sind zur Vorbereitung des Projektabschluss-Workshops durchzuführen:

> Erstellung und Aussendung einer Einladung mit Agenda für den Projektabschluss-Workshop
> Vorbereitung, gegebenenfalls Aktualisierung der Projektpläne
> Vorbereitung der Projektanalyse
> Vorbereitung des Projektabschlussberichts

Die nachfolgende beispielhafte Einladung für einen Projektabschluss-Workshop zeigt einen typischen Ablauf, allerdings sind auch andere Vorgehensweisen möglich.

Beispiel einer Einladung für einen Projektabschluss-Workshop für Kleinprojekte

⬇ DOWNLOAD   **Nutzen Sie die Downloadfunktion auf unserer Website.**

Zum Abschluss des Projekts sind noch folgende Punkte zu beachten:

> Erstellung eines Protokolls zum Projektabschluss-Workshop

> Letztmalige Aktualisierung der PM-Planung, des Projekthandbuchs und der Projektablage

> Fertigstellung des Projektabschlussberichts

> Optional: Durchführung einer finalen Projektauftraggeber-Sitzung zur Projektabnahme

> Eventuell bei Bedarf Durchführung letzter Projektmarketingmaßnahmen

> Optional (aber empfehlenswert): Sozialer Projektabschluss

Tipps und Tricks für Kleinprojekte

> Klären Sie am Anfang des Projekts die Komplexität der Aufgabenstellung ab und wählen Sie bewusst die einzusetzenden PM-Methoden aus: so wenige wie möglich und so viele wie nötig!

> In Kleinprojekten haben Sie verkürzte PM-Prozesse, insbesondere einen reduzierten Projektstartprozess: Bereiten Sie für den Projektstart-Workshop bereits alle PM-Pläne vor, um diese dann im Workshop vollständig mit dem Projektteam durchzubesprechen und nach dem Workshop fertigzustellen!

> In Kleinprojekten herrscht häufig eine Zurufkultur: Klären Sie trotzdem oder gerade deshalb am Anfang des Projekts Spielregeln und regelmäßige Kommunikationsstrukturen ab!

> Auch in kleinen Projekten ist ein Projektcontrolling ein MUSS!

> Kleinprojekte sind weniger komplex als Projekte, dies hat aber nichts mit der Priorisierung zu tun!

15. KAPITEL

MANAGEMENT VON PROGRAMMEN

15. Management von Programmen

15.1 Definition Programm

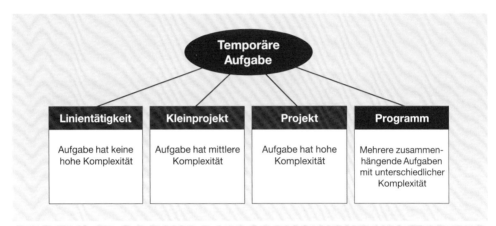

Programm als komplexeste temporäre Aufgabe

Neben Kleinprojekten und Projekten gibt es immer wieder temporäre Aufgaben, die sich ob ihrer Komplexität und Durchlaufzeit doch deutlich unterscheiden. Die Zielerreichung dieser Vorhaben ist in der Regel nur durch die teilweise parallele bzw. auch sequentielle Durchführung von mehreren Projekten wie auch projektähnlichen Tätigkeiten möglich. Solche Vorhaben werden als Programme bezeichnet und bedürfen neben des Managements der Projekte bzw. projektähnlicher Tätigkeiten insbesondere auch einer ganzheitlichen Steuerung, also eines spezifischen Programmmanagements.

Projekte, Kleinprojekte und Aufgaben eines Programms

Programme grenzen sich daher einerseits zu Projekten und Kleinprojekten ab, differenzieren sich aber auch klar von anderen Betrachtungsobjekten des projektorientierten Unternehmens wie einem Projekteportfolio, einem Projektenetzwerk oder einer Projektekette.

Unter einem Projekteportfolio wird die Menge aller Projekte (und auch Programme) einer Organisation zu einem bestimmten Stichtag verstanden. Das Management eines Projekteportfolios ist ein zentraler Prozess des Multiprojektmanagements und beinhaltet unter anderem folgende Aufgaben:

> Optimierung des Projekteportfolios aus Unternehmenssicht
> Sicherstellung der Strategiekonformität der Projekte und Programme
> Durchführung von Prioritätensetzungen
> Gewährleistung der Risikoausgewogenheit des Portfolios
> Ressourcenmanagement des Projektportfolios

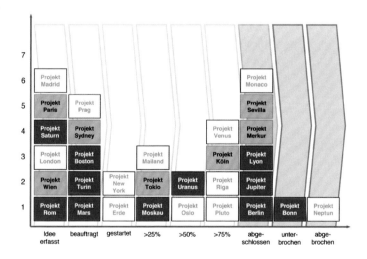

Darstellung einer Projektepipeline, farbliche Differenzierung nach Projektarten

Zur professionellen Durchführung dieses Prozesses ist die Etablierung von Hilfsmitteln wie einer Projektedatenbank, Projektelisten, Ressourcenübersichten und Projekteportfoliografiken sinnvoll. Organisatorisch liegt die operative Verantwortung des Projekteportfolios im Projektmanagement-Office (PMO), die strategische Verantwortung im Projektesteuerkreis oder einem entsprechenden Multiprojektmanagement-Gremium.

Unter einem Projektenetzwerk versteht man eine Teilmenge eines Projekteportfolios, wobei eine Selektion von Projekten nach unternehmensspezifischen Kriterien erfolgt. Beispielsweise können folgende Kriterien für die Definition eines Projektenetzwerks herangezogen werden:

> Gleiche Kunden eines Unternehmens/Unternehmensbereichs
> Gleiche Projektarten wie beispielsweise alle IT-Projekte oder F&E-Projekte
> Gleiche Produkte oder Technologien
> Gleiche Absatzmärkte

Die zentralen Aufgaben im Management von Projektenetzwerken sind dabei:

> Optimierung des Netzwerks aus Unternehmenssicht
> Aufzeigen und Nutzen von Synergien jeglicher Art wie beispielsweise Einsparungspotenzialen
> Aufzeigen und Bewältigen von Konflikten, beispielsweise Ressourcenkonflikten
> Sicherung des organisatorischen Lernens im Projektenetzwerk

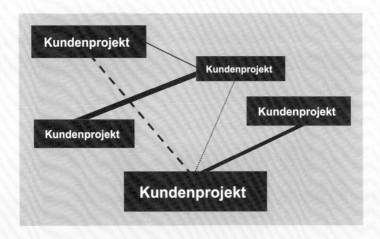

Beispiel eines Projektenetzwerks mit unterschiedlich starken Abhängigkeiten (Strichstärke)

Organisatorisch und operativ liegt die Verantwortung für die Durchführung des Projektenetzwerk-Managements ebenfalls im Projektmanagement-Office (PMO). Bewährt haben sich zyklische Workshops zu definierten Projektenetzwerk-Themen unter Einbeziehung der relevanten Projektleiter und grafischer Aufbereitung der jeweiligen Abhängigkeiten unter den Projekten. Die strategische Verantwortung zur Durchführung des Projektenetzwerk-Managements liegt im Projektesteuerkreis.

Unter einer Projektekette werden zwei oder mehrere Projekte verstanden, die zeitlich aufeinander folgen. Der zentrale Unterschied zu Programmen liegt dabei am Umstand, dass die Projekte nicht parallel durchgeführt werden, wodurch auch die Notwendigkeit einer ganzheitlichen Steuerung entfällt. Typische Beispiele von Projekteketten sind die zeitlich gestaffelte Durchführung von temporären Aufgaben in Form von Konzeption und Realisierung oder Akquisition und Auftragsabwicklung.

Das Betrachtungsobjekt im Management einer Projektekette zu einem bestimmten Zeitpunkt ist stets nur ein Projekt, das adäquate Management daher Projektmanagement.

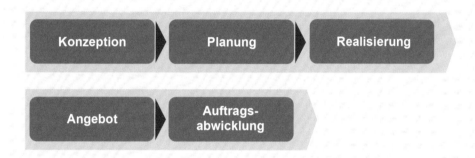

Zwei Beispiele einer Projektekette

Unter einem Programm werden also mehrere zusammenhängende temporäre Aufgaben mit unterschiedlicher Komplexität verstanden, teilweise lose, teilweise eng gekoppelt sowie durch übergeordnete Ziele (Programmziele) verbunden. Klassische Beispiele diesbezüglich sind Bau-Programme, Organisationsentwicklungs-Programme, Produktentwicklungs-Programme oder auch IT-Programme.

Diese Anzahl von Kleinprojekten und Projekten bedarf dementsprechend eines spezifischen Programmmanagements, das in erster Linie Planung und Controlling integrativer Strukturen umfasst, insbesondere folgende Betrachtungsobjekte:

> Programmziele, -strategien, -inhalte
> Programmabgrenzung und Programmkontext
> Programmleistungen, Programmtermine, Programmressourcen und Programmkosten
> Programmorganisation (Rollen, Kommunikationsstrukturen, Spielregeln, Kultur)

Die Betrachtungsobjekte unterscheiden sich dementsprechend also nicht grundsätzlich von den Betrachtungsobjekten eines Projekts, die Komplexität ist jedoch aufgrund der Vielzahl der temporären Aufgaben wesentlich größer.

15.2 Programmmanagement-Methoden

Methodeneinsatz in Programmen

Generell werden im Programmmanagement die gleichen Methoden wie im Projektmanagement verwendet; der wesentliche Unterschied besteht jedoch darin, zusätzlich alle Kleinprojekte, Projekte und Programmaufgaben in einer integrierten Programmplanung zusammenzufassen, woraus sich eine spezifische Gestaltung der Programmpläne ergibt. Auf den nächsten Seiten wird entsprechend dem Kapitel 5 „Projektmanagement-Methoden" auf diese Programmpläne eingegangen, wobei der Schwerpunkt auf jenen Methoden liegt, die programmspezifische Besonderheiten aufweisen.

Aufgrund der Komplexität eines Programms sollte sich der Programmleiter zu Beginn des Programms die Zeit nehmen und ein Konzept für das Programmmanagement entwickeln. Dabei ist insbesondere zu entscheiden, welche PM-Methoden auf Projekt- bzw. Programmebene und in welchem Detaillierungsgrad verwendet werden sollen.

	Programm	Projekt
Auftrag	X	X
Organigramm	X	
Rollenbeschreibung		
Arbeitspaketverantwortliche	X	X
Funktionendiagramm		(O)
Kommunikationsstrukturen	X	
Spezifische Spielregeln	X	
Stakeholderanalyse + Beziehungen zu and. Projekten	X	(O)
Ergebnisplan / Objektstrukturplan		(O)
Strukturplan	X	X
Arbeitspaketspezifikation		(O)
Meilensteinplan	X	X
Terminliste		
Balkenplan	X	X
Ressourcenplan	X	X
Kostenplan	X	X
Finanzmittelplan		
Risikoanalyse	X	
Handbuch	X	X
Fortschrittsbericht	X	X
Abschlussbericht	X	X

X   Mussanforderung   (O) Optional

Aufteilung der eingesetzten PM-Methoden im Programm und den Einzelprojekten

Programmabgrenzung und Programmkontextanalyse

Wie bei jeder temporären Aufgabe ist die Definition der Grenzen („Was liegt drinnen, was liegt draußen.")
als Basis für weitere Planungsschritte essentiell. Diese erfolgt – entsprechend einem Projekt – nach einer
zeitlichen, einer sachlichen und einer sozialen Dimension und bezieht sich immer auf das Programm,
nicht auf die einzelnen Projekte im Programm, da diese in jedem Fall entsprechend den Projektma-
nagement-Standards geplant werden.

In der sachlichen Abgrenzung stehen daher nicht die Hauptaufgaben im Fokus, sondern die Aufgaben,
Kleinprojekte und Projekte, die zur Programmzielerreichung notwendig sind. In der sozialen Abgrenzung wird die Programmorganisation definiert und damit auch die spezifische Rolle des Programmleiters und des Programmauftraggebers (siehe dazu Kapitel 15.3 „Programmorganisation").

In der Programmkontextanalyse wird der zeitliche, sachliche und soziale Zusammenhang des
Programms beleuchtet, wobei im sachlichen Kontext nicht der Zusammenhang zu Projekten oder
Kleinprojekten innerhalb des Programms zu verstehen ist, sondern der Zusammenhang zu programm-
externen temporären Aufgaben.

Programmauftrag

Der Programmauftrag basiert auf den Schritten der Programmabgrenzung. Diese schriftliche Ver-
einbarung über die wesentlichen „Rahmeninformationen" wird zwischen Programmauftraggeber und
Programmleiter vereinbart und ist wesentlicher Bestandteil einer Programmdokumentation bzw. eines
Programmhandbuchs.

Im Sinne der Übersichtlichkeit und Vollständigkeit hat es sich bewährt, in einem Programmhand-
buch zusätzlich zum Programmauftrag auch die Projektaufträge des Programms abzulegen;
Projektauftraggeber dieser Projekte ist in der Regel der Programmleiter, wodurch eine Konsistenz
insbesondere der Leistungsinhalte und der Programmstrategien sichergestellt wird (siehe dazu Kapitel
15.3 „Programmorganisation").

PROGRAMMAUFTRAG	
Programmkurzbeschreibung	

Programmstartereignis:	**Programmstarttermin:**
>	>

Programmendereignis:	**Programmendtermin:**
>	>

Programmziele:	**Nicht-Programmziele:**
>	>
>	>
>	>

Projekte, Kleinprojekte: / **Programmressourcen und –kosten:**

Projekte, Kleinprojekte:	Ressourcen/ Kostenart	Mengen- einheit	Kosten (in Euro)
>			
>			
>			
>			

ProgrammauftraggeberIn:	**ProgrammleiterIn:**
>	>

Programmteam, ProjektleiterIn:
>
>
>

.... Vorname Nachname (ProgrammauftraggeberIn)   .... Vorname Nachname (ProgrammleiterIn)

Vorlage eines Programmauftrags

Programmstrukturplan

Ähnlich einem Projekt ist der Programmstrukturplan zentrales Kommunikationsinstrument und Basis für weitere Planungsschritte im Programm. Er veranschaulicht alle Leistungen des Programms, also alle Kleinprojekte und Projekte in einer hierarchischen Struktur.

Die erste Phase eines Programmstrukturplans beinhaltet die Arbeitspakete des Programmmanagements, wobei Programmmarketing stets als eigenes Arbeitspaket geplant werden sollte, da Programme ob ihrer Komplexität in jedem Fall zielgruppenspezifische Kommunikation zur Steigerung der Akzeptanz benötigen (siehe dazu Kapitel 11 „Projektmarketing").

Als zweite Phase hat es sich bewährt, zentrale Tätigkeiten des Programms, die nicht einzelnen Projekten bzw. Kleinprojekten zurechenbar sind, in Form von Arbeitspaketen abzubilden; diese Tätigkeiten umfassen beispielsweise die Erarbeitung von Standards im Programm, Schulungsvorhaben oder zentrale Planungs- und Dokumentationstätigkeiten.

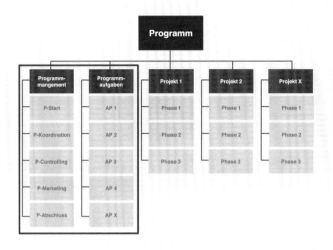

Programmmanagement und zentrale Programmaufgaben im Programmstrukturplan

Besteht das Programm aus einer überschaubaren Anzahl von Projekten (bis zu max. 10 Projekten), entspricht die weitere Phasenstrukturierung im Programm meist diesen Projekten, die in einem weiteren Schritt in die jeweiligen Projektphasen untergliedert werden. In diesem Fall sind, sofern machbar, Standardphasen in den Projekten hilfreich, da dadurch die Transparenz im Programm wesentlich erhöht wird.

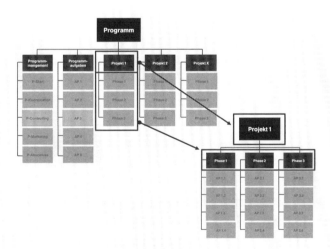

Zusammenhang zwischen Programm- und Projektstrukturplan

setting milestones

Eine weitere Möglichkeit der Strukturierung der Programmphasen besteht in der Zusammenfassung von Projekten nach Projektarten. Sofern sinnvoll, ist eine Differenzierung in Konzeptions- und Realisierungsprojekte (gegebenenfalls auch Planungsprojekte) anzuraten, da dadurch auch die Darstellung von Projekteketten innerhalb eines Programms möglich ist.

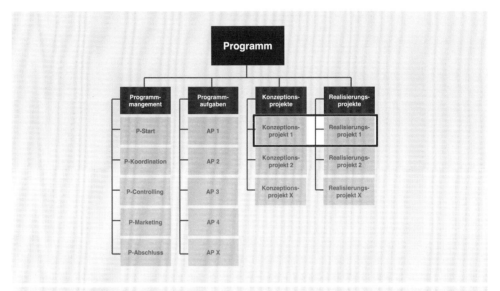

Projektekette in einem Programmstrukturplan

Programmterminplan

Vergleichbar mit einem Projekt benötigen auch Programme im Sinne der Transparenz und der Möglichkeit der Kommunikation einen Terminplan. Die Herausforderung bei Programmterminplänen ist dabei die Identifikation projektübergreifender Meilensteine bzw. terminlicher Abhängigkeiten unter den Projekten. Es ist also nicht sinnvoll, die einzelnen Detailterminpläne der Projekte und Kleinprojekte in einen Gesamtterminplan zu integrieren, sondern es ist vorteilhafter, die Projekte und Kleinprojekte nur auf Phasenebene inkl. der programmrelevanten Meilensteine darzustellen. Insbesondere sind die programmrelevanten terminlichen Abhängigkeiten unter den einzelnen temporären Aufgaben herauszufiltern und diese auch grafisch in Form eines Masterterminplans aufzuzeichnen.

Diese Vorgangsweise reduziert die Komplexität eines Programmterminplans beträchtlich und erleichtert dementsprechend die Kommunikation und terminliche Steuerung im Programm. Die Verfolgung der Detailtermine der Projekte ist daher nicht Gegenstand im Termincontrolling eines Programms, diese erfolgt im Zuge des Projektcontrollings der einzelnen Projekte.

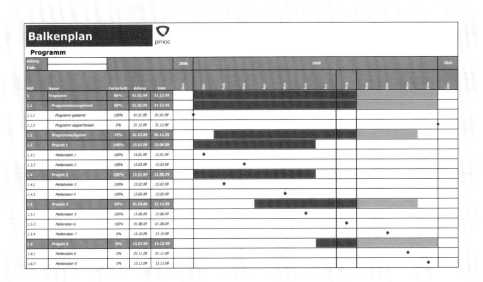

Beispiel eines Programmterminplans

Programmressourcen- und Programmkostenplan

Grundsätzlich erfolgt die Ressourcen- und Kostenplanung in den Projekten. Auf Programmebene werden die programmspezifischen Arbeitspakete geplant (und controlled) sowie die Ressourcen und Kosten der Projekte verdichtet.

Insbesondere in der Ressourcenplanung ist darauf zu achten, dass üblicherweise dieselben Personen in unterschiedlichen Projekten arbeiten bzw. projektübergreifend auf dieselben Ressourcen zugegriffen wird. Diese Ressourcen sollten in jedem Fall besonders geplant und betrachtet werden, da etwaige Engpässe Prioritätsentscheidungen benötigen bzw. zu Verschiebungen im Programm führen können. Man spricht in diesem Fall auch von Engpassressourcenplanung.

Programmschnittstellenmatrix

Die Programmschnittstellenmatrix stellt die Zusammenhänge zwischen den Projekten dar. So könnten sich beispielsweise nach dem Programmstart-Workshop bzw. spätestens nach den Projektstart-Workshops die Projektleiter (der Projekte des Programms) zusammensetzen und zwischen den Projekten

> Zusammenhänge bzw. Abhängigkeiten identifizieren,
> Zuordnungen hinsichtlich der Verantwortlichkeiten für Schnittstellen und Abhängigkeiten definieren und
> die Terminpläne aufeinander abstimmen sowie
> Kommunikationsstrukturen (falls erforderlich) vereinbaren.

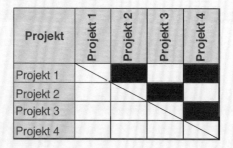

Darstellung einer Projektschnittstellenmatrix

Programmdokumentation

Am Ende der Planungsphase sollten alle relevanten Programmpläne, im Verlauf des Programms auch alle weiteren Dokumente des Programmmanagements (Controlling, Koordination, Marketing und Abschluss), in Form eines Programmhandbuchs zusammengefasst werden.

Die Erstellung und Wartung eines solchen Programmhandbuchs liegt in der Verantwortung des Programmleiters; es liefert Transparenz, gibt Orientierung und dient der Nachvollziehbarkeit im Programm. Der Aufbau eines solchen Programmhandbuchs könnte wie folgt strukturiert werden:

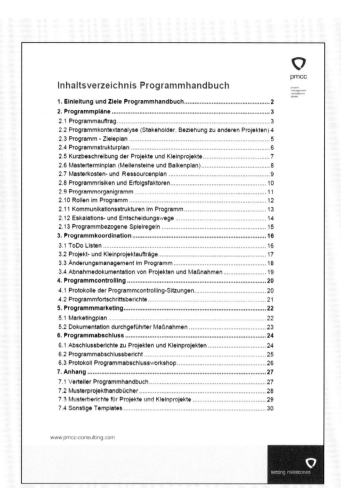

www.pmcc-consulting.com

setting milestones

Beispiel für ein Inhaltsverzeichnis eines Programmhandbuchs

15.3 Programmorganisation

Ganz allgemein versteht man unter dem Thema Programmorganisation die Klärung der Aufbauorganisation in einem Programm. Spezifische Betrachtungsobjekte dieser Klärung sind das Organigramm, Rollen, spezifische Kommunikationsstrukturen sowie auch die Etablierung einer entsprechenden Programmkultur.

Der typische Aufbau eines Programmorganigramms ist eine grafische Darstellung der Programmorganisation und des Zusammenhanges zu den Projektorganisationen.

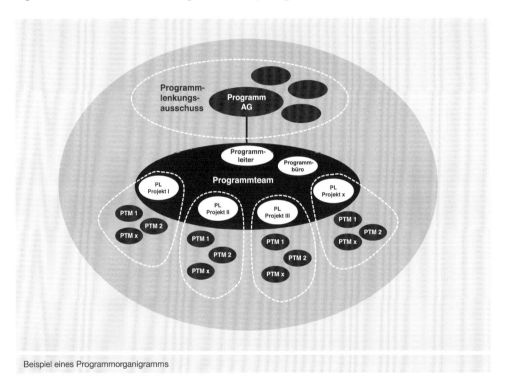

Beispiel eines Programmorganigramms

Die strategische Verantwortung innerhalb eines Programms wird meist durch einen Lenkungsausschuss wahrgenommen. Vertreter eines solchen Gremiums sind in der Regel Personen des oberen Managements eines Unternehmens, wobei auch unternehmensexterne Personen diesem Ausschuss angehören können, was gegebenenfalls bei externen Programmen im Zuge einer gemeinsamen Verantwortungsübernahme (Kundenvertreter) durchaus Sinn machen kann. In jedem Fall sollte ein Vertreter dieses Gremiums die Rolle des Programmauftraggebers übernehmen, der gegenüber dem Programmleiter den zentralen Ansprechpartner darstellt.

Operative Verantwortung in einem Programm trägt der Programmleiter gemeinsam mit seinem Programmteam. Dieses Programmteam besteht aus den einzelnen Projektleitern der Projekte im Programm sowie gegebenenfalls auch aus weiteren Personen mit Verantwortung für zentrale Tätigkeiten im Programm. Darüber hinaus empfiehlt sich die Etablierung eines Programmbüros mit dem Ziel einer Unterstützung des Programmleiters in Tätigkeiten des Programmmanagements.

In der Regel übernimmt der Programmleiter auch die Rolle des Projektauftraggebers der Projekte und Kleinprojekte des Programms. In speziellen Fällen können aber zusätzlich auch Vertreter der Linienorganisation Projektauftraggeber einzelner Projekte des Programms sein.

Da die Rollen Programmleiter, Programmauftraggeber und Programmbüro in dieser Art und Weise in Projekten nicht existieren, sind nachfolgend die jeweils wesentlichen Aufgaben kurz beschrieben.

Programmauftraggeber

Aufgaben

> Benennung des Programmleiters
> Klare Auftragserteilung und klare Zielvorgaben an den Programmleiter
> Erstellung des Programmauftrags gemeinsam mit dem Programmleiter
> Entscheidungen zur Programmstrategie
> Übergeordnete (strategische) inhaltliche und kaufmännische Programmkontrolle
> Wahrnehmung der Interessen des Unternehmens/der Organisation im Programm
> Vergabe von Projektaufträgen gemeinsam mit dem Programmleiter
> Bereitstellung von Zeit, Ressourcen, finanziellen Mitteln (Rahmen)
> Zeit für Führung, Konfliktlösung, Entscheidungen, Feedback
> Unterstützung bei Problemen und eventuellen Programmkrisen

> Informationspflicht gegenüber dem Programmlenkungsausschuss
> Leitung der Programmlenkungsausschuss-Sitzungen
> Berichtspflicht gegenüber den Unternehmensorganen
> Öffentlichkeitsarbeit (Programmmarketing) gemeinsam mit dem Programmleiter und dem Programmbüro
> Finanzierungssicherung

Programmleiter

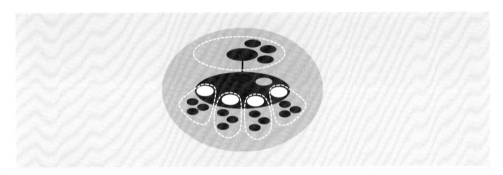

Aufgaben

> Erarbeitung und Vereinbarung eines klaren Programmauftrags gemeinsam mit dem Programmauftraggeber
> Etablierung einer Programmorganisation und Aufgabenverteilung in Abstimmung mit dem Programmteam
> Vereinbarung von Änderungen des Programmauftrags mit dem Programmauftraggeber in Abstimmung mit dem Programmteam
> Verantwortung für den Programmverlauf vom Start des Programms bis zum definierten Programmendereignis gemeinsam mit dem Programmteam
> Durchführung der operativen inhaltlichen und kaufmännischen Programmplanung in Abstimmung mit dem Programmteam
> Eigenverantwortliches Agieren im Rahmen der mit dem Auftraggeber vereinbarten Programmziele
> Erarbeitung von Strategien und Maßnahmen zur Programmzielerreichung in Abstimmung mit dem Programmteam
> Programmrisikomanagement in Abstimmung mit dem Programmteam
> Steuerung und Führung des Programmteams
> Personalverantwortung für das Programmbüro

> Pflege der Schnittstellen zu anderen Programmen, Projekten, Abteilungen, Organisationen
> Vereinbarung von Qualitätsstandards im Programm in Abstimmung mit dem Programmteam
> Durchführung Programmkoordination
> Durchführung Programmcontrolling in Abstimmung mit dem Programmteam
> Eskalation von strategischen Entscheidungen und übergeordneten Problemstellungen
> Einhaltung der Wirtschaftlichkeit, Zweckmäßigkeit und Regelmäßigkeit in Abstimmung
mit dem Programmteam

Programmbüro

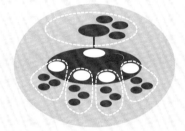

Aufgaben

> Unterstützung des Programmleiters bei der Erstellung und Adaptierung von Programmplänen
und der Erstellung regelmäßiger Programmfortschrittsberichte
> Unterstützung der Projekte bei der Durchführung des Projektmanagements
> Koordination der Projekte
> Operatives Controlling des Programms gemeinsam mit dem Programmleiter
> Festlegung, Kommunikation und Kontrolle der Einhaltung von Programmstandards gemeinsam
mit dem Programmleiter
> Vorbereitung und Betreuung von programmbezogenen Sitzungen (Programmauftraggeber-
Sitzung, Programmteam-Sitzung, ...)
> Konzeption und Durchführung der gesamten programmbezogenen Kommunikation (intern
und extern)
> Vorbereitung und Durchführung von programmbezogenen Marketingaktivitäten gemeinsam mit
dem Programmleiter
> Zentrale Kommunikationsdrehscheibe im Programm

> Zentrale Anlaufstelle für alle verbindlichen Entscheidungen und Informationen jedes Projekts
  im Programm (Poststelle)
> Administrative Supportstelle von projektübergreifenden Belangen für alle Projektteams

Betreffend Kommunikationsstrukturen und Kultur in einem Programm gelten prinzipiell die entsprechenden Grundsätze des Projektmanagements. Zusätzlich zu den Standardkommunikations- strukturen in den einzelnen Projekten sind die Etablierung periodischer Programmcontrolling-Sitzungen (meist monatlich), Jour-Fixe-Treffen zwischen Programmleiter und Programmbüro (meist wöchentlich) wie auch regelmäßige Programmauftraggeber-Sitzungen zwischen Auftraggeber und Programmleiter (ebenfalls meist monatlich) und, falls vorhanden, Programmlenkungsausschuss-Sitzungen (häufig zu zentralen Meilensteinen) unumgänglich.

PRGRAMMKOMMUNIKATION				
Bezeichnung	**Ziele, Inhalte**	**Teilnehmer**	**Termine**	**Ort**
Programm- lenkungsausschuss Sitzung	> Präsentation Programmstatus > Freigabe Programmmeilensteine > Diskussion zentraler Programm- entscheidungen	Programmlenkungs- ausschuss, Programmauftrag- geberIn, ProgrammleiterIn	Zu den zentralen Programm- MST	
Programmauftrag- geber-Sitzung	> Diskussion Programmstatus, Abweichungen im Programm > Entscheidungsfindung auf Basis der Programmcontrolling- Sitzung > Freigabe Programmfortschrittsberi cht	Programm- auftraggeberIn, ProgrammleiterIn	monatlich	
Programmcontrolling- Sitzung	> Programmstatus > Controlling Leistungsfortschritt, Termine und Ressourcen, Kosten, Risiken > Controlling der Stakeholderbeziehungen > Soziales Projektcontrolling > Diskussion übergeordneter Problemstellungen > Entscheidungs- aufbereitung für Programmauftraggeber- Sitzung > Planung WVW	ProjgrammleiterIn, ProjektleiterIn Projektbüro	monatlich	
Programm Jour fixe	> Operative Koordination der Programmbeteiligten > Diskussion inhaltlicher Themen und Probleme > Planung WVW	ProgrammleiterIn, Programmbüro optional: Projektleiter	wöchentlich	

Die Programmkommunikations-Strukturen beschreiben die regelmäßigen Meetings auf Programmebene

Sind Programme dadurch gekennzeichnet, dass parallel mehrere vom Leistungsinhalt und der Organisation her betrachtet ähnliche Projekte durchgeführt werden (Beispiel: SAP-Einführung an unterschiedlichen Standorten in Form ähnlicher Implementierungsprojekte), sind auch periodische Abstimmungen inhaltlicher Art zwischen den Einzelprojekten sinnvoll.

15.4 Programmmanagement-Prozesse für Programme

Programme benötigen, vergleichbar mit einem Projekt, ebenfalls ein adäquates Management der Teilprozesse Programmbeauftragung, Programmstart, Programmcontrolling, Programmkoordination, Programmmarketing und Programmabschluss.

Da sich die Prozesse Beauftragung, Marketing und Koordination nur unwesentlich von jenen eines Projekts unterscheiden, werden diese nachfolgend nur kurz behandelt. Im Unterschied dazu werden die Prozesse Start, Controlling und Abschluss in diesem Kapitel detaillierter beleuchtet.

Programmbeauftragung

Prinzipiell folgt eine Programmbeauftragung den Schritten der Projektbeauftragung (siehe Kapitel 3 „Projektbeauftragung") mit dem Ziel der Entscheidung über einen Programmstart, wobei insbesondere die inhaltliche Prüfung der Strategiekonformität, eine Kosten-/Nutzen-Analyse (Business-Case) wie auch die Prüfung der inhaltlichen Machbarkeit im Vordergrund stehen.

Programmstartprozess

Wie auch bei Projekten stellt der Programmstart eine zentrale Herausforderung im Programmmanagement dar, gilt es doch in dieser Phase eine adäquate Programmplanung zu erarbeiten, die Programmorganisation und Programmkultur zu etablieren sowie auch die Strukturen und Standards für die Einzelprojekte im Programm zu schaffen. Dieser Umstand rechtfertigt in jedem Fall einen hohen energetischen Aufwand wie auch einen möglichst strukturierten und professionellen Prozess.

Prinzipiell gibt es keinen Standard-Startprozess in einem Programm, da Umfang, Timing und Inhalte oft sehr unterschiedlich sind. Nichtsdestoweniger lassen sich grob zwei Vorgehensweisen unterscheiden, wobei grob beschrieben im „Bottom up approach" prinzipiell auf Projektebene begonnen und auf Programmebene konsolidiert wird und im „Top down approach" zuerst die Programmplanung erfolgt und danach die Projektplanungen durchgeführt werden.

Das Startereignis entsprechend einer zeitlichen Abgrenzung ist bei beiden Vorgehensweisen eine formale Genehmigung des Programms, das Endereignis die abgeschlossene Programm- und Projekteplanung.

Zur Vereinfachung soll hier nur ein generischer Ansatz zum Programmstartprozess beschrieben werden.

Schritt 1-3: Erstansatz der Programmplanung

Zunächst werden auf Programmebene die wesentlichen Programmpläne erstellt und abgestimmt. Diese dienen dann in weiterer Folge den Projektleitern für die Erstellung ihre Einzelprojektpläne.

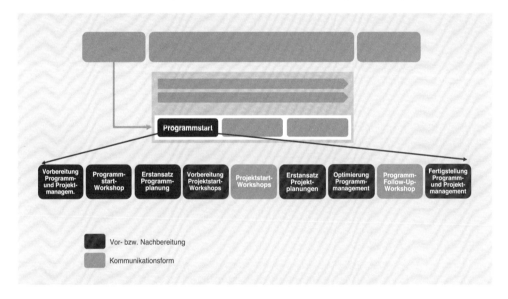

Folgende Aufgaben sind in der Vorbereitung des Programm- und Projektmanagements durchzuführen:

> Erstellung Programmauftrag (falls dieser nicht schon in der Programmbeauftragung erstellt wurde)
> Definition der PM-Methoden für das Programm- und Projektmanagement sowie des Detaillierungsgrads der Ressourcen- und Kostenplanung (-controlling)
> Definition der Programmorganisation (Rollen, Organigramm, Kommunikationsstrukturen, Sammlung von notwendigen Spiel- und Eskalationsregeln etc.)
> Erstellung Erstansatz von Programmplänen (z. B. Programmstrukturplan, Grobterminplan etc.)
> Vorbereitung Programmstart-Workshop

Die nachfolgende beispielhafte Einladung für einen Programmstart-Workshop zeigt einen typischen Ablauf, allerdings sind auch andere Vorgehensweisen möglich.

Beispiel einer Einladung für einen Programmstart-Workshop

⬇ DOWNLOAD   Nutzen Sie die Downloadfunktion auf unserer Website.

Zum Erstansatz der Programmplanung sind noch folgende Punkte zu beachten:

> Erstellung eines Protokolls für den Programmstart-Workshop

> Überarbeitung der Programmplanung und des Programmhandbuchs

> Bei Bedarf erste Programmmarketing-Maßnahmen

> Eventuell Durchführung eines Programm-Kick-Off-Meetings mit den involvierten Führungskräften bzw. mit dem Kunden

Schritt 4-6: Erstansatz der Projektplanung

Ist ein Erstansatz der Programmplanung erfolgt, kann im nächsten Schritt die Planung der einzelnen Projekte im Programm erfolgen. Dabei ist allerdings zu beachten, dass nicht in jedem Programm alle Projekte zu Beginn des Programms starten (in vielen Programmen werden einzelne Projekte gleich, andere erst im Laufe des Programms gestartet).

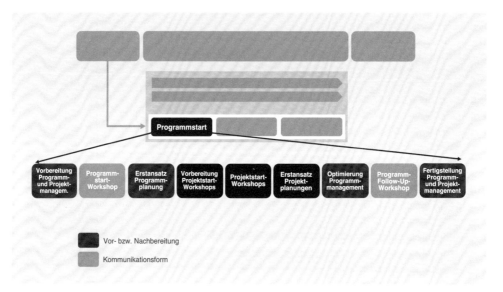

Die Schritte „Vorbereitung Start-WS", „Durchführung Start-WS" und „Erstansatz Projektplanung" erfolgen weitgehend analog zu den beschriebenen Schritten des Kapitels 4 „Projektstartprozess".

Aufgrund des Zeitdrucks in vielen Programmen können die Projektstart-Workshops der einzelnen Projekte auch zeitgleich durchgeführt werden, um möglichst rasch diesen Schritt zu durchlaufen und den Programmstartprozess abzukürzen.

Zu beachten ist auch, dass die im Schritt „Vorbereitung Programm- und Projektmanagement" definierten PM-Methoden bzw. einzuhaltende Standards in der Einzelprojektplanung berücksichtigt werden.

Schritt 7-9: Fertigstellung der Programm- und der Projektplanung

Sind die zu startenden Projekte geplant, kann im Schritt 3 das Programmmanagement nochmals optimiert, ergänzt und mit dem Projektmanagement der Einzelprojekte abgestimmt werden.

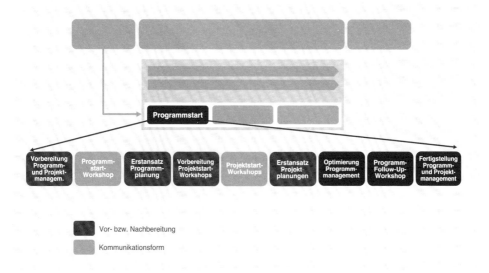

Vor- bzw. Nachbereitung

Kommunikationsform

Folgende Aufgaben sind in der Optimierung des Programmmanagements durchzuführen:

> Check der Projektplanungen aller Einzelprojekte, ob diese dem übergeordneten Programm
  entsprechen

> Optimierung bzw. Ergänzung der Programmplanung (Anpassung der Phasen von Projekten im
  Programmstrukturplan, ev. mögliche Anpassung im Programmterminplan, Konsolidierung der
  Gesamtressourcen- und -kostenplanung etc.)

> Optimierung bzw. Ergänzung der Programmorganisation (Programmorganigramm,
  Kommunikationsstrukturen, Ergänzung notwendiger Spiel- und Eskalationsregeln etc.)

> Vorbereitung Programm-Follow-Up-Workshop

Im Programm-Follow-Up-Workshop werden insbesondere folgende
Punkte besprochen:

> Kurzinformation über den Status der einzelnen Projekte im Programm

> Besprechung, Überarbeitung und Verabschiedung der optimierten Programmpläne

> Ergänzung von zusätzlichen Programmplänen

> Abstimmung von Schnittstellen zwischen den einzelnen Projekten

> Klärung aktueller Fragen und Problemstellungen

> Vereinbarung von noch notwendigen Maßnahmen zur Fertigstellung der Programm- und
  Projektplanung

Zur Fertigstellung der Projekt- und Programmplanung sind noch folgende Punkte zu beachten:

> Erstellung eines Protokolls für den Programm-Follow-Up-Workshop
> Überarbeitung und Fertigstellung der Programmplanung und des Programmhandbuchs
> Überarbeitung und Fertigstellung der einzelnen Projektplanungen und Projekthandbücher
> Eventuell weitere Programmmarketing-Maßnahmen
> Durchführung einer Programmauftraggeber-Sitzung zur Abnahme der Programmplanung
> Falls vorhanden: Durchführung einer ersten Programmlenkungsausschuss-Sitzung

Programmkoordination

Unter Programmkoordination versteht man alle laufenden Programmmanagement-Aktivitäten, die kontinuierlich im Programmablauf zu erbringen sind. Verantwortlich für die Durchführung dieser Aktivitäten ist der Programmleiter, wobei operativ in der Regel dem Programmbüro eine zentrale Rolle zukommt. Wie bereits zum Thema Kommunikationsstrukturen in Programmen erwähnt, empfiehlt sich, zur operativen Abstimmung zwischen Programmleiter und Programmbüro ein regelmäßiges Treffen in Form eines wöchentlichen Jour-Fixes.

Programmmarketing

Im Programmmarketing gelten ebenfalls die Grundsätze des Projektmarketings mit dem Ziel, die Akzeptanz des Programms bei den Stakeholdern durch zielgruppenspezifische Kommunikation zu erhöhen und dem Programm ein positives Image zu verleihen. Durch die höhere Komplexität in Programmen ergibt sich auch ein höherer Kommunikationsbedarf, wodurch ein adäquates Programmmarketing zum integrativen Bestandteil eines Programmmanagements wird.

Programmcontrolling

Der Programmcontrollingprozess ist – vergleichbar mit den Projekten – ein repetitiver (zyklischer) Prozess mit dem Ziel, Transparenz bezüglich des Ist-Stands des Programms zu erhalten und damit auch die Möglichkeit, gegebenenfalls steuernde Maßnahmen bzw. eine Überarbeitung der Programmpläne durchzuführen. Die Häufigkeit der Programmcontrollingzyklen variiert entsprechend den jeweiligen Anforderungen, erfahrungsgemäß kann jedoch von einem Intervall von 4 – 8 Wochen ausgegangen werden.

Basis im Programmcontrolling sind die Fortschritte der jeweiligen Projekte. Dementsprechend besteht die Notwendigkeit, ca. eine Woche vor einer Programmcontrolling-Sitzung die jeweiligen Projektcontrolling-Sitzungen durchzuführen und die Ergebnisse entsprechend eines einheitlichen Fortschritts-berichts inkl. der Listung der offenen Punkte und anstehenden Entscheidungen im Projekt zu dokumentieren.

Schritt 1-3: Projektcontrolling

Die Schritte „Vorbereitung Projektcontrolling", „Durchführung Projektcontrolling-Sitzungen" und „Projektcontrolling abschließen" folgen weitgehend den beschriebenen Schritten des Kapitels 8 „Projektcontrollingprozess".

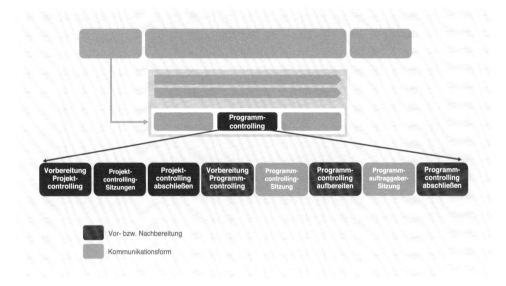

Im Vergleich zum Einzelprojekt erfolgt das Projektcontrolling der einzelnen Projekte im Programm abgestimmt und mit ca. einer Woche Vorlauf zum Programmcontrolling. Früher als eine Woche bedingt, dass die Projektdaten nicht mehr aktuell sind, später als eine Woche vor dem Programmcontrolling bedeutet, dass die Projektdaten für das Programmmanagement nicht mehr „sauber" verdichtet und aufbereitet werden können.

Wie schon in der Projektplanung orientieren sich die Projektleiter an den PM-Standards des Programms (einheitliche Verwendung der PM-Methoden, Detaillierungsgrad des Projektcontrollings, insbesondere bei Kosten und Ressourcen, Verwendung eines einheitlichen Projektfortschrittsberichts etc.).

Ergebnis des Projektcontrollings der Einzelprojekte ist, dass alle Projektpläne aktualisiert und die Projekthandbücher gewartet sind sowie für jedes Projekt ein Projektfortschrittsbericht erstellt ist.

Schritt 4-6: Programmcontrolling

Ist das Einzelprojektcontrolling erfolgt, kann das Programmcontrolling durchgeführt werden, wobei die Termine der Programmcontrolling-Sitzungen das Controlling der Einzelprojekte bestimmen.

Ziele des Programmcontrollings sind die Verdichtung der Projektdaten, ein Soll-Ist-Vergleich auf Programmebene, falls erforderlich, die Planung von steuernden Maßnahmen, die Aktualisierung der Programmpläne sowie die Klärung offener Fragen bzw. das Treffen notwendiger Entscheidungen im Programm.

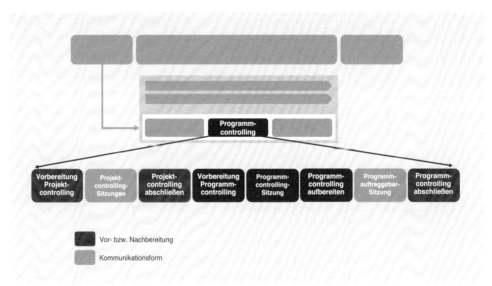

Folgende Aufgaben sind in der Vorbereitung des Programmcontrollings durchzuführen:

> Check und Interpretation des Status der einzelnen Projekte

> Konsolidierung der Projektpläne, Aktualisierung der Programmpläne auf Basis der aktuellen Projektpläne

> Check ev. Terminverschiebungen in den Einzelprojekten und Auswirkungen auf den Gesamtterminplan

> Aufbereitung des Gesamtressourcen- und Gesamtkostenstatus im Programm

> Sammlung von offenen Fragen, Problemstellungen und anstehenden Entscheidungen im Programm

> Vorbereitung Programmcontrolling-Sitzung

Die nachfolgende beispielhafte Einladung für eine Programmcontrolling-Sitzung zeigt einen typischen Ablauf, allerdings sind auch andere Vorgehensweisen möglich.

Beispiel einer Einladung für einen Programmcontrolling-Sitzung

 Nutzen Sie die Downloadfunktion auf unserer Website.

Zur Aufbereitung des Programmcontrollings sind noch folgende Punkte zu beachten:

> Erstellung eines Protokolls für die Programmcontrolling-Sitzung

> Aktualisierung der Programmplanung und des Programmhandbuchs

> Eventuell bei Bedarf nächste Programmmarketing-Maßnahmen

> Durchführung steuernder Maßnahmen

> Erstellung/Fertigstellung des Programmfortschrittsberichts
> Vorbereitung Programmauftraggeber-Sitzung

Schritt 7-8: Programmauftraggeber-Abstimmung

Auf Basis des durchgeführten Programmcontrollings erfolgt eine Programmauftraggeber-Sitzung. Ziele sind die Information des Programmauftraggebers über den Programmstatus, die Besprechung von Abweichungen und Problemen sowie die Klärung offener Fragen bzw. anstehender Entscheidungen.

Falls im Programm ein Programmlenkungsausschuss (PLA) existiert, werden in diesem Prozessschritt in regelmäßigen Abständen bzw. zu zentralen Meilensteinen PLA-Sitzungen durchgeführt.

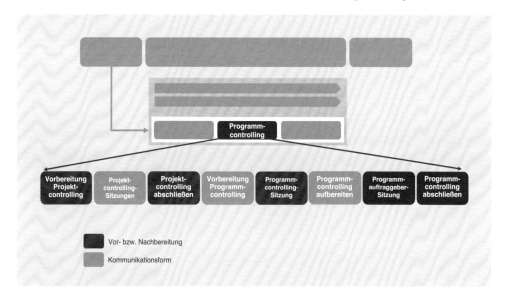

Folgende Themenstellungen werden in der Programmauftraggeber-Sitzung thematisiert:

> Präsentation Programmstatus anhand des Programmfortschrittsberichts
> Überblick über Leistungsfortschritt anhand des Programmstrukturplans
> Überblick über Terminstatus anhand des Masterterminplans bzw. Programmmeilensteinplans
> Soll-Ist-Vergleich Programmressourcen und Programmkosten
> Status Programmorganisation und Programmstakeholder
> Status Programmrisiken
> Klärung übergeordneter offener Fragen und anstehender Entscheidungen
> Programmausblick

Nach Durchführung der Programmauftraggeber-Sitzung wird das Programmteam über getroffene Entscheidungen informiert und vereinbarte Maßnahmen eingeleitet. Mit der Protokollierung der Programmauftraggeber-Sitzung sowie, falls erforderlich, der Anpassung der Programmplanung wird dieser Programmcontrollingzyklus abgeschlossen.

Programmabschluss

Wie bei Projekten und Kleinprojekten bedarf insbesondere auch ein Programm eines adäquaten Abschlussprozesses. Neben der Auflösung der Organisation und der Planung der Restarbeiten stehen vor allem die Lessons Learned wie auch deren Transformation in die Linienorganisation im Vordergrund.

Vergleichbar mit dem Programmstart bzw. Programmcontrolling erfolgt ein Programmabschluss nicht nur mit dem Ziel des Abschlusses der einzelnen Projekte, sondern primär mit dem Ziel der Reflexion und der Beendigung des übergeordneten Programms.

Schritt 1-3: Projekte abschließen

Die Schritte „Vorbereitung Projektabschluss-Workshops", „Durchführung Projektabschluss-Workshops" und „Projekte abschließen" folgen weitgehend den beschriebenen Schritten des Kapitels 13 „Projektabschlussprozess".

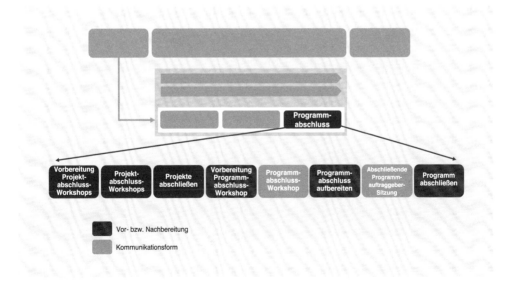

In einem Programm müssen nicht alle Projekte gleichzeitig abschließen. Daher können die Projektab-schlüsse entweder direkt nach dem inhaltlichen Projektabschlussereignis erfolgen oder gemeinsam zum Programmabschluss.

Wie schon in der Projektplanung und im Projektcontrolling orientieren sich die Projektleiter an den PM-Standards des Programms (einheitliche Analyse des Projekts, Planung von Restarbeiten und der Nachprojektphase, Verwendung eines einheitlichen Projektabschlussberichts etc.).

Ergebnisse des Projektabschlusses der Einzelprojekte sind, dass alle Projekthandbücher auf einen Letztstand gebracht werden und die Restarbeiten in einer zentralen To-Do-Liste dokumentiert sind, die Lessons Learned erfasst und für alle Projekte Projektabschlussberichte erstellt sind.

Schritt 4-6: Programm abschließen

Sind die einzelnen Projekte des Programms abgeschlossen, kann auch der Programmabschluss erfolgen.

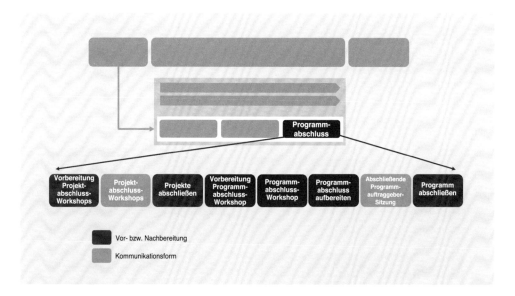

Folgende Aufgaben sind in der Vorbereitung des Programmabschluss-Workshops durchzuführen:

> Sammlung und Check der Projektabschlussberichte der einzelnen Projekte
> Konsolidierung der Projektpläne, Aktualisierung der Programmpläne auf einen Letztstand
> Gegebenenfalls Zusammenführung aller Restarbeiten
> Aufbereitung einer Gesamtprogrammanalyse hinsichtlich Erfüllung aller geplanten Leistungen, Termineinhaltung, Einhaltung der geplanten Ressourcen und Kosten, Analyse des Risikomanagements
> Vorbereitung der Programmzielevaluierung
> Konsolidierung der Lessons Learned der Einzelprojekte, Vorbereitung auf Programmebene
> Sammlung von offenen Fragen, Problemstellungen und noch anstehenden Entscheidungen im Programm
> Vorbereitung Programmabschluss-Workshop

Die nachfolgende beispielhafte Einladung für einen Programmabschluss-Workshop zeigt einen typischen Ablauf, allerdings sind auch andere Vorgehensweisen möglich.

Einladung Programmabschluss - Workshop

pmcc

project
management
competence
center

Programm:	Programmleiter:
Datum / Zeit:	Teilnehmer:
Ort:	

Ziele

> Analyse des Programms und der Projekte
> Planung Restarbeiten und Nachprogrammphase
> Reflexion und Evaluierung des Programmerfolges
> Lernen aus dem Programm
> Vereinbarung der weiteren Vorgangsweise (WVW)

Tagesordnung

> Einstieg, Ziele, Ablauf
> Blitzlicht
> Besprechung Protokoll letzte Programmcontrolling-Sitzung
> Präsentation Abschlussberichte der Projektleiter
> Evaluierung Leistungen anhand des Programmstrukturplans (PSP)
> Planung Restaufgaben und Nachprogrammphase
> Auflösung der Stakeholderbeziehungen, Analyse Stakeholder
> Analyse Termine
> Analyse Ressourcen und Kosten
> Analyse Zielerreichung
> Analyse Programmmanagement-Einsatz und Teamarbeit
> Lessons Learned
> Gemeinsame Erstellung Programmabschlussbericht
> Vereinbarung der weiteren Vorgangsweise (WVW)

Unterlagen

> Einladung mit Agenda
> Protokoll letzte Programmcontrolling-Sitzung
> Programmhandbuch, ausgewählte Programmpläne
> Programmabschlussbericht

www.pmcc-consulting.com

setting milestones

Beispiel einer Einladung für einen Programmabschluss-Workshop

⬇ DOWNLOAD   **Nutzen Sie die Downloadfunktion auf unserer Website.**

Zur Aufbereitung des Programmabschlusses sind noch folgende Punkte durchzuführen:

> Erstellung eines Protokolls für den Programmabschluss-Workshop

> Letztmalige Aktualisierung der Programmplanung, des Programm-Handbuchs und der Programmablage

> Abschließende Programmmarketing-Maßnahmen

> Erstellung/Fertigstellung des Programmabschlussberichts

> Vorbereitung der abschließenden Programmauftraggeber-Sitzung

Schritt 7-8: Abschließende Programmauftraggeber-Sitzung

Auf Basis des durchgeführten Programmabschlusses erfolgt eine abschließende Programmauftraggeber-Sitzung. Ziel ist die Programmabnahme durch den Programmauftraggeber und somit der formale Programmabschluss.

Falls im Programm ein Programmlenkungsausschuss existiert, wird in diesem Prozessschritt eine abschließende PLA-Sitzung durchgeführt.

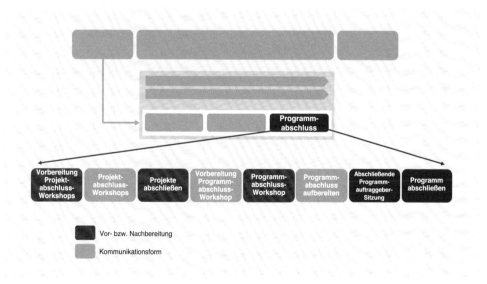

**Folgende Themenstellungen werden in der abschließenden
Programmauftraggeber-Sitzung thematisiert:**

> Präsentation des Programmabschlussberichts

> Präsentation und Diskussion der Analyse des Programms

> Abstimmung der Restarbeiten und der Nachprogrammphase

> Gemeinsame Evaluierung der Programmzielerreichung

> Präsentation der Lessons Learned

> Ev. Beurteilung des Programmleiters und des Programmteams, ev. 360-Grad-Feedback

> Programmabnahme

Nach Durchführung der abschließenden Programmauftraggeber-Sitzung wird das Programmteam über die Sitzung und deren Ergebnisse informiert und das Programm formal abgeschlossen.

War das Programm erfolgreich, wird häufig der Programmerfolg in Form eines „sozialen Events" gefeiert. Dieser soziale Programmabschluss ist ein wesentlicher Schritt. Häufig werden die Programmaufgaben neben einer Linienaufgabe wahrgenommen und sind nicht selten mit Überstunden und einem sehr intensiven persönlichen Engagement verbunden. Umso mehr ist es wichtig, sich für diesen Einsatz bei den Mitarbeitern zu bedanken und das Programm positiv ausklingen zu lassen.

Tipps und Tricks für Programme

> Programme sind mehr als die Summe der Einzelprojekte, ein adäquates Programm-
> management daher der Schlüssel zum Erfolg!

> Programme gehen häufig mit Veränderungen im Unternehmen einher, investieren Sie
> daher auch in Programmmarketing, Sie werden es nicht bereuen!

> Als Programmleiter tragen Sie die operative Verantwortung im Programm. Stellen Sie
> daher notwendige Informations- und Kommunikationsstrukturen sicher und nehmen Sie
> auch an ausgewählten Sitzungen der Einzelprojekte teil!

> Projekte bzw. Kleinprojekte innerhalb eines Programms haben stets Abhängigkeiten
> zueinander. Diese zu identifizieren und entsprechend zu managen, ist Teil Ihrer Aufgabe
> als Programmleiter!

> Programme sind besonders komplexe Aufgaben, Management von Komplexität ein
> Erfolgsfaktor: Schaffen Sie Strukturen, die eine einfache Verdichtung von Informationen
> auf Programmebene ermöglichen!

> Transparenz bzw. Reporting in einem Programm wird durch die Verwendung einheitlicher
> Methoden, Dokumente und Standards wesentlich erleichtert. Stellen Sie daher bereits
> zu Programmstart einheitliche Strukturen sicher!

16. KAPITEL

ANHANG

16. Anhang

16.1 Abkürzungsverzeichnis

AP	Arbeitspaket	**PC**	Projektcontrolling
EA	Erstansatz	**PE**	Personalentwicklung
E	Entscheidung	**PHB**	Projekthandbuch
EPM	Einzelprojektmanagement	**PL**	Projektleiter
EVA	Earned-Value-Analyse	**PLA**	Projektlenkungsausschuss
FD	Funktionendiagramm	**PM**	Projektmanagement
GF	Geschäftsführer	**PMA**	Projektmitarbeiter
I	Information	**PMO**	Projektbüro
M	Mitarbeit	**PSP**	Projektstrukturplan
MPC	Multiprojektcontrolling	**PT**	Personentag
MPM	Multiprojektmanagement	**PTM**	Projektteammitglied
MST	Meilenstein	**RM**	Ressourcenmanagement
MTA	Meilensteintrendanalyse	**ROM**	Rollout-Matrix
OE	Organisationsentwicklung	**UNM**	Unternehmensmanagement
OPL	Offene-Punkte-Liste	**V**	Verantwortung
P	Projekt	**WBS**	Work Breakdown Structure
PA	Projektabschluss	**WS**	Workshop
PAG	Projektauftraggeber	**WVW**	Weitere Vorgehensweise

16.2 Download von PM-Hilfsmitteln

In unserem Download-Center bieten wir Ihnen praxiserprobte PM-Hilfsmittel an, die Ihnen den Transfer der beschriebenen PM-Methoden und PM-Prozesse in den Projektalltag erleichtern sollten. Alle Dokumente, die mit dem folgenden Symbol gekennzeichnet sind, stehen für Sie zum Download zur Verfügung.

 Nutzen Sie die Downloadfunktion auf unserer Website.

Registrieren Sie sich auf www.settingmilestones.com/downloads. Die Benutzung dieses Servicebereichs ist für Sie vollkommen kostenlos und unverbindlich.

Screenshot des Downloadbereichs

Um zu den Hilfsmitteln des Buchs zu gelangen, loggen Sie sich im Bereich setting milestones mit

dem Benutzernamen: **setting milestones**

und dem Passwort: **sterrer/winkler2009** ein.

Im Folgenden finden Sie eine Übersicht aller downloadbaren Dokumente:

Kapitel 4 „Projektstartprozess"

> Einladung Projektstart-Workshop

> Design Projektstart-Workshop

> Einladung Follow-Up-Workshop

> Einladung konstituierende PAG-Sitzung

Kapitel 8 „Projektcontrollingprozess"

> Einladung Projektcontrolling-Sitzung

> Einladung PAG-Sitzung im Projektcontrollingprozess

Kapitel 13 „Projektabschlussprozess"

> Einladung Projektabschluss-Workshop

> Design Projektabschluss-Workshop

> Einladung abschließende PAG-Sitzung

Kapitel 14 „Management von Kleinprojekten"

> Einladung Projektstart-Workshop für Kleinprojekte
> Einladung Projektcontrolling-Sitzung für Kleinprojekte
> Einladung Projektabschluss-Workshop für Kleinprojekte

Kapitel 15 „Management von Programmen"

> Einladung Start-Workshop für Programme
> Einladung Programmcontrolling-Sitzung
> Einladung Programmabschluss-Workshop

PM-Tools:

> Kostenlose Demoversion aktueller Tools zum Projektmanagement finden Sie im
offenen Bereich des Download-Centers – hier ist keine weitere Registrierung notwendig.

Wir wünschen Ihnen viel Erfolg für Ihre Projekte und weisen Sie darauf hin, dass das Copyright
bei pmcc consulting GmbH liegt.

Danksagung

Wir freuen uns, Ihnen unser neu überarbeitetes Projektmanagement-Buch **setting milestones** vorstellen zu dürfen.

Wir widmen dieses Buch unserem pmcc Team und danken ihm für sein Engagement und sein Vertrauen.